证件号码：________

准考证号：________

生姓名：________

2023 年全国经济专业技术资格考试

《人力资源管理专业知识与实务》(中级)机考真题

U1008611

考场规则

一、自考试开始前 30 分钟起，应试人员凭准考证和有效身份证件（须与报考时所使用的身份证件一致）进入本科目考试所指定考场，按座位号入座，并将准考证和有效身份证件放置在座位右上角。

二、本次考试为电子化考试，须在计算机上作答，应试人员参加考试可携带的用品只限于铅笔。

三、每科目开始 5 分钟后，迟到的应试人员一律不得进入考场。各科目考试时长（最长作答时间）为 1.5 小时，经监考人员同意，应试人员可提前 15 分钟交卷、离场。

四、应试人员须按照考试系统提示的要求进行操作，不得擅自对计算机进行冷、热启动，不得关闭电源或作出其他与考试无关的操作。

五、应试人员应按照考试系统的提示登录系统，须认真阅读《考场规则》及《操作指南》，并点击“我已阅读”按钮。考试开始后，考试系统将自动进行计时，应试人员作答时间以考试系统计时器显示的结果为准。

六、应试人员须在考场内保持安静；独立进行作答，不得与其他应试人员交流讨论，不得要求监考人员解释试题；遇到无法登录、系统故障等异常情况时可举手询问，不得自行处置。

七、应试人员应自觉接受工作人员的监督和检查，服从工作人员安排。

八、应试人员交卷后，须确认界面提示“交卷成功”，方可离开考场；若界面提示“交卷失败”，须及时联系监考人员。

九、应试人员不得将相关考试信息以任何方式带出考场，交卷后不得在考场附近逗留、谈论。

十、考试违纪违规行为按照人力资源社会保障部《专业技术人员资格考试违纪违规行为处理规定》处理。

一、单项选择题（共60题，每题1分。每题的备选项中，只有1个最符合题意）

1. 按照西蒙决策理论，探索、研究和分析可能发生的行为系列属于（　　）。

A. 选择活动阶段　　B. 设计活动阶段

C. 开始活动阶段　　D. 结束活动阶段

2. 在组织文化的结构层次中，精神层指的是（　　）。

A. 表层　　B. 深层

C. 中间层　　D. 里层

3. 考官有意制造紧张气氛考察候选人反应与情绪变化的面试形式是（　　）。

A. 压力面试　　B. 结构化面试

C. 情境化结构面试　　D. 行为事件面试

4. 当企业的人力资源需求小于供给时，比较适合采取的策略是（　　）。

A. 鼓励员工加班加点　　B. 招募人员

C. 裁员　　D. 非核心业务外包

5. 经济不景气时，会有“白领”劳动者失业后去当网约车司机或送外卖等，这在职业流动中属于（　　）。

A. 向下流动　　B. 向上流动

C. 水平流动　　D. 随机流动

6. 以管理者为中心的领导风格强调（　　）。

A. 产出　　B. 支持

C. 民主　　D. 关怀

7. 某市总人口为1 000万人，其中16周岁以下人口为200万人，就业人口为550万人，失业人口为50万人，该市的劳动力参与率为（　　）。

A. 60%　　B. 80%

C. 75%　　D. 55%

8. 用人单位依法向劳动者支付经济补偿的时间应当是（　　）。

A. 办理工作交接后3个月内

B. 劳动合同解除之日起6个月内

C. 办结工作交接时

D. 劳动者书面要求用人单位支付经济补偿之日

9. 当一个人处于职业生涯发展阶段中的建立期时，其典型的身份是（　　）。

A. 导师　　B. 同事

C. 学徒　　D. 顾问

10. 建立和维护绩效管理体系的成本应小于该体系带来的收益，这体现出的绩效管理特征是（　　）。

A. 敏感性　　B. 可靠性

C. 实用性　　D. 可接受性

11. 社会保险的保险人是指（　　）。

A. 社会保险经办机构　　B. 用人单位

C. 社会保险管理机构　　D. 保险公司

12. 在战略执行过程中，为及时掌握各项战略任务的完成情况及重要工作的进度，公司需要运用的工具是（　　）。

A. 数字仪表盘　　B. 人力资源计分卡

C. 战略地图　　D. 高绩效工作系统

13. 劳动力需求曲线的形状表明，在其他条件一定的情况下，劳动力需求量的变化规律是（　　）。

A. 先随工资率上升而下降，再随工资率上升而上升

B. 随工资率上升而上升

C. 随工资率上升而下降

D. 先随工资率上升而上升，再随工资率上升而下降

14. MBTI 人格测试中，反映人对待外界的方式的两极性维度是（　　）。

A. 内倾和外倾　　B. 判断和感知

C. 理性和情感　　D. 感觉和直觉

15. 关于效率工资的说法，错误的是（　　）。

A. 效率工资是与员工个人的生产率挂钩的工资

B. 效率工资有利于降低员工离职率

C. 效率工资高于市场均衡工资水平

D. 效率工资有利于提高员工生产率

16. 要想参加全国技术能手的评选，必须首先获得的荣誉是（　　）。

A. 地市级技术能手称号　　B. 地市级劳动模范称号

C. 省（行业）级劳动模范称号　　D. 省（行业）级技术能手称号

17. 老王在一家市属事业单位担任"一把手"，某民营企业家看重老王的工作能力和社会影响力，（　　）。

A. 若老王从本单位辞职，可以不经审批直接到该民营企业任职

B. 若老王从本单位退休，可以不经审批直接到该民营企业任职

C. 经过上级部门审批后，老王可以到该民营企业兼职

D. 按照相关规定，老王不可以到该民营企业兼职

18. 调整劳动关系必须妥善处理好（　　）。

A. 企业短期目标和长远目标之间的关系　　B. 企业发展和社会发展之间的关系

C. 企业发展和维护职工合法权益的关系　　D. 劳动者和用人单位之间的权益关系

19. 在组织结构体系中，反映各管理部门构成的结构是（　　）。

A. 部门结构　　B. 职能结构

C. 层次结构　　D. 职权结构

20. 人力资本投资分析的内部收益率认为，人力资本投资有利可图的条件是（　　）。

A. 收益现值大于成本　　B. 最高贴现率大于其他投资的报酬率

C. 收益现值与成本相等　　D. 最低贴现率大于其他投资的报酬率

21. 矩阵组织形式的主要特点不包括（　　）。

A. 通常实行直线—参谋制　　B. 一名员工有两位领导

C. 产品部门形成的横向联系灵活多样　　D. 组织内部有两个层次的协调

22. 按照我国法律的规定，用人单位不包括（　　）。

A. 家庭　　B. 个体工商户

C. 三甲医院　　D. 民办幼儿园

23. 弗罗姆期望理论公式中，决定人的动机的因素不包括（　　）。

A. 期望　　B. 公平

C. 工具性　　D. 效价

24. 对充分就业产生显著影响的非正常性失业类型是（　　）。

A. 结构性失业　　B. 季节性失业

C. 周期性失业　　D. 摩擦性失业

25. 决策者具有较高的模糊耐受性水平，倾向于关注人和社会，这种决策风格属于（　　）。

A. 分析型　　B. 概念型

C. 指导型　　D. 行为型

26. 多位考官在同一时间和同一地点共同对一位应聘者进行面试的形式是（　　）。

A. 单独面试　　B. 系列面试

C. 小组面试　　D. 集体面试

27. 快递公司对货运司机实施的标准驾驶测试属于（　　）。

A. 工作样本测试　　B. 认知能力测试

C. 人格测试　　D. 知识测试

28. 用人单位拖欠劳动报酬时，劳动者依法申请支付令的对象是（　　）。

A. 人民法院　　B. 人民法院或劳动人事争议仲裁委员会

C. 劳动行政部门　　D. 劳动人事争议仲裁委员会

29. 优等劳动力市场和次等劳动力市场相对隔离的主要原因是（　　）。

A. 两种劳动力市场存在工作条件差异　　B. 两种劳动力市场存在工资福利水平差异

C. 两种劳动力市场存在技能要求差异　　D. 两种劳动力市场存在工作保障性差异

30. 用人单位按照国家规定缴纳基本养老保险费时，其计算标准是（　　）。

A. 本地区最低工资标准×2×国家规定的比例

B. 本单位职工的工资总额×国家规定的比例

C. 本地区在岗职工平均工资×0.8×国家规定的比例

D. 本地区在岗职工平均工资×国家规定的比例

31. 企业劳动争议调解委员会调解员的职责不包括（　　）。

A. 关注本企业劳动关系状况，及时向企业劳动争议调解委员会报告

B. 接受企业劳动争议调解委员会指派，调解劳动争议案件

C. 宣传劳动保障法律，调解劳动争议案件

D. 监督和解协议、调解协议的履行

32. 关于在职培训成本承担方式的说法，正确的是（　　）。

A. 一般在职培训的成本应全部由企业承担

B. 特殊在职培训的成本应全部由员工个人承担

C. 一般在职培训和特殊在职培训的成本均可由企业和员工共同分担

D. 所有在职培训的成本应全部由企业承担

33. 在马斯洛需要层次理论中，自我实现的需要包括（　　）。

A. 对爱的追求　　B. 对自主权的追求

C. 对地位的追求　　D. 对个人理想的追求

34. 关于斯坎伦计划的说法，错误的是（　　）。

A. 员工是有能力而且愿意贡献出他们的想法和建议的

B. 计划的成败取决于劳资双方是否能够相互信赖

C. 企业回报率提高而增加的效益应当与员工分享

D. 利润分享方案增加了劳动支出

35. 关于离岸经营的说法，错误的是（　　）。

A. 对模块化的工作岗位比较适合采取离岸经营的做法

B. 离岸经营会将工作岗位转移到其他国家

C. 对高技能工作岗位不适宜采取离岸经营的做法

D. 对生产类及呼叫中心等服务岗位采取离岸经营做法的情况较多

36. 根据我国的就业调查统计办法，不充分就业人员的判定标准中不包括（　　）。

A. 工作时间短的原因不在个人　　B. 获得的劳动报酬低于最低工资水平

C. 调查周内的工作时间未达到 20 个小时　　D. 愿意有更多的工作时间

37. 关于关键绩效指标的说法，正确的是（　　）。

A. 关键绩效指标是由主管人员决定的

B. 关键绩效指标应该覆盖所有的业务流程活动

C. 关键绩效指标应当是可量化的或可行为化的

D. 关键绩效指标一旦确定就不应随着企业的战略调整而变动

38. 按照桑南菲尔德的组织文化分类，堡垒型组织的主要特征是（　　）。

A. 非常重视适应、忠诚感和承诺

B. 着眼于公司的生存

C. 鼓励冒险和革新

D. 喜欢雇用年轻的大学毕业生，并为其提供专门的培训

39. 关于劳动力市场歧视的说法，错误的是（　　）。

A. 运用求职者所述的特殊群体的特征预测某位求职者未来生产率的做法会产生统计性歧视

B. 雇主、员工和客户都有可能成为劳动力市场歧视的主体

C. 生产率特征相同的劳动力因人口类型不同而受到区别对待的情况属于歧视

D. 两类人员之间存在的工资性报酬差别若不能得到明确解释就可以归为工资歧视

40. 关于魅力型领导及其追随者特征的说法，错误的是（　　）。

A. 魅力型领导促使追随者产生出高于期望的绩效

B. 魅力型领导的追随者从自身与领导的关系中获得自尊

C. 魅力型领导的追随者表现出对领导的高度忠诚和信心

D. 魅力型领导会使追随者对组织的归属感降低

41. 关于我国上市公司股票期权激励计划的说法，错误的是（　　）。

A. 非经股东大会批准，每名激励对象通过全部有效的股权激励计划获授的本公司股票累积不得超过公司股本总额的 1%

B. 公司全部有效的股权激励计划涉及的标的股票总数累积不得超过公司股本总额的10%
C. 允许公司为激励对象依股权激励计划获取有关权益而提供贷款
D. 股权激励计划有效期满时，公司不得依据此计划再授予任何股权

42. 教育投资产生的社会收益不包括（　　）。
A. 提高社会道德水平，提高市场效率
B. 降低失业率，减少失业福利支出
C. 提高受教育者的收入预期
D. 促进国民收入水平提高和社会财富增长

43. 关于劳务派遣行政许可的说法，正确的是（　　）。
A. 依法申请经营劳务派遣业务，注册资本不得少于100万元
B. 劳务派遣经营许可证有效期为两年
C. 劳务派遣单位需要延续行政许可有效期的，应当在有效期届满10日前书面提出延续行政许可的申请
D. 劳务派遣单位合并后设立新公司的，应当依法重新申请劳务派遣行政许可

44. 关于根据创新战略确定员工制度管理策略的说法，正确的是（　　）。
A. 应根据员工向客户提供的服务的数量和质量支付薪酬
B. 应突出对产品和技术创新的奖励
C. 奖金部分在总薪酬中所占的比例应当控制在较低水平
D. 薪酬水平应略低于竞争对手

45. 在进行战略规划时，对竞争对手技术创新、新竞争对手的出现等方面所作的分析属于SWOT分析中的（　　）。
A. 战略机会分析
B. 组织劣势分析
C. 战略威胁分析
D. 组织优势分析

46. 关于劳动力市场的说法，错误的是（　　）。
A. 劳动者通过劳动力市场实现的是劳动力使用权的转让
B. 劳动力市场为劳动力供求双方提供了一个接触、谈判和交易的机制
C. 劳动力供求双方通过劳动力市场达成的雇佣合同必须是书面的
D. 劳动力市场是确保劳动力资源得到有效配置的根本手段

47. 关于集体合同制度的说法，正确的是（　　）。
A. 集体合同的订立主体是用人单位、本单位职工和当地劳动行政部门
B. 集体合同可以口头形式签订
C. 集体合同制度是调整劳动关系的一项基本制度
D. 《集体合同规定》是规范集体合同制度的最高层级法律

48. 用人单位可以依法申请行政复议的情形是（　　）。
A. 对劳动能力鉴定委员会做出的鉴定结论不服的
B. 对社会保险经办机构确定的单位工伤保险费率不服的
C. 对劳动人事争议仲裁委员会做出的裁决不服的
D. 对人社部门作出的行政处分不服的

49. 劳动人事争议仲裁委员会中除了应当有劳动行政部门的代表外，还应包括（　　）。
A. 司法行政部门代表和职工所在用人单位代表
B. 工会代表和职工所在用人单位代表

C. 工会代表和企业方面代表

D. 司法行政部门代表和企业方面代表

50. 关于职位评价方法中排序法的说法，正确的是（　　）。

A. 适用于规模较大的企业　　B. 操作成本较低

C. 不易受到主观因素影响　　D. 能够精确确定各职位之间的相对价值

51. 下列情形中，不属于劳动争议的是（　　）。

A. 确认劳动关系发生的争议

B. 因用人单位支付工资发生的争议

C. 因社保经办机构拒绝发放养老金发生的争议

D. 用人单位解除劳动合同发生的争议

52. 从人力资本投资的角度看，上大学的总收益是大学毕业后获得的（　　）。

A. 终身工资性报酬减去若其高中毕业直接工作能够获得的终身工资性报酬

B. 终身工资性报酬减去上大学的直接成本和机会成本

C. 终身工资性报酬减去上大学的直接成本

D. 终身工资性报酬

53. 劳动关系正常运行的基本要求是（　　）。

A. 劳动者当家作主

B. 用人单位和劳动者都不追求自身利益

C. 劳动者服从用人单位管理

D. 劳资双方寻求双方都能接受的平衡点

54. 关于我国上市公司限制性股票的说法，错误的是（　　）。

A. 若激励对象的业绩目标未达成，公司有权按激励对象购买时的价格回购股票

B. 若激励对象的工作年限未满足约定要求，公司有权收回免费赠予的限制性股票

C. 激励对象可以低价获得一定数量的公司限制性股票

D. 激励对象获得公司限制性股票后可以自由转让

55. 通过绩效考核结果分析发现，有些员工的工作态度很好，但工作能力不足。针对这类员工，组织应采取的措施是（　　）。

A. 对员工进行必要的培训　　B. 给予员工适当的晋升

C. 对员工进行适当的惩罚　　D. 给予员工必要的奖励

56. 关于企业人力资源供给预测的说法，错误的是（　　）。

A. 经济发展形势和毕业生规模会对企业的人力资源供给产生影响

B. 企业人力资源供给预测就是对企业外部的人力资源供给情况进行预测

C. 企业人力资源供给情况会受到外部劳动力市场供给情况的影响

D. 企业人力资源供给预测需综合考虑人力资源供给的数量、质量和结构等情况

57. 关于与劳动力市场相关的人口分类的说法，错误的是（　　）。

A. 处于劳动年龄内但是不愿意找工作的人属于非劳动力人口

B. 经济活动人口就是劳动力人口

C. 正在上大学而没时间工作的人属于非经济活动人口

D. 一个社会的人口可以划分为就业人口和失业人口两大类

58. 在采取成本领先战略的企业中，常见的人力资源管理活动是（　　）。

A. 降低质量标准以确保低成本

B. 关注竞争对手的薪酬情况

C. 尽可能降低浮动薪酬在员工总薪酬中所占的比重

D. 鼓励员工进行创新

59. 员工进行公平比较时，属于纵向比较的是（　　）。

A. 员工将自己在不同组织中的工作和待遇进行比较

B. 员工将自己的工作和报酬与本组织中的其他人进行比较

C. 员工将自己的工作和报酬与自己的上级进行比较

D. 员工将自己的工作和报酬与其他组织的员工进行比较

60. 下列关于人才管理的说法，错误的是（　　）。

A. 人才管理要求多途径获取人才

B. 人才管理要求人才工作具有前瞻性和主动性

C. 人才管理重在一次性大规模招聘优秀人才

D. 人才管理重视人才开发的投资回报率

二、多项选择题（共 20 题，每题 2 分。每题的备选项中，有 2 个或 2 个以上符合题意，至少有 1 个错项。错选，本题不得分；少选，所选的每个选项得 0.5 分）

61. 按照马斯洛需要层次理论的观点，基本需要包括（　　）。

A. 尊重的需要　　B. 自我实现的需要

C. 归属和爱的需要　　D. 生理需要

E. 安全需要

62. 下列情况中，可以认定为工伤的有（　　）。

A. 在上下班途中受到交通事故伤害的

B. 工作时间前后在工作场所内从事与工作有关的预备性工作受到事故伤害的

C. 在工作时间和工作岗位上突发疾病在 72 小时内抢救无效死亡的

D. 在工作时间和工作场所内因工作原因受到事故伤害的

E. 患职业病的

63. 下列组织结构设计参数中，属于组织结构特征因素的有（　　）。

A. 组织规模　　B. 关键职能

C. 职业化程度　　D. 专业化程度

E. 集权程度

64. 职位评价遵循的原则有（　　）。

A. 竞争性原则　　B. 标准化原则

C. 实用性原则　　D. 系统性原则

E. 保密性原则

65. 劳动关系系统运行所具有的功能包括（　　）。

A. 阻力功能　　B. 自动平衡功能

C. 自动发散功能　　D. 约束功能

E. 动力功能

66. 劳动力市场的特征包括（　　）。

A. 多样性

B. 交易的延续性

C. 交易条件的复杂性

D. 劳动力购买者地位的不利性

E. 交易对象的难以衡量性

67. 目前我国正在为人才探索建立“新八级”职工技能等级制，相比原五级，新增等级包括（　　）。

A. 高级技师

B. 特级技师

C. 首席技师

D. 学徒工

E. 高级工

68. 关于“双肩挑”这种职业生涯管理方法的说法，正确的有（　　）。

A. 它是一种组织层次的职业生涯管理法

B. 它主要是为组织中技术或专业人员设计的

C. 它是指员工同时承担技术和管理工作

D. 它是一种评价中心技术方法

E. 它是组织培养高层管理的一种主要方式

69. 关于非全日制用工的说法，符合法律规定的有（　　）。

A. 一方当事人提前3日可以通知对方终止协议

B. 以小时计酬为主

C. 周工作时间累计不能超过24个小时

D. 双方订立口头协议的，劳动报酬支付周期不超过15日，订立书面协议的，支付周期不超过20日

E. 双方当事人不得约定试用期

70. 关于根据成本领先战略确定绩效管理策略的说法，正确的有（　　）。

A. 仅选择直接上级作为评价主体即可

B. 可以选择标杆超越法改进绩效

C. 可以多选择一些主观性指标进行评价

D. 应尽量选择行为导向的评价方法

E. 应避免考核频次过高

71. 关于职工退休年龄的说法，符合国家有关规定的有（　　）。

A. 从事有害身体健康的工作达到一定年限的，男年满50周岁，女年满40周岁

B. 因工致残，由医院证明并经劳动能力鉴定委员会确认完全丧失劳动能力的，男年满50周岁，女年满45周岁

C. 从事井下、高空劳动达到一定年限，男年满55周岁，女年满45周岁

D. 男干部年满60周岁，男工人年满55周岁

E. 女干部年满60周岁，女工人年满50周岁

72. 在战略执行过程中，人力资源管理职能负有主要责任的活动有（　　）。

A. 开展工作设计

B. 开发组织的信息系统

C. 形成完备的培训和开发体系

D. 配备合适的人员

E. 设计薪酬管理体系

73. 人力资源需求预测的影响因素有（　　）。

A. 组织的技术变革

B. 组织的战略定位

C. 劳动力市场就业情况

D. 组织经营产品的市场情况

E. 组织结构调整情况

74. 下列属于人力资本投资活动的有（　　）。

A. 业余时间炒股票　　B. 上大学

C. 为找到更好的工作而搬家到另一个地方　D. 毕业后参加工作单位组织的培训

E. 在工作之余自费参加专业技能培训

75. 外籍人员获得中国永久居留资格后，可以享受的权益有（　　）。

A. 可以在中国购房并享受中国公民同等待遇

B. 可以无限期在中国（境内）居留

C. 在中国境内工作可以不办理外国人来华工作许可

D. 可以在中国境内申请驾照

E. 在中国境内工作可以不参加社会保险

76. 下列组织发展方法中，属于结构技术类型的有（　　）。

A. 合并职能部门　B. 工作再设计　C. 实验室训练　D. 调查反馈

E. 敏感性训练

77. 关于绩效管理工具的说法，正确的有（　　）。

A. 关键绩效指标是反映团队绩效指标贡献的评价依据和量化指标

B. 平衡计分卡适用于组织战略的稳定时期

C. 平衡计分卡关注财务、客户、内部流程、学习与发展四个角度

D. 目标管理法是客观可量化的指标

E. 标杆超越法只能在本行业内选择标杆

78. 关于决策的有限理性模型的说法，正确的有（　　）。

A. 通过计算选择出最佳备选方案

B. 决策或决策时追求利益最大化

C. 决策者在进行选择时不必知道所有可能方案

D. 决策者认知的世界是真实世界的简化模型

E. 在选择备选方案时，决策者试图寻找令人满意的结果

79. 关于无领导小组讨论的说法，正确的有（　　）。

A. 它不适合应届大学毕业生

B. 它可以考察被测试者的领导能力和人际交往能力

C. 它对测试题目的要求比较高

D. 它对评价者的评分技术要求比较高

E. 它可以彻底避免被测试者掩饰自己的行为

80. 在我国的失业人员统计中，失业人员必须满足的条件包括（　　）。

A. 要求就业　B. 在法定劳动年龄内

C. 有工作能力　D. 未能就业

E. 工资水平低于社会平均工资

三、案例分析题（共 20 题，每题 2 分，由单选和多选组成。错选，本题不得分；少选，所选的每个选项得 0.5 分）

（一）

几年前，某公司销售经理业绩下降，被竞争对手赶超，销售人员士气低落。为扭转不利局

面，高层任命工作能力较强的老张做销售部门负责人。老张上任的第一件事就是提高全体销售人员的基本薪酬，望以此提升员工积极性，但效果不如人意，为解决此问题，老张进行了员工调查。

员工薪酬是按职务、职称和工龄确定的，与干多干少、工作好坏无关，故员工缺乏积极性。对此，老张改变原来的激励策略，决定在销售部实行绩效薪金制，将销售业绩与晋升挂钩。两年后，公司销售额翻倍，员工积极性上升。

根据以上资料，回答下列问题：

81. 根据双因素理论，老张领导的销售部员工更关注（　　）因素。

A. 保健　　B. 激励

C. 工资　　D. 安全

82. 根据公平理论，员工不仅关心自己的绝对报酬，而且关心（　　）。

A. 自己与他人的关系　　B. 额外福利与工作安全

C. 自己的工作与家庭平衡　　D. 自己与他人投入产出比率比较

83. 该公司销售部实行绩效薪金制，可选择的绩效有（　　）。

A. 创新绩效　　B. 薪酬绩效

C. 组织绩效　　D. 个人绩效

84. 老张在公司销售部实行绩效薪金制，其优点包括（　　）。

A. 提高员工基本薪酬　　B. 减少管理者工作量

C. 加强管理者的监督职能　　D. 为公司节约成本

（二）

某公司受经济环境影响，生产经营发生严重困难，三年来持续亏损，急需降低经营成本。为此，该公司计划实施经济性裁员20名。该公司提前20日向工会说明了相关事项，听取了工会意见之后向劳动行政部门书面报告了裁员方案，随后当地劳动行政部门书面同意企业实施裁员。得知被列入裁员名单后，赵某和于某非常不满。赵某觉得自己离退休都不到两年了，没有功劳还有苦劳；李某更是不满，认为自己在公司工作时曾被确认因工负伤，还被认定部分丧失劳动能力，公司不能这样“甩包袱”。已知该公司全体员工的月平均工资是5 000元，当地在岗职工月平均工资是4 500元，当地月最低工资标准是2 000元。近两年来，赵某和李某月工资都是4 000元。

根据以上资料，回答下列问题：

85. 该公司实施经济性裁员的过程中，不符合法律规定的做法是（　　）。

A. 提前20日向工会说明情况　　B. 听取工会意见

C. 向劳动行政部门书面报告裁员方案　　D. 决定裁员20名

86. 关于该公司在实施经济性裁员时能否辞退赵某的说法，正确的是（　　）。

A. 公司不能辞退赵某，因为赵某离退休年龄不到两年

B. 公司可以辞退赵某，因为这属于用人单位的用工自主权

C. 根据案例提供的信息，无法确定公司是否有权辞退赵某

D. 公司不能辞退赵某，因为赵某被辞退后找工作更困难

87. 关于该公司在实施经济性裁员时能否辞退李某的说法，正确的是（　　）。

A. 公司不能辞退李某，因为李某属于因工负伤且部分丧失劳动能力

B. 公司可以辞退李某，因为李某虽因工负伤，但只是部分丧失劳动能力

C. 案例信息没有说明李某部分丧失劳动能力的程度，无法确定公司是否有权辞退李某

D. 案例信息没有说明李某是否在规定医疗期内，无法确定公司是否有权辞退李某

88. 假设赵某和李某都在裁员范围内，公司支付经济补偿的标准是（　　）。

A. 每满 1 年向两人各支付 2 000 元　　B. 每满 1 年向两人各支付 5 000 元

C. 每满 1 年向两人各支付 4 500 元　　D. 每满 1 年向两人各支付 4 000 元

（三）

某公司所在行业近两年出现了爆发式增长，公司也随之取得了快速发展，如今行业进入了相对稳定期。盘点这两年的发展，总经理老王感慨万分。当初公司在做人力资源规划时，尽管行业面临着前所未有的发展机会，但他和公司人力资源总监老张等几位高管根据经验冷静地做出了判断，如今来看确实对形势把握得比较准确。正因为行业火热时领导冷静决策，没有在短期内招聘过多人员，现在随着业务增长逐渐平缓，员工虽有少量冗余，但并不需要像业界其他公司一样大规模裁员，公司可以采取更加柔性、员工受伤害程度相对低的办法来应对。老王认为，未来做人力资源规划时也要避免盲目冒进，一定要严格根据企业的市场占有率来决定人力资源需求规模。现在公司所在的整个行业进入了稳定期，公司已经找到了人力资源需求与一些关键指标之间的直接联系，可以用量化的方法进行更科学的预测。

根据以上资料，回答下列问题：

89. 老王希望根据市场占有率确定公司人力资源需求规模的做法，体现了影响人力资源需求预测的因素是（　　）。

A. 组织的战略定位　　B. 组织结构调整

C. 组织的产品需求情况　　D. 组织的技术变革

90. 公司前两年在行业爆发期进行人力资源需求预测时采取了经验判断法，关于该方法的表述，正确的是（　　）。

A. 经验判断法适用于短期预测

B. 经验判断法不如定量方法可靠

C. 经验判断法要求管理者具有丰富的工作经验

D. 经验判断法是一种定性的方法

91. 根据老王的要求，公司在未来适合采用的人力资源预测方法是（　　）。

A. 人员替换分析法　　B. 马尔科夫分析法

C. 比率分析法　　D. 德尔菲法

92. 根据老王的观念，对于目前的人员冗余问题，适合采取的处理方法是（　　）。

A. 加班加点　　B. 开展业务外包

C. 进行职位分享　　D. 雇用临时工

（四）

某公司成立以来业务一直发展良好，但近一年由于激励不足，出现了部分优秀员工流失的情况，针对这一问题，公司决定在未上市的情况下，采用股权计划对员工实施激励，具体方案由人力资源部负责设计。公司初步设计的股权激励方案中有这样一段内容：“公司按照依法合规原则设计员工持股计划，拟通过股票期权和业绩股份等方式有效激励员工，并赋予持有业绩最多的员工分红权和配股权”。

根据以上资料，回答下列问题：

93. 在该公司初步设计的股权激励方案中，不恰当的做法是（　　）。

A. 实施员工持股计划　　B. 采用股票期权方式实施

C. 采用业绩股份方式实施　　D. 赋予持有业绩股份的员工以配股权

94. 除了依法合规外，该公司实施员工持股计划还应当依据的原则是（　　）。

A. 风险自担原则　　B. 自愿参与原则

C. 标准化原则　　D. 公平性原则

95. 除了方案中提出的股权激励方式，该公司还可以采用的股权激励方式是（　　）。

A. 股份期权　　B. 虚拟股票期权

C. 限制性股票　　D. 股票增值权

96. 该公司的员工持股计划激励的对象可以包括（　　）。

A. 公司董事　　B. 公司供应商的董事

C. 公司监事　　D. 公司经理

（五）

赵某于2019年10月1日入职某公司担任高级产品经理，双方订立的劳动合同约定："合同期限3年，自2019年10月1日至2022年9月30日，公司登记地是甲地，赵某实际工作场所是乙地。"2020年1月10日，该公司与赵某又签订补充协议约定："公司为赵某安排专业技术培训，费用包括培训费3万元，培训期间差旅费1万元，赵某应当服务公司满4年，自入职之日起计算，赵某未按约定服务期满的，应当向公司支付违约金4万元"。随后，赵某参加了专业技术培训，公司承担了4万元的费用。2021年9月30日，赵某正式离职，离职申请书载明离职系个人原因。2021年10月，公司向甲地劳动人事争议仲裁委员会申请仲裁。2021年11月，赵某向乙地劳动人事争议仲裁委员会申请仲裁。

根据以上资料，回答下列问题：

97. 劳动争议仲裁的管辖权应该属于（　　）。

A. 甲地　　B. 乙地

C. 甲、乙两地共同负责　　D. 甲、乙两地的上级部门

98. 赵某劳动合同的期限为（　　）。

A. 2019年10月1日至2023年9月30日　　B. 2019年10月1日至2022年9月30日

C. 2020年10月1日至2023年9月30日　　D. 2020年10月1日至2022年9月30日

99. 赵某应赔偿公司的违约金是（　　）元。

A. 40 000　　B. 0

C. 20 000　　D. 30 000

100. 如果当事人对管辖地有异议，应当在（　　）提出。

A. 答辩期满前　　B. 开庭审理前

C. 开庭审理中　　D. 开庭结束前

参考答案及解析

一、单项选择题

1. B【解析】西蒙的决策过程分为三个阶段，即智力活动阶段、设计活动阶段、选择活动阶段。其中，设计活动阶段的决策工作包括探索、研究和分析可能发生的行为系列。

2. B【解析】精神层是组织文化的深层，主要是指组织的领导和员工共同信守的基本信念、价值标准、职业道德及精神风貌，它是组织文化的核心和灵魂。选项 A 指的是物质层，选项 C、D 指的是制度层。

3. A【解析】压力面试是指面试考官在面试过程中故意制造出一种紧张气氛，对被面试者施加一定的心理压力，然后观察被面试者在压力状况下的情绪变化及反应的面试形式。

4. C【解析】当一个组织面临人力资源需求小于供给的情形时，可以采取以下五种措施：①冻结雇佣；②鼓励员工提前退休；③缩短现有员工的工作时间；④临时性解雇或永久性裁员；⑤组织还可以考虑对冗余人员进行培训。选项 A、B、D 属于人力资源需求大于供给的情形所采取的措施。

5. A【解析】劳动力跨职业流动的方向可按照职业等级差别分为向上流动、向下流动和水平流动。自愿性跨职业流动基本上属于向上流动，如由快递员辞职后去当“白领”，则为向上流动。而非自愿性跨职业流动也会追求向上的目标或要求水平流动，但是会有向下流动的情况（如在经济萧条时期或个人劳动技能相对下降的情况），如由“白领”失业去当外卖员，工作环境和条件等下降，为向下流动。

6. A【解析】以管理者为中心的领导风格包括 X 理论、独裁、生产中心、产出、任务驱动、督导、指导。以员工为中心的领导风格包括 Y 理论、民主、员工中心、关怀、人际关系、支持、参与。

7. C【解析】劳动参与率＝（就业人口＋失业人口）/16 周岁以上总人口＝（就业人口＋失业人口）/（总人口－16 周岁以下总人口）＝（550＋50）/（1 000－200）＝75%。

8. C【解析】用人单位依法应当向劳动者支付经济补偿的，在办结工作交接时支付。劳动者应当按照双方约定，办理工作交接。

9. B【解析】处于职业生涯发展建立期的活动是独自做出贡献，典型身份是同事。选项 A 对应的是维持期，选项 C 对应的是探索期，选项 D 对应的是衰退期。

10. C【解析】实用性是指绩效管理体系的建立和维护成本要小于绩效管理体系带来的收益。

11. A【解析】保险人是依法收取社会保险费，并按照规定支付保险待遇的主体。在我国，保险人称为社会保险经办机构。

12. A【解析】组织的管理者尤其是高层管理者还需要随时掌握组织的各项战略任务完成情况及重要工作的进度。这时，一种非常直观的管理工具——数字仪表盘就能够发挥重要的作用。

13. C【解析】根据劳动力需求曲线的形状：

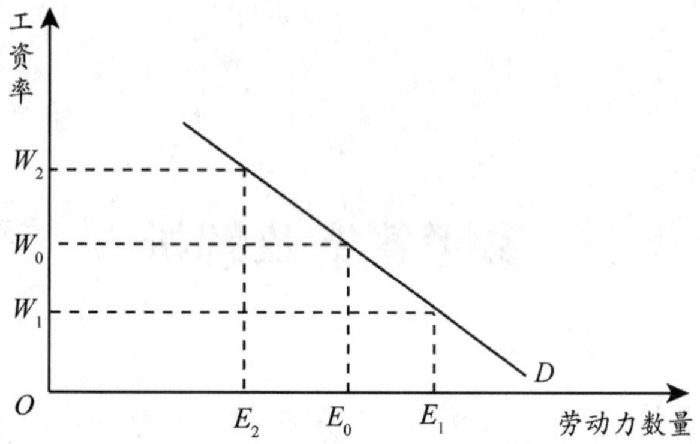

其他条件不变，工资率越高，则企业需要的劳动力数量越少；反之，工资率越低，则劳动力需求数量就越大。

14. B【解析】判断—感知反映了通常表现出来的对待外界的方式（是判断性的、有计划的、有目的的，还是灵活的、好奇的、容易冲动的、适应性强的）。选项 A 反映了一个人的注意力集中方向（外部世界还是内部世界）；选项 C 反映了处理信息和做出决策的方式（主要依赖逻辑关系，还是事物对自己和他人的价值和重要性）；选项 D 反映了获取信息的方式（通过感觉和经验，还是通过想象和抽象性思维）。

15. A【解析】效率工资是指企业提供的一种高于市场均衡水平的工资。选项 A 错误，选项 C 正确。企业之所以愿意支付高工资，一个基本假设就是高工资往往能够带来高生产率，支持这种假设的理由主要有三点：①高工资能够帮助企业吸引到更为优秀的、生产率更高的员工。②高工资有利于降低员工的离职率，提高他们的实际生产率。选项 B、D 正确。③高工资能够让人产生公平感。

16. D【解析】凡具有良好的职业道德和敬业精神，已获得省（行业）级技术能手称号，且具有高级以上职业资格或同等资格，技术技能水平在国内本职业（工种）中有较大影响，并具备规定条件的中华人民共和国公民，可参加全国技术能手奖项的评选。

17. D【解析】现职和不担任现职的未办理退（离）休手续的党政领导干部不得在企业兼职（任职），因此老王不得到该民营企业兼职，选项 C 错误，选项 D 正确。退（离）休领导干部在社会团体兼任职务（包括领导职务和名誉职务、常务理事、理事等），须按干部管理权限规定审批或备案后方可兼职，选项 A、B 错误。

18. C【解析】调整劳动关系，必须放眼全局，把促进经济发展、推动社会进步作为出发点，妥善处理好企业发展和维护职工合法权益的关系，妥善处理好保护职工利益长远目标与现阶段目标的关系。

19. A【解析】部门结构是各管理部门的构成，又称组织的横向结构。选项 B 是达到企业目标所需完成的各项业务工作及其比例和关系。选项 C 是各管理层次的构成，又称组织的纵向结构。选项 D 是各管理层次、部门在权力和责任方面的分工和相互关系。

20. B【解析】在计算内部收益率时，通常是通过使收益现值与成本相等来求出 r 的值，然后再将这种收益率去与其他投资的报酬率（如银行利率等）加以比较。如果最高贴现率大于其他投资的报酬率，则人力资本投资计划是可行的；否则，就是不可行的。

21. A【解析】矩阵组织形式的主要特点包括：①一名员工有两位领导；②组织内部有两个层次的协调；③产品部门（或项目小组）所形成的横向联系灵活多样。选项 A 属于职能制结构的特点。

22. A【解析】法律界定的用人单位包括企业、个体经济组织、民办非企业单位、国家机关、事业组织、社会团体。

23. B【解析】期望理论公式为：效价×期望×工具性＝动机。

24. C【解析】摩擦性失业、结构性失业以及季节性失业均属于竞争性劳动力市场上的一种不可避免的较低水平的失业，即正常性的失业。

25. B【解析】概念型决策者具有较高的模糊耐受性水平，并且倾向于对人和社会的关注。选项A，分析型决策者具有较高的模糊耐受性水平以及很强的任务和技术取向；选项C，指导型决策者具有较低的模糊耐受性水平，倾向于关注任务和技术本身；选项D，行为型决策者具有较低的模糊耐受性水平，倾向于对人和社会的关注。

26. C【解析】小组面试是由一组面试考官在同一时间和同一场所，共同对一位被面试者进行提问、观察并作出评价的面试形式。

27. A【解析】工作样本测试是指在一个对实际工作的一部分或全部进行模拟的环境中，让求职者实地完成某些具体工作任务的一种测试方法。如对计算机编程人员实施的编程测试、对物流货运人员实施的标准驾驶测试。

28. A【解析】因支付拖欠劳动报酬、工伤医疗费、经济补偿或者赔偿金事项达成调解协议，用人单位在约定的期限内不履行调解协议的，劳动者可以持调解协议书依法向人民法院申请支付令，人民法院应当依法发出支付令。

29. C【解析】贫穷、歧视以及受教育程度不高导致的技能缺乏是造成优等劳动力市场和次等劳动力市场之间出现相对隔离的主要原因。

30. B【解析】用人单位应当按照国家规定的本单位职工工资总额的比例缴纳基本养老保险费，计入基本养老保险统筹基金。

31. C【解析】根据《企业劳动争议协商调解规定》第十七条，调解员履行下列职责：①关注本企业劳动关系状况，及时向企业劳动争议调解委员会报告（选项A)；②接受企业劳动争议调解委员会指派，调解劳动争议案件（选项B)；③监督和解协议、调解协议的履行（选项D)；④完成企业劳动争议调解委员会交办的其他工作。

32. C【解析】在管理实践中，企业所进行的一般培训和特殊培训实际上是很难完全区分开的，因此，企业的各种在职培训活动中，普遍运用先分摊成本再分享收益这种双赢的方式。选项C正确，选项D错误。一般培训的成本由员工自己负担并享有其收益，选项A错误。特殊培训的成本与收益由员工和企业共同分摊，选项B错误。

33. D【解析】自我实现的需要包括个人成长、发挥个人潜能、实现个人理想的需要。选项A属于归属与爱的需要，选项B、C属于尊重的需要。

34. D【解析】斯坎伦计划由美国麻省理工学院教授约瑟夫·斯坎伦提出，它融合了参与管理和绩效薪金制两种概念，被称作是“劳资合作、节约劳动支出、集体奖励”的管理制度。斯坎伦计划的主张是组织应结合为一体，不可分崩离析；员工是有能力而且愿意贡献他们的想法和建议的；效率提高后所增加的效益，应与员工共同分享。斯坎伦计划实施的成败，关键在于劳资双方是否能够彼此相互信赖，以及整个组织中的所有员工是否对这一制度具有强烈的认同感。利润分享方案分享的是增加的利润，与劳动支出没有关系，选项D错误。

35. C【解析】最初被以离岸经营方式外包出去的许多工作岗位，其工作范围比较窄、工作内容比较简单，如生产岗位、呼叫中心的服务岗位等，而现在已经延伸到很多高技能的工作岗位，如证券分析、技术研发等，选项C错误。

36. B【解析】在实际操作中，判断不充分就业人员的标准有：①调查周内工作时间达不到标准时间的一半，即不到20小时；②工作时间短是非个人原因造成的；③愿意从事更多的工作。

37. C【解析】关键绩效指标是由主管人员决定并被员工认可的绩效指标，它使评价者和被评价者在工作业绩上的认识保持一致，并为未来的绩效沟通奠定基础，选项A错误。关键绩效指标是对重点经营活动的反映，而不是对所有业务流程活动的概括，选项B错误。关键绩效指标不是一成不变的，它需要随企业战略的变化而调整，选项D错误。

38. B【解析】堡垒型组织着眼于公司的生存。选项A属于俱乐部型组织的主要特征；选项C属于棒球队型组织的主要特征；选项D属于学院型组织的主要特征。

39. D【解析】工资歧视是指雇主针对既定的生产率特征支付的价格因劳动者所属的人口群体的不同而呈现系统性的差别。通常情况下，不同性别、种族等的劳动者群体之间会存在工资性报酬差别。在这些工资性报酬差别中，有些是属于可以从经济学上得到解释的差别，有些则是暂时无法得到解释的差别。对于这些无法得到解释的工资性报酬差别，经常会有人提出这很可能是劳动力市场歧视造成的。选项D错误。

40. D【解析】魅力型领导的追随者认同他们的领导及其安排的任务，表现出对领导的高度忠诚和信心，效法其价值观和行为，并且从自身与领导的关系中获得自尊。由于魅力型领导对其追随者产生影响，因而魅力型领导将促使追随者产生出高于期望的绩效以及强烈的归属感。选项D错误。

41. C【解析】上市公司不得为激励对象依股权激励计划获取有关权益提供贷款以及其他任何形式的财务资助，包括为其贷款提供担保，选项C错误。

42. C【解析】教育投资产生的社会收益或外部收益主要表现在以下几个方面：①教育投资直接导致国民收入水平的提高和社会财富的增长，从而提高整个国家和社会的福利水平；②教育投资有助于降低失业率，从而减少失业福利支出，同时起到预防犯罪的作用（受教育水平的高低会影响个人犯罪被捕之后的机会成本），减少了执行法律的支出；③较高的受教育水平有助于提高政策决策过程的质量和决策效率；④父母的受教育水平在很大程度上会影响下一代的健康以及受教育状况；⑤受教育水平的提高还有助于提高整个社会的道德水平和信用水平，降低社会以及经济中的交易费用，提高市场效率。选项C属于教育投资产生的私人收益。

43. D【解析】依法申请经营劳务派遣业务，注册资本不得少于人民币200万元，选项A错误。经营劳务派遣业务，应当向劳动行政部门依法申请行政许可，劳务派遣经营许可证有效期为3年，选项B错误。劳务派遣单位需要延续行政许可有效期的，应当在有效期届满60日前向许可机关提出延续行政许可的书面申请，并提交3年以来的基本经营情况；劳务派遣单位逾期提出延续行政许可的书面申请的，按照新申请经营劳务派遣行政许可办理，选项C错误。

44. B【解析】差异化战略有时也称创新战略。采取创新战略的企业强调的是产品市场上的领袖地位及客户满意度。因此，与此相对的薪酬体系非常注重对产品创新、技术创新和新的生产方法给予足够的报酬或奖励，其基本薪酬以劳动力市场的通行水平为准且略高于市场水平。选项A属于市场集中战略。选项C，创新战略中并没有提到关于奖金所应占的比例，只提到基本薪酬应略高于市场水平。选项D属于成本领先战略。

45. C【解析】战略威胁包括潜在的人员短缺、新的竞争对手进入市场，即将出台的可能会对组织产生消极影响的法律，竞争对手的技术创新等。

46. C【解析】劳动力供求双方一旦达成协议，就会签订某种形式的雇佣合同，其中包括劳动报酬、工作条件、合同期限等内容。大多数情况下，这种合同是书面形式的，有些也可能只是双方的一种默契。选项 C 错误。

47. C【解析】集体合同是用人单位与本单位职工根据法律法规、规章的规定，就劳动报酬、工作时间、休息休假、劳动安全卫生、职业培训、保险福利等事项，通过集体协商签订的书面协议，选项 A、B 错误。《集体合同规定》之上还有《劳动法》《劳动合同法》等对集体合同的规范，因此《集体合同规定》不是规范集体合同制度的最高层级法律，选项 D 错误。

48. B【解析】用人单位或者个人认为社会保险费征收机构的行为侵害自己合法权益的，可以依法申请行政复议或者提起行政诉讼。选项 A、C、D 均属于公民、法人或者其他组织不能申请行政复议的情形。

49. C【解析】劳动人事争议仲裁委员会是国家授权依法设立的，代表国家行使仲裁权并由国家强制力保证其生效裁决实施的，由劳动行政部门代表、工会代表和企业方面代表组成处理劳动争议的仲裁机构。

50. B【解析】排序法的最大优点在于其简单易行，成本较低，而且易于与员工沟通。然而，由于没有详细具体的评价标准，因此主观成分很多，选项 B 正确，选项 C 错误。这种方法只适用于规模较小、结构简单、职位类型较少而且员工对本企业各项职位都较为熟悉的企业，选项 A 错误。选项 D 属于定量方法的内容。

51. C【解析】我国境内的企业、个体经济组织、民办非企业单位等组织及国家机关、事业组织、社会团体和与之建立劳动关系的劳动者，事业单位与本单位实行聘用制的工作人员，因劳动权利和义务产生分歧而引起的争议，属于劳动争议。但用人单位之间、劳动者之间、用人单位与没有与之建立劳动关系的劳动者、国家机关与公务员之间产生的争议，都不属于劳动争议。选项 C 属于行政争议。

52. A【解析】上大学的总收益是指一个人在接受大学教育之后的终身职业生涯中获得的超过高中毕业生的工资性报酬。

53. D【解析】通过劳资双方的博弈过程寻求双方都能够接受的平衡点，是劳动关系正常运行的基本要求。

54. D【解析】限制性股票的禁售期是指公司员工取得限制性股票后不得通过二级市场或者其他方式进行转让的期限，其禁售期不得低于 2 年，选项 D 错误。

55. A【解析】工作态度很好，但工作能力不足属于安分型。对于安分型的员工，组织要对其进行必要的培训以提升其工作技能。

56. B【解析】人力资源供给预测是对组织外部的劳动力市场形势以及内部的人员供给情况（其中包括数量、质量以及晋升、流动等情况）进行分析，预测出在规划期内组织内部的人力资源供给的数量、质量及结构等，同时了解从外部劳动力市场上招募和吸引与组织相关的各类人才的难度。

57. D【解析】一个社会的总人口可以被划分为经济活动人口与非经济活动人口两类，选项 D 错误。

58. B【解析】成本领先战略有时也称成本领袖战略、总成本领先战略或运营卓越战略，实际上就是低成本战略，是在产品本身的质量大体相同的情况下，组织以低于竞争对手的价格向客户提供产品的一种竞争战略，选项A错误。在薪酬水平方面，这类组织会密切关注竞争对手的薪酬状况，以确保本组织的薪酬水平既不低于竞争对手，最好也不要高于竞争对手。在薪酬结构中，奖金部分所占的比重相对较大，因此是提高浮动薪酬在员工总薪酬中所占的比重，选项C错误。选项D属于差异化战略的内容。

59. A【解析】纵向比较既包括组织内自我比较（员工在同一组织中把自己现在的工作和待遇与过去的相比较），也包括组织外自我比较（员工将自己在不同组织中的工作和待遇进行比较）。选项B、C、D属于横向比较。

60. C【解析】适应人才需求的不确定性，小规模、多批次地培养人才，选项C错误。

二、多项选择题

61. CDE【解析】基本需要包括生理需要、安全需要、归属和爱的需要，高级需要包括尊重的需要、自我实现的需要。

62. BDE【解析】在上下班途中受到非本人主要责任的交通事故或者城市轨道交通、客运轮渡、火车故事伤害的，可认定工伤，选项A未说明“非本人主要责任”。在工作时间和工作岗位突发疾病死亡或者在48小时之内经抢救无效死亡，属于视同工伤的情形，选项C错误。

63. BCDE【解析】组织结构特征因素包括管理层次与管理幅度、专业化程度、地区分布、分工形式、关键职能、集权程度、规范化程度、制度化程度、职业化程度、人员结构。选项A属于组织结构的权变因素。

64. BCD【解析】职位评价的原则包括系统性原则、战略性原则、标准化原则、员工参与原则、结果公开原则、实用性原则。

65. DE【解析】劳动关系系统的运行有两种功能，即动力功能与约束功能。

66. ABCE【解析】劳动力市场的特征包括特殊性、多样性、不确定性、交易对象的难以衡量性、交易的延续性、交易条件的复杂性、劳动力出售者地位的不利性。

67. BCD【解析】目前，我国正在为技能人才探索建立“新八级”职业技能等级，即（由低到高）学徒、初级工、中级工、高级工、技师、高级技师、特级技师、首席技师。职业技能等级按五级划分为：五级/初级工、四级/中级工、三级/高级工、二级/技师、一级/高级技师。

68. ABCE【解析】评价中心技术包括公文筐测试、无领导小组讨论、角色扮演，选项D错误。

69. BCE【解析】非全日制用工双方当事人任何一方都可以随时通知对方终止用工，选项A错误。非全日制用工双方当事人可以订立口头协议，劳动报酬结算支付周期最长不得超过15天，选项D错误。

70. ABE【解析】在绩效考核中，为了提高员工对成本的重视程度，组织应尽量选择以结果为导向的、实施成本较低的评价方法。在评价指标和评价标准的确定上，组织可以多选择一些客观的财务指标引导员工的工作行为。选项C、D错误。

71. BC【解析】职工退休年龄的规定：①男年满60周岁，女年满50周岁、女干部年满55周岁；②从事井下、高空、高温、特别繁重体力或其他有害身体健康工作达到一定年限的，退休年龄为男年满55周岁，女年满45周岁；③因病或因工致残，由医院证明并经劳动鉴定委员会确认完全丧失劳动能力的，退休年龄为男年满50周岁，女年满45周岁。

72. ACDE【解析】一个组织的战略能否得到成功的执行，主要取决于五个要素，即组织结构，工作任务设计，人员的甄选、培训与开发，报酬系统，信息系统。人力资源管理职能负有主要责任的是工作任务设计，人员的甄选、培训与开发，报酬系统。选项B会产生直接影响，但不负主要责任。

73. ABDE【解析】人力资源需求预测的影响因素包括组织的战略定位和战略调整、组织提供的产品和服务的变化情况、组织的技术变革、组织结构调整和流程再造。

74. BCDE【解析】人力资本投资包括各级正规教育和在职培训花费的支出、增加健康、加强学龄前儿童营养、寻找工作、工作流动等。炒股属于金融投资，选项A错误。

75. ABCD【解析】永久居留证是外国人在中国境内居留的身份证件，外国人可以持证在中国境内办理金融、教育、医疗、交通、通信、就业和社会保险、财产登记、诉讼等事务，持证人在中国居留期限不受限制，可以凭本人护照和永久居留证出境入境。外国人在中国境内应依法参加社会保险，选项E错误。

76. AB【解析】结构技术包括合并职能部门、减少垂直分化度、简化部门规章、扩大员工的工作自主性、工作再设计。选项C、D、E属于人文技术。

77. CD【解析】关键绩效指标是反映个体绩效贡献的评价依据和量化指标，选项A错误。平衡计分卡适用于组织战略的重大调整时期，选项B错误。标杆超越法标杆的寻找范围并不局限在同行业，应该有更广阔的视角，选项E错误。

78. CDE【解析】选项A、B属于理性模型的特征。

79. BCD【解析】近年来，无领导小组讨论在很多企业招聘大学生中得到广泛的运用，选项A错误。在有些情况下，被测试者有可能会有意识地表现自己或掩饰自己，以达到通过测试的目的，选项E错误。

80. ABCD【解析】2003年，在我国关于失业人员的统计中，失业人员是指在法定劳动年龄内，有工作能力，无业且要求就业而未能就业的人员。

三、案例分析题

(一)

81. B【解析】激励因素包括成就感、别人的认可、工作性质、责任和晋升等因素。根据材料内容，老张上任时，提高销售人员基本工资未能提高员工的积极性，而将销售业绩与晋升挂钩后，销售额翻倍，员工积极性上升，说明该公司销售部员工更关注激励因素。

82. D【解析】公平理论指出，人们不仅关心自己的绝对报酬，而且关心自己和他人在工作和报酬上的相对关系，员工倾向于将自己的产出与投入的比率与他人的产出与投入的比率相比较，来进行公平判断。

83. CD【解析】绩效可以是个人绩效、部门绩效和组织绩效，选项C、D正确。

84. B【解析】绩效薪酬制的主要优点在于它可以减少管理者的工作量，因为员工为了获得更高的薪金会自发地努力工作，而不需要管理者的监督。

(二)

85. A【解析】需要裁减人员20人以上或者裁减不足20人但占企业职工总数10%以上的，用人单位提前30日向工会或者全体职工说明情况，听取工会或者职工的意见后，裁减人员方案经向劳动行政部门报告，可以裁减人员。

86. C【解析】在本单位连续工作满15年，且距法定退休年龄不足5年的，不得依照《劳动合同法》第四十条、第四十一条的规定解除劳动合同。根据案例材料的内容，赵某距离退休年龄不足2年，但并不清楚其在该单位是否已经连续工作满15年，因此不符合限制解除的条件。同时，在材料中也没有说明赵某符合应当优先留用的三类人。

87. A【解析】在本单位患职业病或者因工负伤并被确认丧失或者部分丧失劳动能力的，不得依照《劳动合同法》第四十条、第四十一条的规定解除劳动合同。李某曾被认定为工伤，且部分丧失劳动能力，符合限制解除的条件。

88. D【解析】经济补偿按劳动者在本单位工作的年限，每满1年向劳动者支付1个月工资的经济补偿。工资按照劳动者在劳动合同解除或终止前12个月的平均工资计算。根据材料中内容，近两年来，赵某和李某月工资都是4 000元，因此公司支付给赵某和李某的经济补偿标准为每满1年向两人各支付4 000元。

（三）

89. C【解析】根据市场占有率确定公司人力资源需求规模，属于组织的产品和服务的变化因素对人力资源需求预测的影响。因为市场占有率是会受到企业提供的产品或服务变化的影响的，当产品销售得好，市场占有率相应提高，企业会增加用人需求。

90. ACD【解析】在缺乏历史数据或者环境变化很大的情况下，依靠专家通过长期积累的经验进行主观的人力资源需求预测可以是最佳方式，选项B错误。

91. C【解析】根据材料内容"公司已经找到了人力资源需求与一些关键指标之间的直接联系，可以用量化的方法进行更科学的预测"，其符合比率分析法和回归分析法。

92. C【解析】人员冗余也就是企业需求小于供给的情况，根据材料内容"公司可以采取更加柔性、员工受伤害程度相对低的办法来应对"，可知选项C正确。职位分享见效速度快、员工受伤害程度中等。选项A、B、D均属于企业需求大于供给的措施。

（四）

93. B【解析】股票期权属于上市公司股权激励的方式，非上市公司可以采用的股权激励方法包括股份期权、业绩股份、虚拟股票期权，选项B错误。

94. AB【解析】员工持股计划的原则包括依法合规原则、自愿参与原则、风险自担原则。

95. AB【解析】非上市公司可以采用的股权激励方法包括股份期权、业绩股份、虚拟股票期权。

96. ACD【解析】根据我国有关政策规定，允许参与员工持股计划的通常包括四类人员：①在企业工作满一定时间的正式员工；②公司的董事、监事、经理；③企业派往投资企业、代表处工作，劳动关系仍在本企业的外派人员；④企业在册管理的离退休人员。

（五）

97. B【解析】双方当事人分别向劳动合同履行地和用人单位所在地的劳动人事争议仲裁委员会申请仲裁的，由劳动合同履行地的劳动人事争议仲裁委员会管辖，即出现围绕同一争议双方当事人互为申请人和被申请人的两个争议案件时，由劳动合同履行地的劳动人事争议仲裁委员会管辖。

98. A【解析】劳动合同期满，但约定的服务期尚未到期的，劳动合同应当续延至服务期满；双方另有约定的，从其约定。

99. C【解析】劳动者违反服务期约定，应当按照约定向用人单位支付违约金。违约金数额不得超过用人单位提供的培训费用。用人单位要求劳动者支付的违约金不得超过服务期尚未履行部分所应分摊的培训费用。该公司与赵某约定4年的服务期，花费4万元的培训费用，则分摊到每年的费用为1万元，赵某离职时已经履行了2年的服务期，只需支付未履行的2年即可，即2万元。

100. A【解析】当事人提出管辖异议的，应当在答辩期满前书面提出。

证件号码：________

准考证号：________

考生姓名：________

2022年全国经济专业技术资格考试

《人力资源管理专业知识与实务》(中级)

机考真题

扫码兑换 备考课程

考场规则

一、自考试开始前 30 分钟起，应试人员凭准考证和有效身份证件（须与报考时所使用的身份证件一致）进入本科目考试所指定考场，按座位号入座，并将准考证和有效身份证件放置在座位右上角。

二、本次考试为电子化考试，须在计算机上作答，应试人员参加考试可携带的用品只限于铅笔。

三、每科目开始 5 分钟后，迟到的应试人员一律不得进入考场。各科目考试时长（最长作答时间）为 1.5 小时，经监考人员同意，应试人员可提前 15 分钟交卷、离场。

四、应试人员须按照考试系统提示的要求进行操作，不得擅自对计算机进行冷、热启动，不得关闭电源或作出其他与考试无关的操作。

五、应试人员应按照考试系统的提示登录系统，须认真阅读《考场规则》及《操作指南》，并点击“我已阅读”按钮。考试开始后，考试系统将自动进行计时，应试人员作答时间以考试系统计时器显示的结果为准。

六、应试人员须在考场内保持安静；独立进行作答，不得与其他应试人员交流讨论，不得要求监考人员解释试题；遇到无法登录、系统故障等异常情况时可举手询问，不得自行处置。

七、应试人员应自觉接受工作人员的监督和检查，服从工作人员安排。

八、应试人员交卷后，须确认界面提示“交卷成功”，方可离开考场；若界面提示“交卷失败”，须及时联系监考人员。

九、应试人员不得将相关考试信息以任何方式带出考场，交卷后不得在考场附近逗留、谈论。

十、考试违纪违规行为按照人力资源社会保障部《专业技术人员资格考试违纪违规行为处理规定》处理。

一、单项选择题（共60题，每题1分。每题的备选项中，只有1个最符合题意）

1. 养老保险实行（　　）模式。

A. 社会统筹与个人账户相结合　　B. 政府统筹与个人账户相结合

C. 社会统筹与集体账户相结合　　D. 政府统筹与集体账户相结合

2. 人力资本投资活动中不包括（　　）。

A. 劳动力流动　　B. 培训

C. 教育　　D. 薪酬调查

3. 根据公平理论，员工将自己在不同组织中的工作和待遇进行比较的情况属于（　　）。

A. 组织内自我比较　　B. 组织外他比

C. 组织外自我比较　　D. 组织内他比

4. 劳动者进行劳动力供给决策时关心的是（　　）。

A. 名义工资　　B. 物价指数

C. 实际工资　　D. 货币工资

5. 交易型领导的特点是（　　）。

A. 善于做智慧型刺激　　B. 善于实施激励

C. 经常提供奖励　　D. 体现出个性化关怀

6. 一些美国公司将原本在本土的客户呼叫服务中心迁往印度，这种做法属于（　　）。

A. 离岸经营　　B. 培训转岗

C. 临时用工　　D. 工作分享

7. 矩阵组织形式最有效的适用环境为（　　）。

A. 复杂/动态的　　B. 简单/静态的

C. 复杂/静态的　　D. 简单/动态的

8. 考察人力资源管理岗位求职者对劳动法律法规条文掌握程度的甄选测试是（　　）。

A. 一般认知能力测试　　B. 身体能力测试

C. 心理测试　　D. 知识测试

9. 企业劳动规章制度必须经过职工代表大会讨论的企业是（　　）。

A. 企业注册资金达到500万元

B. 企业雇佣劳动用工人数达到100人

C. 国有企业

D. 外商投资企业

10. 以下统计指标无法包含全部就业人口的是（　　）。

A. 实际劳动供给人口　　B. 经济活动人口

C. 劳动力人口　　D. 劳动年龄内人口

11. 关于家庭劳动力供给，表述错误的是（　　）。

A. 家庭收入是效用的直接来源

B. 家庭可支配时间分为市场工作和家庭生产时间

C. 家庭内部分工决策采用比较优势原理

D. 家庭生产方式分为时间密集型和商品密集型

12. 制订绩效计划时，在准备阶段收集的信息不包括（　　）。

A. 员工个人的薪酬资料　　B. 近几年的绩效管理资料

C. 组织最新的战略管理资料　　D. 工作分析的相关资料

13. 对劳动仲裁不服的应自收到仲裁裁决书之日起（　　）日内提起诉讼。

A. 15　　B. 30

C. 60　　D. 90

14. 根据霍兰德职业兴趣测试理论，更愿意与具体物体打交道，喜欢有规则的具体劳动的职业兴趣类型是（　　）。

A. 研究型　　B. 社会型

C. 现实型　　D. 常规型

15. 在企业文化类型中，喜欢冒险、具有革新精神的属于（　　）组织。

A. 学院型　　B. 俱乐部型

C. 棒球队型　　D. 堡垒型

16. 布莱克和默顿的管理方格图中，纵坐标代表的是（　　）。

A. 关心人　　B. 关心任务

C. 人际关系　　D. 工作任务

17. 经营性人力资源服务机构承接人力资源外包，应当自开展业务（　　）日内向人力资源社会保障行政部门备案。

A. 20　　B. 10

C. 15　　D. 5

18. 某地区 16 周岁以上的总人口为 1 000 万人，劳动适龄人口为 600 万人（就业人口 500 万人，失业人口 100 万人），老年就业人口 150 万人，则劳动力参与率为（　　）。

A. 65%　　B. 50%

C. 60%　　D. 75%

19. 关于我国基本医疗保险的说法，正确的是（　　）。

A. 用人单位缴费比例为职工工资总额的 8%

B. 个人缴费比例为本人工资收入的 4%

C. 灵活就业人员不能参加基本医疗保险

D. 基本医疗保险是为了抗御疾病风险而建立的社会保险

20. 关于绩效评价的方法，以下不属于量表法的是（　　）。

A. 图尺度评价法　　B. 行为锚定法

C. 行为观察量表法　　D. 关键事件法

21. 一些人具有分析能力、人际沟通能力和情绪控制能力强强组合的特点，且具有强烈的升迁动机，属于职业生涯锚的（　　）。

A. 自主独立型　　B. 创造型

C. 技术/职能能力型　　D. 管理能力型

22. 某公司希望通过对组织战略实现过程进行分解，帮助公司各部门理解公司战略实现过程，适合运用的工具是（　　）。

A. SWOT 分析　　B. 数字仪表盘

C. 战略地图　　D. 人力资源计分卡

23. 关于马斯洛需要层次理论，说法错误的是（　　）。

A. 比较可靠准确，有大量研究支持

B. 合乎人们直觉经验，易于理解

C. 颇受企业管理者欢迎

D. 较呆板，不完全适用于复杂多变的环境

24. 关于城乡劳动力调查制度的表述，错误的是（　　）。

A. 它得出的失业率数据能更好地反映我国真实失业情况

B. 对就业人口的界定与国际劳工组织定义很相似

C. 调查范围为18周岁以上城乡人口

D. 它是一种抽样调查的方法

25. 申诉受理接待员遇到员工甲前来申诉，说员工乙在背后对她指指点点但又没有证据，申诉受理接待员应（　　）。

A. 受理，并跟员工乙核实　　B. 不受理

C. 跟上级主管反映　　D. 直接调解

26. 反映员工为了胜任本职工作而必须接受正规职业教育的是（　　）。

A. 专业化程度　　B. 职业化程度

C. 规范化程度　　D. 制度化程度

27. 在企业实现战略目标过程中，需要坚持基本行为规范和道德伦理，是该企业的（　　）。

A. 使命　　B. 愿景

C. 宗旨　　D. 价值观

28. 根据生命周期理论，影响领导风格选择的重要因素包括（　　）。

A. 上级的授权　　B. 工作的特性

C. 同事的支持　　D. 下属的成熟度

29. 关于领导—成员交换理论，说法错误的是（　　）。

A. 领导和下属都以个体身份通过团体进行反馈

B. 领导—成员交换过程是互惠过程

C. 相比“圈外人”，领导更倾向于对“圈内人”投入更多的感情

D. 在确立关系和角色的中后期，领导会把下属分成“圈内人”和“圈外人”

30. 多个评价者对同一个人评价不一致，属于（　　）不高。

A. 重测信度　　B. 复本信度

C. 评价者信度　　D. 内部一致性信度

31. 关于控制实验法的说法，错误的是（　　）。

A. 可以提高评估的准确性

B. 操作比较复杂

C. 开发成本高

D. 适用于管理技能等难以量化的评估

32. 下列人力资源管理活动中，与稳定战略相匹配的是（　　）。

A. 不断为组织招聘新员工

B. 以低福利、高刺激的方式激发员工

C. 快速晋升内部员工

D. 注重人力资源管理的内部一致性和公平性

33. 下列人力资源管理措施中，有助于使效率工资发挥更大激励作用的是（　　）。

A. 拉大企业内部工资差别　　B. 构建短期雇佣关系

C. 缩小企业内部工资差别　　D. 构建长期雇佣关系

34. 关于劳动力需求方面临劳动力市场摩擦力的具体表现，说法错误的是（　　）。

A. 企业的劳动力需求数量会受到劳动力供给的影响

B. 企业调整雇用人数会产生一定的成本

C. 企业未必根据市场高工资水平的变化迅速调整雇用人数

D. 企业并非一定按照市场工资水平支付工资

35. 上大学的机会成本有（　　）。

A. 大学学费

B. 上大学购买学习用品和书籍费用

C. 上大学餐饮和住宿费用

D. 因上大学不能挣钱造成潜在的经济损失

36. 职能制组织形式的缺点不包括（　　）。

A. 横向协调性差　　B. 管理权力过于分散

C. 适应性差　　D. 狭隘的职能观念

37. 小王失业前单位与小王缴纳的保险时间大于 5 年小于 10 年，则小王领取失业保险金最长能领取（　　）个月。

A. 6　　B. 12

C. 18　　D. 24

38. 在企业需求大于供给的情况下，应采用的措施是（　　）。

A. 冻结雇佣　　B. 职位分享

C. 自愿退休　　D. 加班加点

39. 评价中心技术中公文筐测试的特点不包括（　　）。

A. 操作简单容易　　B. 不能考查人际技能

C. 编制成本低　　D. 效度比较高

40. 关于差异化战略和成本领先战略，说法正确的是（　　）。

A. 差异化战略以结果为导向

B. 差异化战略考核周期不要过短

C. 成本领先战略以行为为导向

D. 成本领先战略的主体要多元化

41. 关于职位评价，说法不正确的是（　　）。

A. 职位评价解决外部竞争性问题

B. 职位评价体现内部公平性

C. 职位评价体现相对价值

D. 要建立统一的职位评价标准

42. 在劳动争议调解中，调解员发现当事人的资料内容有欠缺的，应（　　）。

A. 及时通知申请人补齐相关证据

B. 可以代替申请人进行补缴证据

C. 不用提供新的证据

D. 看情况进行取证

43. 关于资本价格和劳动力需求，说法错误的是（　　）。

A. 资本价格下降的规模效应引起劳动力需求上升

B. 资本价格下降的收入效应引起劳动力需求上升

C. 资本价格下降的替代效应引起劳动力需求下降

D. 资本价格上升的规模效应引起劳动力需求下降

44. 竞业限制的人员除了高级管理人员、高级技术人员，还有（　　）。

A. 负有保密义务的人员　　B. 遵守制度的人员

C. 合规化的人员　　D. 中层管理者

45. 各国政府在初等教育方面进行了很大的投资，普及初等义务教育的主要原因是（　　）。

A. 义务教育能够带来很高的社会收益

B. 义务教育只能让社会收益，因而只能由政府投资

C. 义务教育不能给私人带来收益

D. 政府投资于高等教育是不会产生社会收益的

46. 从激励内容来看，激励分为（　　）。

A. 他人激励和自我激励　　B. 正面激励和负面激励

C. 物质激励和精神激励　　D. 内源性激励和外源性激励

47. 为减少摩擦性失业，政府可采用的政策是（　　）。

A. 加快劳动力市场信息传递

B. 出台刺激经济增长的政策

C. 对失业者进行免费培训

D. 出台强化薪酬保密的法律法规

48. 回归迁移属于劳动力流动中的（　　）。

A. 跨行业流动　　B. 跨产业流动

C. 跨地区流动　　D. 跨职业流动

49. 事业单位根据事业发展和工作需要聘用急需的高层次人才时，经批准可设置的岗位类型是（　　）。

A. 工勤岗位　　B. 特设岗位

C. 管理岗位　　D. 技术岗位

50. 避免劳动力短缺的方法中，见效快，可撤回程度高的是（　　）。

A. 培训转岗　　B. 招新员工

C. 延长工作时间　　D. 进行技术创新

51. 组织层次的职业生涯管理方法不包括（　　）。

A. 工作轮换

B. 建立职业生涯信息中心

C. 成立潜能评价中心

D. 实行利润分享

52. 参加城乡居民养老保险的张某在达到法定年龄退休后个人养老账户余额为 4.17 万元，则他按月领取的养老金为（　　）元。

A. 400　　B. 300

C. 350　　D. 250

53. 基于期望理论，对个体动机水平不产生直接影响的因素是（　　）。

A. 强化　　B. 工具性

C. 效价　　D. 期望

54. 事业部制组织形式的优点不包括（　　）。

A. 有利于提高生产效率

B. 有利于高级管理人员集中精力进行战略决策和长远规划

C. 会减少运营费用和管理成本

D. 会增加企业的活力

55. 基于路径—目标理论，如果下属的工作高度结构化，则可以带来高的绩效和满意度的领导类型是（　　）。

A. 支持型　　B. 内控型

C. 指导式　　D. 外控型

56. 在组织结构体系中，部门结构又称为（　　）。

A. 横向结构　　B. 职权结构

C. 纵向结构　　D. 职能结构

57. 若其他条件不变，会使人力资本投资更具经济合理性的情况是（　　）。

A. 人力资本投资成本高

B. 人力资本投资的收益时间短

C. 人力资本投资的内部收益率高

D. 人力资本投资收益的贴现率高

58. 外源性动机包括（　　）。

A. 让人发挥自己的潜能

B. 让人觉得自己有成就感

C. 让人得到较多奖金

D. 让人觉得自己的工作有意义

59. 汽车制造企业因对芯片需求增加进而扩招员工，属于人力资源需求预测影响因素中的（　　）。

A. 技术变革　　B. 业务外包

C. 产品需求　　D. 组织结构调整

60. 能折射出组织的经营思想、工作作风和审美意识的外显标识的是（　　）。

A. 物质层　　B. 精神层

C. 制度层　　D. 中间层

二、多项选择题（共20题，每题2分。每题的备选项中，有2个或2个以上符合题意，至少有1个错项。错选，本题不得分；少选，所选的每个选项得0.5分）

61. 马斯洛需要层次模型中的高级需要包括（　　）。

A. 尊重的需要　　B. 归属和爱的需要

C. 生理需要　　D. 自我实现的需要

E. 安全需要

62. 用人单位与劳动者发生争议，用人单位应提供（　　）。

A. 社会保险缴纳情况　　B. 是否存在劳动关系

C. 劳动保护提供情况　　D. 劳动者档案

E. 工资发放表

63. 绩效反馈面谈的目的包括（　　）。

A. 提高员工的福利水平

B. 为下一个绩效周期工作的展开做好准备

C. 向员工传递组织远景目标

D. 向员工反馈绩效考核结果

E. 搞清楚员工绩效不合格的原因

64. 领导者必须具备的特点有（　　）。

A. 谈判能力　　B. 影响力

C. 激励能力　　D. 专业技术能力

E. 指导能力

65. 劳动争议仲裁不公开审理的理由有（　　）。

A. 涉及个人隐私　　B. 涉及未成年人

C. 涉及国家机密　　D. 当事人协议

E. 涉及商业机密

66. 下列属于绩效改进工具的有（　　）。

A. ISO质量管理体系　　B. 标杆超越法

C. 六西格玛管理　　D. 平衡计分卡法

E. 卓越绩效标准

67. 在保护劳动关系主体权益的原则中，体现平等保护的有（　　）。

A. 对未成年工的权益给予特殊保护

B. 当安全与生产发生冲突时，首先保护劳动者个人安全

C. 保护不同职业劳动者法律地位平等

D. 对于国有和非国有用人单位赋予同等用人权利

E. 对女职工的劳动权益给予特殊保护

68. 控制薪酬成本的手段包括（　　）。

A. 冻结招聘　　B. 控制基本薪酬

C. 扩大内部薪酬差距　　D. 压缩福利费用

E. 减少奖金类别

69. 组织层次的发展战略主要包括（　　）。

A. 客户中心战略　　B. 成长战略

C. 稳定战略　　D. 竞争战略

E. 成本领先战略

70. 成功的领导应具有的技能主要包括（　　）。

A. 运动技能　　B. 空间想象技能

C. 技术技能　　D. 人际技能

E. 概念技能

71. 关于社会保险法律适用的基本规则，说法正确的有（　　）。

A. 法律效力高于行政法规

B. 同位法中特别规定与一般规定不一致时，适用于特别规定

C. 地方性法规效力高于本级和下级地方政府规章

D. 同位法中新的规定与旧的规定不一致时，适用于新的规定

E. 原则上追溯既往

72. 关于组织设计，描述正确的有（　　）。

A. 静态设计只是对组织结构的设计

B. 古典的设计是对组织结构的静态设计

C. 动态设计只是对组织运行的设计

D. 动态设计是对组织结构和运行制度的设计

E. 现代的组织设计是动态的

73. 关于组织发展，描述正确的有（　　）。

A. 增强组织的有效性和员工幸福感

B. 重视参与和合作

C. 主张建立新型有效的健康组织

D. 强调等级和权威

E. 重视员工参与决策

74. 评价中心中的公文筐测试不能测试出的能力包括（　　）。

A. 领导能力　　B. 问题解决能力

C. 人际交往能力　　D. 行政管理能力

E. 压力承受能力

75. 要使测试达到较高的信度，需要注意的有（　　）。

A. 样本要有广泛的代表性

B. 注意测试的难度和长度

C. 保持良好的测试环境

D. 测试的难度越大越好

E. 让被测试者保持自然放松的心态

76. 下列行为中，应向用人单位支付违约金的有（　　）。

A. 违反培训服务期

B. 违反竞业限制

C. 破坏用人单位财产

D. 重大过失导致用人单位发生严重损失

E. 与他人串通获取利益导致本单位发生损失

77. 有效绩效管理的特征包括（　　）。

A. 实用性　　B. 可靠性

C. 公开性　　D. 准确性

E. 可接受性

78. 从统计的实际操作来看，关于不充分就业，说法正确的有（　　）。

A. 调查周内工作时间不到 20 小时

B. 工作时间短是非个人原因

C. 愿意从事更多的工作

D. 临时性失业

E. 调查周内工作时间不到 15 小时

79. 经营性人力资源服务企业应当在服务场所明示（　　）。

A. 服务项目　　B. 收费标准

C. 服务对象　　D. 营业执照

E. 监督机关和监督电话

80. 关于外国人来华工作，表述正确的有（　　）。

A. 外国人来华工作需要申请工作许可、工作类居留证件

B. 符合条件的外国高层次人才和急需紧缺专门人才，可申请 R 字签证

C. 外国高端人才引进不受学历限制，但年龄不得超过 65 周岁

D. 持外国人永久居留证可免办外国人工作许可

E. 持外国人永久居留证可办理金融、教育、医疗、社会保险等事务，但不能参加职业资格考试

三、案例分析题（共 20 题，每题 2 分，由单选和多选组成。错选，本题不得分；少选，所选的每个选项得 0.5 分）

（一）

某公司在刚刚成立初期，非常注重员工的忠诚感和承诺性，但是随着市场规模的扩大，竞争激烈，公司高层认识到，传统的经营模式已经不能更好地适应未来战略的需要。于是，和大家商讨后，决定在原来的组织结构上进行优化，合并部门，增加新的产品部门、设计部门，在未来的发展中更加注重冒险和革新。

根据以上资料，回答下列问题：

81. 该企业最开始的组织文化类型属于（　　）。

A. 堡垒型　　B. 俱乐部型

C. 棒球队型　　D. 学院型

82. 该企业未来的组织文化属于（　　）。

A. 俱乐部型　　B. 学院型

C. 堡垒型　　D. 棒球队型

83. 该企业采取的组织变革方式是（　　）。

A. 以结构为中心　　B. 以系统为中心

C. 以人员为中心　　D. 以技术为中心

84. 组织变革的原因是外部和内部环境的变化，属于外部环境的为（　　）。

A. 心理环境　　B. 经济环境

C. 个人价值观　　D. 工作态度

（二）

某公司在进行人员招聘中，由主管部门和人事部门共同牵头进行。由3～5名面试的成员组成领导小组，对员工开展单独面试。因为不同的领导者提出的问题不同，且有时比较随意，面试取得的效果并不好。于是公司总经理决定，采取改善和优化面试方法，增加情境化面试等手段，后期公司在人员甄选方面取得了一定的成绩。

根据以上资料，回答下列问题：

85. 该公司最初的面试类型属于（　　）。

A. 结构化面试　　B. 非结构化面试

C. 半结构化面试　　D. 情境化面试

86. 该公司采取的面试方法是（　　）。

A. 集体面试　　B. 小组面试

C. 单独面试　　D. 系列面试

87. 下列属于情境化结构面试问题的是（　　）。

A. 你最大的优点是什么

B. 请回顾下你过去的工作成绩

C. 交给你这个项目，你会采用怎样的方法和手段去实施

D. 在某项工作中你遇到困难，应该怎样去做

88. 下列属于根据面试组织形式划分的面试类型的有（　　）。

A. 电话面试　　B. 单独面试

C. 系列面试　　D. 小组面试

（三）

2022年1月1日，张某在上班途中因交通事故受伤，交管部门判定张某对交通事故无须承担责任。之后，公司让张某回家养伤，张某伤愈休养结束后，公司通知张某，已决定与其解除劳动合同，第二天就不用上班了，由于张某在公司已经工作了2年，公司给了他相当于2个月工资的经济补偿，张某第二天就离开了公司。之后，张某以用人单位违法解除劳动合同为由，向当地劳动仲裁委员会提起仲裁。

根据以上资料，回答下列问题：

89. 用人单位要在（　　）日内向社会保险行政部门提出工伤认定申请。

A. 15　　B. 30

C. 60　　D. 90

90. 如公司拒绝为张某进行工伤认定，张某要在（　　）之前申请工伤认定。

A. 2022年1月31日　　B. 2022年6月30日

C. 2022年12月31日　　D. 2022年3月31日

91. 关于劳动合同解除的说法，正确的是（　　）。

A. 企业支付了经济补偿，可以解除

B. 该员工不是工伤，可以解除

C. 企业没有过错，可以解除

D. 企业不得违法解除，解除需提供合适的证明

92. 关于工伤保险费缴纳的说法，正确的是（　　）。

A. 职工无须缴纳工伤保险费

B. 不同行业实行差别费率

C. 用人单位和职工共同缴纳工伤保险费

D. 工伤保险费由国家承担

（四）

小张和小李毕业后一起进入了某广告公司从事销售工作，销售部老刘是他们的直接领导。起初，老刘会给他们规定具体工作任务，并亲自安排他们该做什么不该做什么。三个月后，他们发现老刘对他们的指导逐渐减少，有时甚至与他们一起决策。一年后，老刘退休了，决定从他俩中选出一人来接替他的职位。为此，进行了民主测评，小张因为和大家相处得好而得了高分，小李感到很郁闷。领导者需要什么方面的技能呢？小李又缺了些什么呢？

根据以上资料，回答下列问题：

93. 按领导风格生命周期理论，老刘最开始属于（　　）领导风格。

A. 授权式　　B. 推销式

C. 指导式　　D. 参与式

94. 按领导风格生命周期理论，三个月后的老刘属于（　　）领导风格。

A. 指导式　　B. 推销式

C. 参与式　　D. 授权式

95. 小李缺乏的技能是（　　）。

A. 概念技能　　B. 技术技能

C. 沟通技能　　D. 人际技能

96. 关于让小李困惑的领导技能，说法正确的有（　　）。

A. 层级越高的管理者所需的技术技能越少，概念技能越多

B. 任何层级的领导都需要人际技能

C. 领导技能包括技术技能、人际技能、概念技能

D. 技术技能处理的是观点

（五）

韩鹏大学毕业，因为经济不景气，被迫暂时选择从事外卖员的工作。进入公司后，韩鹏发现公司实行内部晋升及绩效管理，经过几年努力，韩鹏成为市场部经理。因为他父亲降薪了，他的母亲为了贴补家用也出来工作。

根据以上资料，回答下列问题：

97. 关于韩鹏从事外卖工作，说法正确的是（　　）。

A. 属于次等劳动力市场　　B. 属于地区劳动力市场

C. 属于优等劳动力市场　　D. 属于跨地区劳动力市场

98. 关于韩鹏母亲出来工作，说法正确的是（　　）。

A. 属于替代效应　　B. 属于收入效应

C. 属于灰心丧气的劳动者效应　　D. 属于附加的劳动者效应

99. 韩鹏经过几年努力成为市场部经理，公司实行的是（　　）。

A. 内部晋升通道　　B. 绩效实力

C. 领导引荐　　D. 岗位轮换

100. 根据人力资源供求平衡的方法分析韩鹏父亲被降薪，下列说法正确的是（　　）。

A. 降薪消除人力资源过剩的速度快

B. 降薪对员工造成的伤害程度高

C. 降薪消除人力资源过剩的速度慢

D. 降薪对员工造成的伤害程度中等

参考答案及解析

一、单项选择题

1. A【解析】我国基本养老保险制度实行社会统筹与个人账户相结合的模式。

2. D【解析】人力资本投资包括各级正规教育和在职培训活动所花费的支出、增进健康、加强学龄前儿童营养、寻找工作、工作流动等活动。

3. C【解析】员工进行公平比较时既可能是纵向的，也可能是横向的。其中，纵向比较既包括组织内自我比较（即员工在同一组织中把自己现在的工作和待遇与过去的相比较），也包括组织外自我比较（即员工将自己在不同组织中的工作和待遇进行比较）。横向比较既包括组织内与他人比较（即员工将自己的工作和报酬与本组织中的其他人进行比较），也包括组织外与他人比较（员工将自己的工作和报酬与其他组织的员工进行比较）。（“组织内他比”“组织外他比”在新教材中修改为“组织内与他人比较”“组织外与他人比较”）

4. C【解析】劳动者的劳动供给决策是根据实际工资的变动做出的。

5. C【解析】交易型领导的特征包括奖励、差错管理（积极型）、差错管理（消极型）、放任。变革型领导的特征包括魅力、激励、智慧型刺激、个性化关怀。

6. A【解析】离岸经营是一种特殊的业务外包形式，即将工作岗位从一个国家转移到另一个国家。

7. A【解析】矩阵组织形式在复杂/动态环境中最有效；行政层级组织形式在复杂/静态环境中最有效；职能制的组织形式在简单/静态环境中效果最好。选项 A 正确。

8. D【解析】知识测试就是我们通常所说的考试，它所要考查的是一个人在特定领域掌握的知识的广度和深度。知识测试又可以划分为综合知识测试、专业知识测试、外语测试等不同类型。从事任何类型的工作都需要具备一定的知识。例如，一位人力资源经理需要具备绩效和薪酬管理等人力资源管理职能模块方面的知识，还需要掌握国家相关劳动法律法规方面的知识，同时还必须了解经济学、心理学等方面的知识。

9. C【解析】职工代表大会制度一直是公有制企业实行职工民主管理的一种法定必要形式。

10. D【解析】在各类人口中，劳动适龄就业人口、未成年就业人口、老年就业人口统称为“就业人口”，就业人口与失业人口之和统称为“实际劳动力供给人口”或“经济活动人口”，有时简称“劳动力人口”。

11. A【解析】在家庭生产理论中，一个家庭会把它生产出来的家庭物品看成是效用的直接来源，即一个家庭必须用收入购买商品或服务，再加上一些家庭时间，才能生产出可供家庭消费并产生效用的家庭物品。选项 A 错误。

12. A【解析】绩效计划制订的准备阶段需要收集的信息包括组织近几年的绩效管理资料、工作分析的相关资料、组织最新的战略管理资料。

13. A【解析】劳动争议当事人对依法终局裁决以外的其他劳动争议案件的仲裁裁决不服的，可以自收到仲裁裁决书之日起 15 日内向人民法院提起诉讼。

14. C【解析】现实型的基本人格倾向是偏好与具体的物体（如工具、机械、电子设备等）打交道，喜欢有规则的具体劳动以及需要基本操作技能的工作，不喜欢跟人打交道，不适应社会性质的职业。

15. C【解析】棒球队型组织鼓励冒险和革新，这类组织在招聘时，从各种年龄和经验层次的人中寻求有才能的人。

16. A【解析】管理方格理论把领导风格画成一个二维坐标方格，方格的纵坐标是“关心人”，横坐标是“关心任务”。

17. C【解析】经营性人力资源服务机构从事业中介活动的，应当依法向人力资源社会保障行政部门申请行政许可，取得人力资源服务许可证。开展人力资源供求信息的收集和发布、就业和创业指导、人力资源管理咨询、人力资源测评、人力资源培训、承接人力资源服务外包等人力资源服务业务的，应当自开展业务之日起 15 日内向人力资源社会保障行政部门备案。

18. D【解析】劳动力参与率主要是指就业人口与失业人口之和在 16 周岁以上人口中所占的比例，或者实际劳动人口与潜在劳动力人口的比例。劳动力参与率＝（就业人口＋失业人口）/16 周岁以上总人口×100%＝（600＋150）/1 000×100%＝75%。

19. D【解析】用人单位的缴费比例为职工工资总额的 6%左右，选项 A 错误。个人缴费比例为本人工资收入的 2%，选项 B 错误。灵活就业人员、无雇工的个体工商户、非全日制从业人员可以缴纳基本养老保险和基本医疗保险，选项 C 错误。

20. D【解析】绩效评价方法中的量表法包括图尺度评价法、行为锚定法和行为观察量表法。关键事件法属于描述法。

21. D【解析】职业生涯锚的管理能力型的特点是追求一般性管理工作，且责任越大越好；具有强烈的升迁动机，以提升等级和收入作为衡量成功的标准；具有分析能力、人际沟通能力和情绪控制能力的强强组合特点，但对组织有很强的依赖性。

22. C【解析】战略地图实际上是对组织战略实现过程进行分解的一种图形工具，它形象地展示了确保组织战略得以成功实现而必须完成的各项关键活动及其相互之间的驱动关系。

23. A【解析】马斯洛的需要层次理论颇受企业管理者的欢迎，因为该理论合乎人们的直觉经验，易于理解。但是，实证研究表明，这一理论并不十分可靠和准确。从某种程度上说，马斯洛的需要层次理论较为呆板，不完全适用于复杂多变的实际环境。选项 A 错误。

24. C【解析】我国统计局于 2005 年 11 月正式启动城乡劳动力调查制度，期望通过抽样调查的方式获取逼近真实的失业率。为了这种调查的需要，当时对就业人口进行界定，其定义与国际劳工组织的定义很相似。在 1%人口调查中，将具有劳动能力并符合条件的 16 周岁及以上城镇人口定义为就业人口，选项 C 错误。

25. B【解析】员工申诉的主要作用是处理员工工作过程中产生的不满的情绪，员工申诉范围一般限于与工作有关的问题，与工作无关的问题，通常排除在外（如员工的家庭问题、私人问题），虽然这些问题可能间接影响到工作绩效，但这并不是申诉制度应该或能够处理的问题。

26. B【解析】职业化程度是指企业员工为了掌握其本职工作，需要接受正规教育和培训的程度。

27. D【解析】价值观是在履行使命以及实现愿景过程中坚持的基本行为规范和道德伦理。

28. D【解析】作为管理方格理论的扩展，生命周期理论认为，影响领导风格选择的一个重要因素是下属的成熟程度。

29. D【解析】领导—成员交换理论认为，团体中领导与下属在确立关系和角色的早期，就把下属分成“圈里人”和“圈外人”两个类别，选项D错误。

30. C【解析】评价者信度是指不同评价者在使用同一种测试工具时所给出的分数之间的一致性程度。

31. D【解析】控制实验法可以提高评估的准确性和有效性，但操作起来较为复杂，且费用也高。但控制实验法并不适用于那些难以找到量化绩效指标的培训与开发项目或活动，如对管理技能的培训与开发等。

32. D【解析】稳定战略的整体人力资源战略是保持组织内部人力资源的稳定性以及管理手段的规范性、一致性和内部公平性。

33. D【解析】要想使效率工资能够对生产率产生促进作用，通常需要具备一个条件，这就是劳动者期望与企业保持长期雇佣关系。

34. A【解析】劳动力需求方遇到的摩擦力包括：①企业并非必须支付市场通行的工资率；②企业并非可以自由调整雇用量，耗费成本。劳动力需求数量并不会受到劳动供给的影响，其主要影响因素包括工资率、产品需求和资本价格。

35. D【解析】上大学的机会成本包括：①在接受高等教育最初的4年中因无法工作而损失了4年的工资性报酬；②可能因为刚开始工作时要继续接受培训等原因而导致工资性报酬在最初1年或几年中低于已经有几年工作经验的高中毕业生。

36. B【解析】职能制组织形式的缺点包括狭隘的职能观念，横向协调性差，适应性差，企业领导负担重，不利于培养具有全面素质、能够经营整个企业的管理人才。

37. C【解析】用人单位和本人累计缴费满1年不足5年的，领取失业保险金的期限最长为12个月；累计缴费满5年不足10年的，领取失业保险金的期限最长为18个月；累计缴费10年以上的，领取失业保险金的期限最长为24个月。

38. D【解析】企业需求大于供给采取的主要措施包括：①延长现有员工的工作时间；②招聘新员工；③降低员工流失率；④改进生产技术；⑤业务外包。选项A、B、C属于需求小于供给采取的措施。

39. C【解析】公文筐测试的缺点是：①编制成本高，且评分比较困难；②无法通过测试考察测试者的人际交往能力和团队工作能力。选项C错误。

40. B【解析】成本领先战略以结果为导向，差异化战略以行为为导向，选项A、C错误。差异化战略可以只选择直接上级作为评价主体，差异化战略的评价主体应当多元化，选项D错误。

41. A【解析】职位评价可以解决内部公平性问题，薪酬调查可以解决外部竞争性问题，选项A错误。

42. A【解析】调解人员在调解工作开始前，应当对当事人递交的调解申请书或申请人的口头申请记录载明的内容进行认真审查，如发现内容有欠缺的，应及时通知申请人补充有关材料和证据。

43. B【解析】资本价格变化带来的劳动力需求变化只会产生规模效应和替代效应，选项 B 错误。

44. A【解析】竞业限制的人员包括高级管理人员、高级技术人员和其他负有保密义务的人员。

45. A【解析】世界各国政府以及各种社会组织对教育都极为重视；对教育，尤其是大学之前的义务教育，给予了大量的投资。因为在上大学之前受到的教育所产生的那些收益中，社会收益所占的比重可能更大。对于整个社会而言，它必须在人力资本投资和物力资本投资之间进行平衡，以使人力资本投资的社会收益率与物力资本投资的社会收益率之间达到平衡。

46. C【解析】从激励作用的角度可以分为正向激励、负向激励；从激励内容的角度可以分为物质激励和精神激励；从激励对象的角度可以分为他人激励和自我激励。

47. A【解析】应对摩擦性失业的对策是注意加强劳动力市场的情报工作，加快劳动力市场的信息传递速度和加大其扩散范围，疏通信息渠道，选项 A 正确。

48. C【解析】劳动力跨地区流动主要考虑的因素包括：①地区间人均收入差别；②工作机会的多少；③迁移距离（距离越远越不利于流动）；④迁移成本（直接成本、机会成本和心理成本）；⑤劳动力迁出地区和迁入地区的关系密切程度。另外，还有一种“回归迁移”现象，即许多人从一地区迁移到另一地区，但经过一段工作时间后，又迁回到原地区。

49. B【解析】事业单位岗位类别包括管理岗位、专业技术岗位、工勤技能岗位。根据事业单位发展和工作需要，经批准，事业单位可设置特设岗位，主要用于聘用急需的高层次人才特殊需要。

50. C【解析】避免劳动力短缺的方法分析见下表，故选项 C 正确。

方法	速度	可撤回程度
加班加点	快	高
雇用临时工	快	高
外包	快	高
再培训后换岗	慢	高
降低流动率	慢	中等
从外部雇用新人	慢	低
技术创新	慢	低

51. D【解析】组织层次的职业生涯管理方法包括提供职业生涯信息（包括建立职业生涯信息中心等）、成立潜能评价中心和实施培训与发展项目（包括工作轮换等）。

52. B【解析】城乡居民基本养老保险的个人账户养老金的月计发标准目前为个人账户全部储存额除以 139，即 41 700/139=300（元）。

53. A【解析】弗罗姆提出的期望理论认为动机是三种因素共同作用的产物，即效价、期望、工具性。

54. C【解析】事业部制组织形式的缺点是容易使各事业部只顾自身的利益，削弱整个公司的协调一致性；公司和各个事业部的职能机构重复，会增加运营费用和管理成本。选项 C 错误。

55. A【解析】下属的工作是结构化的，支持型的领导可以带来高的绩效和满意度；能力强或经验丰富的下属，适合成就取向式领导；外控型下属适合指导式领导；内控型下属适合参与式领导。

56. A【解析】部门结构是指各管理部门的构成，又称组织的横向结构，选项 A 正确。

57. C【解析】根据人力资本投资决策的基本推论，人力资本投资成本越低、贴现率越低、收入增量流越长、与高中毕业生工资性报酬差距越大，则人力资本投资越有利可图，选项 A、B、D 错误。内部收益率越高，人力资本投资越有利可图，选项 C 正确。

58. C【解析】外源性动机的员工更看重工作所带来的报偿，如工资、奖金、表扬、社会地位等。

59. C【解析】人力资源需求预测影响因素包括组织的战略定位和战略调整、组织提供的产品和服务的变化情况、组织的技术变革、组织结构调整及流程再造。其中，影响一个组织的产品和服务需求的因素有国家宏观政策调整、新的法律法规的出台、国际贸易环境的变化、消费者对产品或服务的消费偏好发生变化、竞争对手推出了更好的替代产品和服务等，选项 C 正确。

60. A【解析】物质层是组织文化的表层部分，指的是企业的名称、产品的外观及包装、建筑风格、纪念物等外显的标识，它往往能折射出组织的经营思想、工作作风和审美意识。

二、多项选择题

61. AD【解析】需要层次理论中的基本需要包括生理需要、安全需要、归属和爱的需要；高级需要包括尊重的需要和自我实现的需要。

62. ACDE【解析】《劳动争议调解仲裁法》规定，发生劳动争议，当事人对自己提出的主张，有责任提供证据。但考虑到用人单位作为用工主体方，掌握和管理着劳动者的档案、工资发放、社会保险费缴纳、劳动保护提供等情况和材料，劳动者一般无法取得和提供，因此对用人单位提供证据又作出了特别规定，与争议事项有关的证据属于用人单位掌握和管理的，用人单位应当提供；用人单位不提供的，应当承担不利后果。

63. BCDE【解析】绩效反馈面谈的目的包括向员工反馈绩效考核结果、向员工传递组织远景目标、弄清员工绩效不合格的原因、为下一个绩效周期工作的展开做好准备。

64. BCE【解析】领导有两个基本的特点：首先，领导必须具有影响力，因为领导的基本角色是影响他人自愿追求确定的目标；其次，领导还必须具有指导和激励的能力，也就是说领导在帮助个体或群体确认目标，并且激励他们完成一定目标的过程中起着重要的作用。

65. ACDE【解析】劳动争议仲裁公开进行，但当事人协议不公开进行或者涉及国家秘密、商业秘密和个人隐私的除外。未成年人不属于不公开审理的理由，选项 B 错误。

66. ABCE【解析】绩效改进工具包括卓越绩效标准、六西格玛法、ISO 质量管理体系、标杆超越法。

67. CD【解析】平等保护包括两个方面：一是对各类用人单位的权益平等保护；二是对各种劳动者平等保护。选项 A、E 属于特殊保护；选项 B 属于优先保护。

68. ABDE【解析】薪酬成本控制的方式包括控制雇佣量、控制基本薪酬、控制奖金、控制福利支出、利用适当的薪酬技术手段。

69. BC【解析】组织战略又称组织发展战略，包括成长战略、稳定战略、收缩战略。竞争战略又称经营战略，包括成本领先战略、创新战略、客户中心战略。（该知识点在新教材中修改为：竞争战略

可以划分为差异化战略、成本领先战略和市场集中战略三种)

70. CDE【解析】成功的领导应具有的技能主要包括技术技能、人际技能、概念技能。

71. ABCD【解析】社会保险法律适用的基本规则是：原则上不溯及既往。选项 E 错误。

72. ABDE【解析】动态组织设计又称现代的组织设计，是对组织结构和运行制度进行的设计，选项 C 错误。

73. ABCE【解析】组织发展是有计划变革及干预措施的总和，它寻求的是增进组织的有效性和员工的幸福感。组织发展的概念注重的是人性与民主因素，至于控制、冲突、压力等观念，则被相对排斥在外。它主要包括对人的尊重、信任和支持、权力平等、正视问题、鼓励参与五个方面。德国学者马克斯·韦伯首先使用“行政层级式”一词，强调权威与等级、规章与规范，选项 D 错误。

74. CE【解析】评价中心中的公文筐测试可以测试的能力包括领导能力、问题解决能力、行政管理能力。

75. ABCE【解析】要想达到较高的信度，需要注意测试的难度和长度，测试太难或太易都不太好，因为很可能会出现地板效应或天花板效应，选项 D 错误。

76. AB【解析】除约定培训服务期和约定竞业限制的情形外，用人单位不得与劳动者约定由劳动者承担违约金。选项 C、D、E 属于劳动者应当承担赔偿金的情形。

77. ABDE【解析】有效的绩效管理特征包括敏感性、可靠性、准确性、可接受性和实用性。

78. ABC【解析】在实际操作中，判断不充分就业人员的标准有：①调查周内工作时间不到标准时间的一半，即不到 20 小时；②工作时间短是非个人原因；③愿意从事更多的工作。这三条必须同时具备才能统计为不充分就业人员。

79. ABDE【解析】经营性人力资源服务企业应当在服务场明示：营业执照、服务项目、收费标准、监督机构和监督电话。

80. ABD【解析】外国高端人才可不受年龄、学历和工作经历限制，选项 C 错误。持外国人永久居留证在中国境内工作免办外国人工作许可，可按规定参加技术职务任职资格和职业资格考试，选项 E 错误。

三、案例分析题

(一)

81. B【解析】俱乐部型组织非常重视适应、忠诚感和承诺。在俱乐部组织中，资历是关键因素，年龄和经验都至关重要。

82. D【解析】棒球队型组织鼓励冒险和革新。这类组织在招聘时，从各种年龄和经验层次的人中寻找有人才的人；薪酬制度以员工绩效水平为依据。

83. A【解析】以结构为中心的变革包括重新划分和合并部门、调整管理层次和管理幅度、任免责任人、明确责任和权力等。

84. AB【解析】组织变革的原因是外部和内部环境的变化。外部环境包括政治、经济、技术、社会、心理环境等。内部环境包括组织成员的工作态度、士气、期望、个人价值观、人员素质的变化等。

（二）

85. B【解析】非结构化面试是指在面试过程中，不存在结构化的面试指南或必须遵循既定格式的面试形式。这种面试方法的缺点是对不同的求职者提出的问题不同，所以不仅很难确保对所有的被面试者都提供公平的机会，而且很难确保所有的关键问题都能被问到。

86. B【解析】小组面试是指由一组面试考官在同一时间和同一场所，共同对一位被面试者进行提问、观察并作出评价的面试形式。

87. CD【解析】情境化结构面试的需要遵循“STAR”原则，即环境（S）、任务（T）、行动（A）、结果（R）。选项A、B是单纯的开放式问题。选项C、D符合“STAR”原则。

88. BCD【解析】根据面试组织形式划分的面试类型包括单独面试、系列面试、小组面试和集体面试。

（三）

89. B【解析】职工发生事故伤害或者按照《职业病防治法》规定被诊断、鉴定为职业病，所在单位应当自事故伤害发生之日起或者被诊断、鉴定为职业病之日起30日内，向统筹地区社会保险行政部门提出工伤认定申请。

90. C【解析】用人单位未按规定提出工伤认定申请的，工伤职工或者其近亲属、工会组织在事故伤害发生之日或者被诊断、鉴定为职业病之日起1年内，可以直接向用人单位所在地统筹社会保险行政部门提出工伤认定申请。张某可以在1年内，即2022年12月31日前提出工伤认定。

91. D【解析】企业需要按照《劳动合同法》中的规定进行解除，不得违法解除，选项D正确。

92. AB【解析】职工应当参加工伤保险，由用人单位缴纳工伤保险费，职工无须缴纳工伤保险费。不同行业实行差别费率。

（四）

93. C【解析】根据“规定具体工作任务，并亲自安排他们该做什么不该做什么”，体现出领导规定工作任务、角色职责，指示员工做什么，如何做，属于高工作—低关系的指导式领导风格。

94. C【解析】领导与下属共同决策，领导提供便利条件和沟通，体现的是参与式领导风格。

95. D【解析】人际技能是有效地与他人共事和建立团队合作的能力。组织中任何层次的领导都不能逃避有效人际技能的要求，这是领导行为的重要部分之一。小张与同事相处较好，具有较好与他人建立团队合作的能力。

96. ABC【解析】概念技能处理的是观点、思想，技术技能处理的是事，选项D错误。

（五）

97. A【解析】外卖员工作条件较差，工资率较低，就业不稳定，属于次等劳动力市场。

98. D【解析】附加的劳动者效应是指当家庭中的主要收入获取者失去工作或工资被削减以后，其他家庭成员有可能会临时性地进入劳动力队伍，通过找到工作来增加家庭收入，保持家庭原先的效用水平不变。附加的劳动者效应在经济衰退时期表现得尤为明显，它的潜在作用类似于收入效应，即随着家庭收入的减少，家庭能够消费的商品或服务随之减少，其他家庭成员相应地就愿意从事更长时间的有酬工作。

99. A【解析】根据“韩鹏发现公司实行内部晋升及绩效管理，经过几年努力，韩鹏成为市场部经理”可知，公司实行的是内部晋升通道。

100. AB【解析】降薪消除人力资源过剩的速度快，员工受伤害的程度高，选项 A、B 正确。

证件号码：____________

准考证号：____________

考生姓名：____________

2021 年全国经济专业技术资格考试

《人力资源管理专业知识与实务》(中级)
机考真题汇编

扫码兑换 备考课程

考场规则

一、自考试开始前30分钟起，应试人员凭准考证和有效身份证件（须与报考时所使用的身份证件一致）进入本科目考试所指定考场，按座位号入座，并将准考证和有效身份证件放置在座位右上角。

二、本次考试为电子化考试，须在计算机上作答，应试人员参加考试可携带的用品只限于铅笔。

三、每科目开始5分钟后，迟到的应试人员一律不得进入考场。各科目考试时长（最长作答时间）为1.5小时，经监考人员同意，应试人员可提前15分钟交卷、离场。

四、应试人员须按照考试系统提示的要求进行操作，不得擅自对计算机进行冷、热启动，不得关闭电源或作出其他与考试无关的操作。

五、应试人员应按照考试系统的提示登录系统，须认真阅读《考场规则》及《操作指南》，并点击“我已阅读”按钮。考试开始后，考试系统将自动进行计时，应试人员作答时间以考试系统计时器显示的结果为准。

六、应试人员须在考场内保持安静；独立进行作答，不得与其他应试人员交流讨论，不得要求监考人员解释试题；遇到无法登录、系统故障等异常情况时可举手询问，不得自行处置。

七、应试人员应自觉接受工作人员的监督和检查，服从工作人员安排。

八、应试人员交卷后，须确认界面提示“交卷成功”，方可离开考场；若界面提示“交卷失败”，须及时联系监考人员。

九、应试人员不得将相关考试信息以任何方式带出考场，交卷后不得在考场附近逗留、谈论。

十、考试违纪违规行为按照人力资源社会保障部《专业技术人员资格考试违纪违规行为处理规定》处理。

一、单项选择题（共 60 题，每题 1 分。每题的备选项中，只有 1 个最符合题意）

1. 领导研究中的俄亥俄模式将领导行为集聚在（　　）维度上。

A. 民主和关怀　　B. 指导和支持

C. 人际关系和参与管理　　D. 关心人和工作管理

2. 研究发现，（　　）型领导领导下的儿童行为倾向于要么富有攻击性，要么缺乏感情。

A. 放任　　B. 独裁

C. 民主　　D. 监督

3. 行政层级式组织形式在（　　）环境中最有效。

A. 简单/静态　　B. 简单/动态

C. 复杂/静态　　D. 复杂/动态

4. 哑铃型组织又被称为（　　）。

A. 无边界组织　　B. 团队结构模式

C. 虚拟组织　　D. 事业制组织

5. 我们在创造价值的时候，需要完成最为重要的活动及战略成本的过程是（　　）。

A. 明确人力资源管理活动　　B. 确定战略规划

C. 描绘组织的价值链　　D. 确定组织成果

6. 根据管理方格理论，位于坐标（5，5）的属于（　　）领导风格。

A. 乡村俱乐部　　B. 无为而治

C. 中庸式　　D. 任务

7. 公文筐测试无法测量的能力是（　　）。

A. 解决问题的能力

B. 处理实际问题的能力

C. 团队工作能力

D. 分析问题的能力

8. 在人力资源规划中，当需求大于供给时可采取的应对措施是（　　）。

A. 自然减员　　B. 冻结雇佣

C. 鼓励员工提前退休　　D. 延长现有员工工作时间

9. 在决定上大学的合理年限时，决策的基本依据是（　　）。

A. 边际收益大于边际成本

B. 边际收益小于边际成本

C. 边际收益等于边际成本

D. 边际利润小于边际成本

10. 下列不属于工伤认定情况的是（　　）。

A. 甲在上班路上造成了因本人主要责任的交通事故

B. 甲在工作中被楼上的灯砸了

C. 甲在工作中触电了

D. 甲在下班时做收尾工作受到伤害

11. 基本养老保险应满足的基本缴费年限是（　　）年。

A. 20　　B. 10

C. 5　　D. 15

12. 某人在1月1日与甲公司签订劳动合同，2月1日正式到岗，8月解除劳动合同，计算经济补偿的日期是（　　）。

A. 无法确定日期　　B. 2月1日

C. 1月1日　　D. 8月1日

13. 保险人是指（　　）。

A. 社会保险经办机构　　B. 用人单位

C. 社会保险行政机构　　D. 劳动者

14. 属于内源性动机的是（　　）。

A. 工作机会　　B. 社会地位

C. 晋升　　D. 表扬

15. 我国某著名互联网服务公司的（　　）是“通过互联网提升人类生活品质”。

A. 愿景　　B. 价值观

C. 使命　　D. 道德

16. 关于绩效考核与绩效管理的说法，正确的是（　　）。

A. 绩效管理侧重于绩效识别、判断、评估

B. 绩效考核侧重于信息沟通和绩效提高

C. 绩效管理是一个完整的管理过程

D. 绩效管理与绩效考核是等价的

17. 费德勒提出的权变理论中，情境因素不包括（　　）。

A. 领导与下属的关系　　B. 工作结构

C. 职权　　D. 工作环境

18. 评价者难以发现员工身上存在的与自身相似的缺点，这属于（　　）。

A. 晕轮效应　　B. 盲点效应

C. 刻板印象　　D. 趋中趋势

19. 关于劳动力需求的说法，错误的是（　　）。

A. 劳动力需求是一种产品需求

B. 从长期看，工资率上升的替代效应导致劳动力需求下降

C. 从长期看，工资率上升的规模效应导致劳动力需求下降

D. 其他条件不变，单个企业的劳动力需求随着工资上升而下降

20. 关于不同失业类型的说法，错误的是（　　）。

A. 周期性失业是由总需求不足造成的

B. 技术性失业是结构性失业的一种

C. 摩擦性失业是由缺乏工作岗位造成的

D. 季节性失业是一种较低水平的失业

21. 关于目标管理法的说法，错误的是（　　）。

A. 在考核过程中通常很少存在主观偏见

B. 该方法可能增加企业管理成本

C. 通过该方法设定的指标通常是可量化的客观标准

D. 该方法倾向于聚焦长期目标

22. 根据双因素理论，下列属于激励因素的是（　　）。

A. 工作性质　　B. 人际关系

C. 监督方式　　D. 组织政策

23. 关于公务员录用资格条件的说法，正确的是（　　）。

A. 设区市公务员主管部门规定的拟任职位所要求的资格条件

B. 外国人不能报考公务员

C. 年龄在 40 周岁以下

D. 具备本科以上学历

24. 合并职能部门属于组织发展方法中的（　　）方法。

A. 结构技术

B. 全面质量管理技术

C. 人文技术

D. 团队建设

25. 下列属于虚拟股票期权的是（　　）。

A. 股票期权　　B. 股票增值权

C. 员工持股计划　　D. 限制性股票

26. 提出双因素理论的学者是（　　）。

A. 马斯洛　　B. 赫茨伯格

C. 麦克利兰　　D. 奥尔德弗

27. 某项甄选测试的目的是评价求职者的逻辑能力，但由于测试的题目设计不佳，变成了考察求职者的知识记忆情况，则该测试的（　　）比较低。

A. 同时效度　　B. 预测效度

C. 内容效度　　D. 效标效度

28. 情境化结构面试通常遵循所谓的“STAR”原则，其中 A 指的是（　　）。

A. 时间　　B. 情境

C. 行动　　D. 任务

29. 甲的月收入为 5 000 元，其基本医疗保险个人缴纳金额为（　　）元。

A. 500　　B. 200

C. 100　　D. 300

30. 公司领导为了能够随时掌握组织的各项战略任务完成情况以及重要工作的进度需要使用的是（　　）。

A. 战略地图

B. 平衡计分卡

C. 数字仪表盘

D. 人力资源计分卡

31. 新冠疫情以来，国家为更好地支持复工复产，采用了阶段性减少增值税、小规模纳税人增值税的办法，这些办法属于（　　）。

A. 货币政策　　B. 财政政策

C. 法律政策　　D. 人力政策

32. 下列不属于劳动争议范围的是（　　）。

A. 员工要求企业支付加班费的

B. 劳动者认为职业病诊断结论有问题的

C. 员工要求公司补齐工资差额的

D. 员工认为企业解除劳动合同违法的

33. 关于激励的说法，错误的是（　　）。

A. 根据激励对象划分，可分为他人激励和自我激励

B. 根据激励范围划分，可分为内源性激励和外源性激励

C. 根据激励作用划分，可分为正向激励和负向激励

D. 根据激励内容划分，可分为物质激励和精神激励

34. 战略性人力资源管理的理念不包括（　　）。

A. 要对人力资源管理活动的成本和收益进行分析和评价

B. 人力资源管理是“成本中心”，而不是“利润中心”

C. 要对人力资源管理职能人员进行培训和提升

D. 人力资源管理战略要和组织战略保持一致

35. 关于古典组织设计理论的说法，正确的是（　　）。

A. 它同时关注组织结构设计和运行制度设计两个方面的研究

B. 它只关注组织结构设计方面的研究

C. 它是动态的

D. 它只关注运行制度设计方面的研究

36. 劳动力供给弹性指的是（　　）。

A. 劳动工时变动百分比与工资率变动百分比之比

B. 劳动工时变动数量与工资率变动数量之比

C. 劳动工时与工资率之比

D. 劳动工时变动百分比与工资率变动数量之比

37. 我国《工会法》规定，工会是职工自愿结合的工人阶级的（　　）。

A. 营利组织　　B. 行政组织

C. 群众组织　　D. 事业组织

38. 魅力型领导的道德特征不包括（　　）。

A. 使用权利为他人服务　　B. 从危机中思考和学习

C. 激励下属独立思考　　D. 提高自己的个人愿景

39. 一个人的实际工作年限为 20 年，在本单位工作 12 年，那么他可以享受（　　）个月的医疗期。

A. 18　　B. 12

C. 6　　D. 9

40. 组织的横向结构是（　　）。

A. 职能结构　　B. 职权结构

C. 层级结构　　D. 部门结构

41. 关于老年劳动力人口供给时间，以下说法正确的是（　　）。

A. 养老金福利的提高使老年劳动力人口劳动供给时间减少

B. 养老金福利的提高使老年劳动力人口劳动供给时间增加

C. 工资率的提高一定使老年劳动力人口劳动供给时间减少

D. 工资率的提高一定使老年劳动力人口劳动供给时间增加

42. 关于培训的效果评价中结果评估的说法，不正确的是（　　）。

A. 评估受训人员对培训与开发的主观感受和看法

B. 是组织进行培训与开发效果评估的最重要的内容

C. 是最具说服力的评价指标

D. 是组织高层管理人员最关心的评估内容

43. “冒险、乐观、自信、精力充沛、有进取心”，这种人格倾向属于职业兴趣测试中的（　　）。

A. 社会型　　B. 企业型

C. 艺术型　　D. 研究型

44. 关于高等教育的信号模型的说法，不正确的是（　　）。

A. 大学文凭可以表明文凭持有者具有较高的生产率

B. 高等教育投资没有为接受高等教育者提供任何有价值的信号

C. 利用高等教育文凭这种信号来筛选员工是有道理的

D. 高等教育投资没有提高高等教育接受者的劳动生产率

45. 以下情形中，劳动者离职概率比较大的是（　　）。

A. 劳动力市场紧张

B. 劳动者受过高等教育

C. 劳动者所在的企业薪酬福利较高

D. 劳动者在本企业就职时间很长

46. 既对企业和员工双方都有约束，又能使双方共同获利，能够满足这种要求的是（　　）。

A. 特殊培训的成本和收益都由企业承担

B. 企业承担培训成本，员工获得培训收益

C. 一般培训的成本和收益都由员工承担

D. 企业和员工共同分担培训成本，分享培训收益

47. 根据员工申诉管理的（　　），需要明确界定员工的申诉范围。

A. 合法原则　　B. 公平原则

C. 明晰原则　　D. 反馈原则

48. 角色扮演不能衡量的能力是（　　）。

A. 解决问题能力　　B. 领导能力

C. 行政管理能力　　D. 压力承受能力

49. 甲公司将员工借调到乙公司，该员工发生工伤，其工伤保险由（　　）承担。

A. 甲公司　　B. 员工自己

C. 无人负责　　D. 乙公司

50. 某员工签订 5 年的工作合同，公司支付培训费用 5 万元，其工作到第 3 年主动提出离职，则

需支付违约金（　　）万元。

A. 3　　B. 5

C. 1　　D. 2

51. 关于外国人来华工作的说法，不正确的是（　　）。

A. 省级人民政府的外国人工作管理部门可以授予外国人工作许可

B. 经政府认定的外国高层次人才可以申请Z字签证

C. 外国人在中国境内工作应当取得工作许可和工作类居留证件

D. 外国高端人才申请工作许可没有年龄、学历限制

52. 关于三重需要理论的说法，正确的是（　　）。

A. 亲和需要高的人不易受别人影响

B. 成就需要高的人不喜欢及时反馈

C. 权力需要高的人喜欢竞争

D. 成就需要高的人喜欢高度冒险的工作

53. 在组织文化结构中，体现出组织文化的核心和灵魂的是（　　）。

A. 物质层　　B. 标识层

C. 精神层　　D. 制度层

54. 关于劳动关系运行实体规则的说法，不正确的是（　　）。

A. 涉及劳动者权利的维护

B. 内容通常由法律规定和认可

C. 主要涉及劳动关系各方义务的规定

D. 法律表现形式为劳工标准

55. 关于有效推行参与管理的说法，不正确的是（　　）。

A. 组织文化必须支持员工参与

B. 员工可以不具备参与的能力

C. 员工应有充裕的时间参与

D. 员工参与的问题必须与其自身利益相关

56. 关于各类职位评价方法的说法，不正确的是（　　）。

A. 因素比较法的设计难度低，易于理解

B. 分类法需要设定一套供参考的职位等级标准

C. 要素计点法是一种定量的职位评价方法

D. 排序法不适用于规模较大、职位类型较多的企业

57. 关于领导技能的说法，正确的是（　　）。

A. 管理职位越高，对概念技能的要求越低

B. 人际技能是指在人际关系中操纵他人的能力

C. 技术技能是领导技能的一种

D. 概念技能主要涉及的是“人”

58. 我国对不充分就业人员进行判定有若干条标准，其中不包括（　　）。

A. 调查周内的工作时间不足标准时间的一半

B. 工作时间不足的原因不在本人

C. 年龄在18周岁以上

D. 本人愿意从事更多的工作

59. 关于绩效管理中的平衡计分卡法的说法，不正确的是（　　）。

A. 这种方法的实施成本很高

B. 这种方法避免了仅仅关注财务指标的弊端

C. 这种方法实现了评估系统与控制系统的结合

D. 这种方法着眼于企业的短期目标实现

60. 下列人力资源管理举措中，与外部成长战略相匹配的是（　　）。

A. 为组织招募大量新员工

B. 强调以最小的代价进行组织精简和裁员

C. 绩效管理的重心是实现绩效管理的多元化

D. 注重人力资源的重新配置与组织文化的整合

二、多项选择题（共20题，每题2分。每题的备选项中，有2个或2个以上符合题意，至少有1个错项。错选，本题不得分；少选，所选的每个选项得0.5分）

61. 下列属于效标效度的有（　　）。

A. 内容效度　　B. 构想效度

C. 预测效度　　D. 同时效度

E. 分半效度

62. 补偿性工资差别造成的原因有（　　）。

A. 劳动技能　　B. 劳动强度

C. 愉快程度　　D. 责任大小

E. 职业稳定程度

63. 关于职业生涯锚的说法，正确的有（　　）。

A. 它是可以通过测试提前预测出来的

B. 强调个人能力、动机和价值观三个方面的相互作用与整合

C. 它是固定不变的

D. 它以个体习得的工作经验为基础

E. 它产生于一个人的早期职业生涯阶段

64. 人力资源需求与供给结构不匹配的组织对策有（　　）。

A. 加强对现有人员的培训开发，适应工作需要

B. 延长现有员工的工作时间

C. 将组织的部分非核心的业务外包出去

D. 将不适合的员工裁掉，重新招用合适的员工

E. 将原来的一些技能不足的老员工逐渐替换到一些辅助性的工作岗位上

65. 职能制的缺点包括（　　）。

A. 管理范围较小，导致管理层懒散

B. 狭隘的职能观念

C. 横向协调差

D. 不利于培养全面素质的管理人才

E. 适应性差

66. 根据组织结构形式，工会可分为（　　）。

A. 产业工会　　B. 职业工会

C. 企业工会　　D. 地方性工会

E. 总工会

67. 下列属于社会保险法律关系主体的有（　　）。

A. 用人单位

B. 劳动者

C. 商业保险公司

D. 国家

E. 社会保险的管理和经办机构

68. 内部一致性信度又分为（　　）。

A. 分半信度　　B. 重测信度

C. 复本信度　　D. 同质性信度

E. 评价者信度

69. 在劳动争议中，用人单位需要提供的材料包括（　　）。

A. 员工身份证　　B. 考勤记录

C. 工资发放记录　　D. 个人简历

E. 完税凭证

70. 马斯洛需要理论对应 ERG 理论关系需要的有（　　）。

A. 全部归属与爱的需要　　B. 部分尊重需要

C. 全部生存需要　　D. 部分安全需要

E. 全部自我实现的需要

71. 下列关于职称申报审核的说法，正确的有（　　）。

A. 针对海外高层次人才可以合理放宽资历、年限等条件限制

B. 退休 2 年内的专业技术人才可以申报职称

C. 长期在基层一线的专业技术人才，侧重考查其实际工作业绩，可适当放宽学历要求

D. 受处分期间的专业技术人员可以申报职称

E. 具有重大技术研究突破的专业技术人才可直接申报高级职称

72. 下列关于职工大额医疗费用补助制度的说法，正确的有（　　）。

A. 具有强制执行性

B. 与基本医疗保险基金分开管理，分别核算

C. 一般由商业保险公司经办

D. 用于解决封顶线以上的大额医疗费用

E. 采取每年缴纳一定额度费用的办法筹集资金

73. 在培训与开发效果评估中，属于结果评估硬指标的有（　　）。

A. 时间　　B. 质量

C. 成本　　D. 产出

E. 客户满意度

74. 密歇根模式的领导行为的维度包括（　　）。

A. 员工取向　　B. 生产取向

C. 技能管理　　D. 关心人

E. 工作管理

75. 关于路径—目标理论的说法，正确的有（　　）。

A. 路径—目标理论认为不同的领导行为适合于不同的环境因素和个人特征

B. 路径—目标理论假定领导不具有变通性

C. 路径—目标理论认为参与式领导会主动征求并采纳下属的意见

D. 路径—目标理论认为指导式领导常常很关心下属的要求

E. 路径—目标理论是由罗伯特·豪斯提出来的

76. 关于劳动能力鉴定的说法，正确的有（　　）。

A. 劳动能力鉴定可以由用人单位、工伤职工或其近亲属提出申请

B. 劳动功能障碍分为 10 个伤残等级

C. 生活自理障碍分为 5 个等级

D. 劳动能力鉴定委员会建立医疗卫生专家库

E. 劳动能力鉴定结论应当及时送达申请鉴定的单位和个人

77. 在进行人力资源需求预测时，需要考虑的因素有（　　）。

A. 组织内部的人力资源状况

B. 组织的战略定位

C. 组织结构调整情况

D. 组织提供的产品或服务的变化情况

E. 组织技术变革

78. 领取失业保险金的条件包括（　　）。

A. 家中有需要赡养的老人

B. 非因本人意愿中断就业

C. 年满 18 周岁以上

D. 失业前用人单位和本人已经缴纳失业保险费满 1 年

E. 已经进行失业登记并有求职要求

79. 关于非全日制用工的说法，正确的有（　　）。

A. 薪酬发放周期最长不得超过半年

B. 劳动者可以选择是否约定试用期

C. 劳动者可以在 3 个用人单位工作

D. 双方可随时终止用工

E. 必须订立书面劳动合同

80. 某垄断企业工资水平高，实施薪酬保密，该企业对能力相同且在同一岗位上的人确定不同的工资水平，同时故意将高工资岗位留给有关系的人，而让那些能力相同的其他人从事工资较低的岗位，以上存在的劳动力市场歧视包括（　　）。

A. 职业歧视　　B. 统计性歧视

C. 工资歧视　　D. 客户歧视

E. 雇主歧视

三、案例分析题（共20题，每题2分，由单选和多选组成。错选，本题不得分；少选，所选的每个选项得0.5分）

（一）

从2014年1月1日起，李某一直在甲公司工作，月工资为8 000元，后来甲公司分立为乙公司和丙公司。2017年1月1日，李某在乙公司工作，仍在原岗位，月工资为8 000元，另外，甲公司向李某依法支付了经济补偿金。2018年5月15日，李某上班期间受伤，被认定为工伤十级伤残。2018年12月31日，劳动合同期满终止，未再续签。

根据以上资料，回答下列问题：

81. 乙公司应依法向李某支付的经济补偿金为（　　）万元。

A. 1.2　　B. 1.6

C. 2.0　　D. 0.8

82. 乙公司应在（　　）前提出工伤认定申请。

A. 2018年6月15日　　B. 2018年10月15日

C. 2018年7月15日　　D. 2018年8月15日

83. 如乙公司拒绝为李某申请工伤认定，李某应在（　　）前提出工伤认定申请。

A. 2018年6月15日　　B. 2018年7月15日

C. 2019年5月15日　　D. 2019年10月15日

84. 李某与乙公司的劳动合同终止时，除经济补偿外，李某可以从乙公司或工伤保险基金获得（　　）。

A. 没有任何待遇

B. 一次性居家安置费

C. 一次性伤残就业补助金

D. 一次性工伤医疗补助金

（二）

甲公司于2009年1月1日与张某签订了无固定期限劳动合同。2019年1月1日起甲公司与乙公司合并，甲公司要求与张某解除合同，甲公司未支付补偿金，并安排其与乙公司签订1年期合同，每月工资为5 000元，约定3个月的试用期，并不缴纳社保费用，禁止谈恋爱。2019年8月，因经营计划调整，乙公司与张某协商一致解除劳动合同。

根据以上资料，回答下列问题：

85. 下列说法正确的是（　　）。

A. 甲公司有权与张某解除合同

B. 乙公司有权与张某解除合同

C. 甲、乙公司均可以与张某解除合同并不用支付赔偿金

D. 张某有权决定与甲、乙公司解除合同

86. 与张某签订的合同中符合法律规定的是（　　）。

A. 月工资为5 000元

B. 约定3个月的试用期

C. 签订1年期的劳动合同

D. 禁止谈恋爱

87. 张某的经济补偿金应为（　　）元。

A. 55 000　　B. 50 000

C. 5 000　　D. 60 000

88. 若公司裁员，张某因与其签订了无固定期限劳动合同而可以被优先留用，除此之外，优先留用的情形还包括（　　）。

A. 订立较长期限的固定合同

B. 家中无其他就业人员，有需要扶养的老人

C. 家中无其他就业人员，有需要扶养的未成年人

D. 因公司原因给劳动者造成过经济损失

（三）

某企业的员工小张 27 岁，准备报考在职研究生；小王工作 6 年，明年准备独立带领团队完成任务；小刘完成职业测试后发现自己的分析能力、人际沟通能力和情绪控制能力都比较强。

根据以上资料，回答下列问题：

89. 小张属于职业生涯发展阶段的（　　）。

A. 探索期　　B. 建立期

C. 维持期　　D. 衰退期

90. 小王属于职业生涯发展阶段的（　　）。

A. 探索期　　B. 建立期

C. 维持期　　D. 衰退期

91. 小刘在职业生涯锚的类型是（　　）。

A. 安全稳定型

B. 自主独立型

C. 创造型

D. 管理能力型

92. 关于职业生涯锚的说法，正确的有（　　）。

A. 是完全固定不变的

B. 有助于提高个体及组织的绩效

C. 为个体中后期职业生涯奠定基础

D. 产生于晚期职业生涯阶段

（四）

R 大学是一所综合性大学，目前大约有 12 000 名学生和 600 名教授，教授可以在学校内部教师中产生，也可以从校外招聘。R 大学明年预计要进行扩招，因此 R 大学的人力资源管理部门需要根据大学的实际情况制定一份人力资源规划，其中包括人力资源需求预测和人力资源供给预测等内容。

根据以上资料，回答下列问题：

93. 常用的人力资源需求预测定量分析方法包括（　　）。

A. 趋势分析法　　B. 比率分析法

C. 回归分析法　　D. 德尔菲法

94. 通过计算特殊的商业因素和所需员工数之间的比率来确定未来人力资源需求的方法称为（　　）。

A. 趋势分析法　　B. 比率分析法

C. 回归分析法　　D. 德尔菲法

95. 使用比率分析法进行预测，如果这个大学预计明年注册的学生会增加 1 000 名，则需要另外聘用（　　）名教授。

A. 60　　B. 50

C. 40　　D. 100

96. 如果运用德尔菲法进行预测，下列描述正确的有（　　）。

A. 问题的设计要合理，不要让专家一次回答过多的问题

B. 专家人数一般不要少于 30 人

C. 采取多轮预测的方法，经过几轮反复，专家们的意见趋于一致

D. 应采用集体讨论的方式进行

（五）

M 公司是一家有 8 年发展历史的软件开发公司，在行业中知名度较高。该公司设有研发部、行政与人力资源部、财务部等部门，形成了强调革新与冒险的企业组织文化，并不断有新产品问世。M 公司一直都非常重视员工的培训工作，并常常不拘一格选拔人才，只要是具有发展潜质的员工，就会委以重任。公司的薪酬、奖励与员工绩效挂钩，对于表现优秀的员工会加以重奖，并给予较大的工作自由度。因此，公司员工的工作士气高涨，敬业度很高。M 公司目前有员工 100 多名，多以项目组为主要形式进行技术研发，并把许多决策权下放给员工，打破了严格的部门界限，提倡协作，联合攻关。最近，公司获得了很大一笔风险投资，为此，公司制订扩张性战略计划，同时进行必要的组织变革，公司将针对不同的行业组建专门的技术咨询小组，还计划成立独立的市场部和客户关系部，以加快市场开拓，并为客户提供更优质的服务。

根据以上资料，回答下列问题。

97. M 公司目前的组织文化属于（　　）。

A. 学院型　　B. 堡垒型

C. 棒球队型　　D. 俱乐部型

98. M 公司的关键职能部门是（　　）。

A. 财务部　　B. 研发部

C. 行政与人力资源部　　D. 客户关系部

99. 为了实际扩张性战略计划，M 公司进行了组织变革，这种组织变革的方法属于以（　　）为中心的变革。

A. 人员　　B. 技术

C. 文化　　D. 结构

100. M 公司目前的主要组织结构设计类型是（　　）。

A. 职能制组织形式　　B. 事业部制组织形式

C. 团队结构形式　　D. 虚拟组织形式

参考答案及解析

一、单项选择题

1. D【解析】领导研究中的俄亥俄模式将领导行为集聚在两个维度上，即关心人和工作管理。

2. B【解析】勒温在研究中发现，独裁型领导领导下的儿童，他们的行为倾向于要么富有攻击性，要么缺乏感情。当独裁型领导离开或将领导氛围变得更轻松些时，缺乏感情的儿童会转而产生攻击性。放任型领导领导下的儿童则产生最多的攻击性行为。民主型领导领导下的儿童的攻击性处于中间水平。

3. C【解析】行政层级式组织形式在复杂/静态环境中最为有效；职能制的组织形式在简单/静态环境中效果较好；矩阵组织形式在复杂/动态环境中较为有效。

4. C【解析】虚拟组织也被称为哑铃型组织，即两头（营销、研发与技术设计）大，中间（生产制造）小。

5. C【解析】组织的价值链是一种可以用来确定、分解、展现以及分析组织需要完成的最为重要的活动以及战略成本的工具，它有助于管理者更好地理解驱动组织绩效的活动到底是什么。

6. C【解析】在管理方格中，位于坐标（5，5）的是“中庸式”领导风格；位于坐标（1，9）的是“乡村俱乐部”领导风格；位于坐标（9，1）的是“任务”领导风格；位于坐标（1，1）的是“无为而治”领导风格；位于坐标（9，9）的是最理想的领导风格。

7. C【解析】公文筐测试是由被测试者单独完成的，因而，无法通过这种测试考查被测试者的人际交往能力和团队工作能力。

8. D【解析】人力资源需求大于供给，可以采取的主要措施包括：①延长现有员工的工作时间；②如果组织的人力资源需求增长是长期性的，就必须考虑做好人力资源的招募工作；③采取各种措施降低现有人员的流失率；④通过改进生产技术、优化工作流程、加强员工培训等方式提高员工的工作效率，从而减少对人力资源数量的需求；⑤将组织中的部分非核心业务通过外包的方式处理，从而减少组织对人力资源的需求。

9. C【解析】对于任何人来说，能够达到效用最大化的高等教育投资数量都是在边际收益等于边际成本时取得的。

10. A【解析】职工在上下班途中，受到非本人主要责任的交通事故或者城市轨道交通、客运轮渡、火车事故伤害的，应当认定为工伤。选项A是因本人主要责任，故不属于工伤认定的范围。

11. D【解析】按照现行规定，《国务院关于建立统一的企业职工基本养老保险制度的决定》实施后参加工作、缴费年限（含视同缴费年限）累计满15年的人员，退休后按月发给基本养老金。

12. B【解析】经济补偿按劳动者在本单位工作的年限计算。用人单位与劳动者在用工前订立劳动合同的，劳动关系自用工之日起建立，故经济补偿日期应从2月1日起算。

13. A【解析】保险人是指依法收取社会保险费，并按照规定支付保险待遇的主体。在我国，保险人为社会保险经办机构。

14. A【解析】动机分为内源性动机（又称内在动机）和外源性动机（又称外在动机）。内源性动机是指人做出某种行为是因为行为本身，因为这种行为可以带来成就感，或者个体认为这种行为是有价值的。外源性动机是指人为了获得物质或社会报酬，或为了避免惩罚而做出某种行为，做出这种行为是为了行为的结果，而不是行为本身。因此，出于内源性动机的员工看重的是工作本身，如寻求挑战性的工作机会，获得为工作和组织多做贡献的机会以及充分体现个人潜力的机会；而出于外源性动机的员工更看重工作所带来的报偿，如工资、奖金、表扬、社会地位等。

15. C【解析】战略规划过程首先要阐明组织的使命、愿景、价值观以及长期目标。使命描述了一个组织存在的理由、目的和意义，愿景是对组织未来发展方向的总体描述，价值观则是在履行使命以及实现愿景过程中坚持的基本行为规范和道德伦理。例如，我国某著名的互联网服务公司对自己的愿景描述就是"成为最受尊敬的互联网企业"，使命陈述是"通过互联网服务提升人类生活品质"，而价值观则是"正直、进取、合作、创新"。

16. C【解析】绩效管理侧重于信息的沟通和绩效的提高，绩效考核则侧重于绩效的识别、判断和评估，选项 A、B 错误。绩效考核与绩效管理两个概念既有联系又存在区别，选项 D 错误。

17. D【解析】费德勒认为情境性的因素可以分为三个维度：①领导与下属的关系，主要指的是下属对领导信任、信赖和尊重的程度；②工作结构，主要指的是工作程序化、规范化的程度；③职权，主要指的是领导在甄选、培训、激励、处分等人事工作方面有多大的影响力和权力。

18. B【解析】盲点效应是指评价者难以发现员工身上存在的与自身相似的缺点和不足。

19. A【解析】对劳动力的需求就是一种间接需求或派生需求，选项 A 错误。

20. C【解析】摩擦性失业是竞争性劳动力市场的一个自然特征，它不是由工作岗位缺乏而造成的，而是由寻找工作、达成就业协议的时滞所引起的，选项 C 错误。

21. D【解析】目标管理法倾向于聚焦短期目标，即该考核周期结束时需要实现的目标。这可能是以牺牲企业的长远利益为代价的。选项 D 错误。

22. A【解析】激励因素是指成就感、别人的认可、工作性质、责任和晋升等因素。保健因素是指组织政策、监督方式、人际关系、工作环境和工资等因素。

23. B【解析】报考公务员应当具备下列资格条件：①具有中华人民共和国国籍；②年龄为 18 周岁以上，35 周岁以下；③拥护中华人民共和国宪法，拥护中国共产党领导和社会主义制度；④具有良好的政治素质和道德品行；⑤具有正常履行职责的身体条件和心理素质；⑥具有符合职位要求的工作能力；⑦具有大学专科以上文化程度；⑧省级以上公务员主管部门规定的拟任职位所要求的资格条件；⑨法律、法规规定的其他条件。

24. A【解析】结构技术方法包括：①合并职能部门，减少垂直分化度，简化部门规章，扩大员工的工作自主性；②对工作进行再设计，使工作变得更具挑战性、趣味性。

25. B【解析】虚拟股票期权又称股票增值权模式，是股份期权模式的一种变通。

26. B【解析】双因素理论是由心理学家赫茨伯格提出的，此理论又称"激励—保健因素理论"。选项 A，马斯洛提出了需要层次理论；选项 C，麦克利兰提出了三重需要理论；选项 D，奥尔德弗提出了 ERG 理论。

27. C【解析】内容效度是指一项测试的内容与测试所要达到的目标之间的相关程度，即一项测试的内容能够代表它所要测量的主题或特质的程度。

28. C【解析】情境化结构面试通常需要遵循所谓的“STAR”原则，即首先向被面试者描述他们可能会面对的典型环境（situation）或需要完成的主要工作任务（task），然后询问他们实际上采取了何种行动（action），最后让他们说明这种行动产生了怎样的结果（result）。

29. C【解析】基本医疗保险费由用人单位和个人共同缴纳。用人单位缴费水平为职工工资总额的 6%左右，个人缴费一般为本人工资收入的 2%。故甲的个人应缴纳额=5 000×2%=100（元）。

30. C【解析】组织的管理者尤其是高层管理者需要随时掌握组织的各项战略任务完成情况以及重要工作的进度。这时，数字仪表盘作为一种非常直观的管理工具就能够发挥重要的作用。

31. B【解析】财政政策是利用政府预算来影响总需求的一种政策，其主要手段是调整税率和政府支出水平。我国在新冠疫情期间采用的减免增值税措施属于财政政策。

32. B【解析】劳动能力鉴定委员会以及职业病鉴定委员会与劳动者之间不是用人单位与劳动者权利和义务的争议，因此劳动者对劳动能力鉴定委员会的伤残等级鉴定结论或者对职业病诊断鉴定委员会的职业病诊断鉴定结论的异议纠纷不属于劳动争议。

33. B【解析】从激励内容的角度可以将激励分为物质激励和精神激励；从激励作用的角度可以将激励分为正向激励和负向激励；从激励对象的角度可以将激励分为他人激励和自我激励。

34. B【解析】现代人力资源管理被看成是一种“利润中心”，而不只是一种“成本中心”。

35. B【解析】古典的组织设计理论是静态的，只关注组织结构设计方面的研究。现代的组织设计理论是动态的，同时关注组织结构设计和运行制度设计两个方面的研究。

36. A【解析】劳动力供给弹性是指劳动力供给数量随着工资率变动而发生变动的灵敏程度，一般可以用劳动工时变动百分比与工资率变动百分比之间的比率来表示。

37. C【解析】工会是职工自愿结合的工人阶级的群众组织。

38. D【解析】魅力型领导的道德特征包括：①使用权力为他人服务；②使下属的需要和志向与愿景相结合；③从危机中思考和学习；④激励下属独立思考；⑤双向沟通；⑥培训、指导并且支持下属，与他人分享；⑦用内在道德标准行事。

39. B【解析】医疗期是指企业职工因患病或非因工负伤停止工作治疗休息不得解除劳动合同的时限。根据《企业职工患病或非因工负伤医疗期规定》，职工医疗期的期限为：①实际工作年限 10 年以下的，在本单位工作年限 5 年以下的为 3 个月；5 年以上的为 6 个月。②实际工作年限 10 年以上的，在本单位工作年限 5 年以下的为 6 个月；5 年以上的 10 年以下的 9 个月；10 年以 15 年以下的为 12 个月；15 年以上 20 年以下的为 18 个月；20 年以上的为 24 个月。

40. D【解析】部门结构是指各管理部门的构成，又称组织的横向结构。

41. A【解析】养老金福利的增加会导致退休时的收入大大提高，从而鼓励老年人更早退休。养老金福利的变化也会对劳动者产生收入效应和替代效应，只不过两种效应的作用方向都是一样的，都鼓励老年人减少劳动力供给或提前退休。选项 C、D 表述过于绝对，工资率的提高造成劳动力供给的变化受替代效应与收入效应的影响。

42. A【解析】反应评估的重点是评估受训人员对培训与开发的主观感受和看法，选项 A 错误。

43. B【解析】职业兴趣类型包括现实型、研究型、艺术型、社会型、企业型和常规型。其中，企业型的基本人格倾向是：冒险、乐观、自信、精力充沛、有进取心，喜欢担任有领导责任的工作，看中政治和经济方面的成就，喜欢追求财富、权力和地位，喜欢与人争辩，喜欢说服别人接受自己的观点，但是他们不喜欢从事研究性的活动。

44. B【解析】尽管纯粹将高等教育看成一种信号的观点值得推敲，但是这种看法对于我们理解企业将是否完成高等教育作为一种筛选求职者的手段来说，确是有一定的意义的，选项B错误。

45. A【解析】劳动力市场处于紧张状态时，即劳动力需求大于劳动力供给，很多雇主在雇用劳动者的时候都遇到困难，就业机会增加，而且市场工资率也会出现明显的上升，这时，已经就业的劳动者往往可以利用“跳槽”的手段要求新雇主增加工资，劳动力的流动率自然会上升。

46. D【解析】在特殊培训的情况下，受训者因接受培训会导致其生产率比不接受培训时要低，但是这时企业既不完全按员工在接受培训时的较低生产率来支付工资，又不完全按员工不接受培训时的生产率来支付与市场工资率相同的工资率，而是向员工支付一种位于市场工资率和低生产率工资率之间的工资率。这实际上意味着企业和员工共同分摊了特殊培训的成本。既然企业和员工分摊了投资的成本，那么他们必然要分享特殊培训的收益才合理。因此，在特殊培训完成之后，企业既不会按照员工没有接受特殊培训时的生产率向他们支付较低的工资，又不会完全按照员工接受过培训之后所能够达到的高生产率来支付较高的工资，而是会向员工支付一种介于两者之间的工资率。这样，企业和员工双方就以一种共同保险的方式完成了企业的特殊培训投资，从而使得双方都获利。

47. C【解析】根据员工申诉管理的明晰原则，要求明确界定员工的申诉范围，避免员工将本可以通过正常管理渠道解决的问题也通过申诉方式提出。同时，还应对申诉问题进行分类处理，使组织尽早发现和解决问题。

48. C【解析】角色扮演可以衡量的技能包括领导能力、问题解决能力、人际交往能力和压力承受能力，不能衡量行政管理能力。

49. A【解析】职工被借调期间受到工伤事故伤害的，由原用人单位承担工伤保险责任，但原用人单位与借调单位可以约定补偿办法。

50. D【解析】该员工和公司签订了5年的工作合同，公司支付了5万元的培训费用，则每年1万元，第3年离职即还有2年合同未履行，因此应支付2年的违约金，即2万元。

51. B【解析】申请R字签证，应当符合中国政府有关主管部门确定的外国高层次人才和急需紧缺专门人才的引进条件和要求的，并按规定提交相应的证明材料。申请Z字签证，应当按照规定提交工作许可等证明材料。选项B错误。

52. C【解析】选项A，亲和需要高的人在组织中容易与他人形成良好的人际关系，易被别人影响，因而往往在组织中充当被管理的角色。选项B，成就需要高的人希望能够得到及时反馈。选项D，成就需要高的人选择适度的风险。

53. C【解析】组织文化的精神层是组织文化的深层，主要是指组织的领导和员工共同信守的基本信念、价值标准、职业道德及精神风貌，它是组织文化的核心和灵魂。组织文化中有没有精神层是衡量一个组织是否形成了自身组织文化的主要标志和标准。

54. C【解析】劳动关系运行的实体规则主要是指劳动关系各方权利的规定，选项C错误。

55. B【解析】若要推行参与管理有成效就必须符合以下几个方面的条件：①在行动前，要有充裕的时间进行参与（选项 C）；②员工参与的问题必须与其自身利益相关（选项 D）；③员工必须具有参与的能力，如智力、知识技术、沟通技巧等；④参与不应使员工和管理者的地位和权力受到威胁；⑤组织文化必须支持员工参与（选项 A）；⑥考虑员工参与的需要。

56. A【解析】因素比较法的优点是较为完善，可靠性高，同时，也使不同的职位之间更具可比性，且可根据职位内容直接求得具体薪酬金额。其缺点是评价体系设计复杂，难度较大，成本较高。选项 A 错误。

57. C【解析】选项 A，在越高的管理职位上，概念技能的作用也就越重要。选项 B，人际技能是有效地与他人共事和建立团队合作的能力，并不是操纵他人的能力。选项 D，概念技能处理的是观点、思想，而人际技能关心的是人。

58. C【解析】不充分就业是指非个人原因，在调查周内工作时间不到标准工作时间的一半（即 20 小时），并愿意从事更多工作的人员。在实际操作中，判断不充分就业人员的标准有三条：①调查周内工作时间不到标准时间的一半，即不到 20 小时；②工作时间短是非个人原因；③愿意从事更多的工作。这三条必须同时具备才能统计为不充分就业人员。

59. D【解析】平衡计分卡法是一种新型的战略性绩效管理的工具和方法，比较适用于企业战略进行重大调整的时期，着眼于公司的长远发展，选项 D 错误。

60. D【解析】采取外部成长战略的组织所面临的最大人力资源问题都是如何重新合理配置人力资源，维持员工队伍的士气，同时，实现价值观和组织文化的整合，以及确保各项人力资源管理实践和标准的一致。因此，这类组织的员工招募工作需求不大，但是员工重新配置的工作压力却很大。

二、多项选择题

61. CD【解析】效标效度也称效标关联效度，是指一种测试或甄选技术对被测试者的一种或多种工作行为或工作绩效进行预测的准确程度。两种比较常用的效标效度是预测效度和同时效度。

62. BCDE【解析】因劳动强度和劳动条件、从业时的愉快或不愉快程度、工作保障和职业稳定程度、承担的责任程度而引起的工资差别均属于补偿性工资差别。

63. BDE【解析】职业生涯锚的特点包括：①产生于早期职业生涯阶段，以个体习得的工作经验为基础；②强调个人能力、动机和价值观三个方面的相互作用与整合；③不可能根据各种测试提前进行预测；④并不是完全固定不变的。

64. AE【解析】在人力资源供求结构不对等的情况下，组织需要采取的措施可能包括：①在可能的情况下，加强对现有人员的培训开发，以使他们能够胜任当前尤其是未来的工作需要；②在现有人员胜任未来的工作有困难的情况下，组织可能需要通过终止劳动合同、自然退休等方式，逐渐让现有的一些员工离开组织，同时从组织外部招聘与需求匹配的新员工，从而为未来新的工作需要储备足够的人才；③如果组织仍然处于扩张期，人力资源需求在不断增长，则可以在可能的情况下将原来的一些技能不足的老员工逐渐替换到一些辅助性的职位上。选项 B、C 属于人力资源需求大于供给时的组织对策。不合适的员工要进行培训而不能直接裁掉，选项 D 错误。

65. BCDE【解析】职能制的缺点包括：①狭隘的职能观念；②横向协调差；③适应性差；④企业领导负担重；⑤不利于培养具有全面素质、能够经营整个企业的管理人才。

66. ABE【解析】按工会的组织结构形式划分，工会可分为职业工会、产业工会、总工会。按工会的层级划分，工会可分为企业工会、区域性（或地方性）工会、全国性工会。

67. ABDE【解析】按社会保险责任划分的社会保险法律关系主体包括国家、用人单位、社会保险的管理和经办机构、劳动者及其家庭。按保险业务划分的社会保险法律关系的主体包括保险人、投保人、被保险人、受益人、管理人、监督人。

68. AD【解析】考察内部一致性信度的方式主要有两种，即分半信度和同质性信度。

69. BC【解析】用人单位作为用工主体方掌握和管理着劳动者的档案、工资发放、社会保险费缴纳、劳动保护提供等情况和材料，劳动者一般无法取得和提供，因此对用人单位提供证据作出了特别规定，与争议事项有关的证据属于用人单位掌握管理的，用人单位应当提供。

70. ABD【解析】ERG 理论的生存需要与马斯洛需要层次理论中全部生理需要和部分安全需要相对应；关系需要与马斯洛需要层次理论中部分安全需要、全部归属和爱的需要、部分尊重的需要相对应；成长需要与马斯洛需要层次理论中部分尊重的需要和全部自我实现的需要相对应。

71. ACE【解析】申报人应当为本单位在职的专业技术人才，离退休人员不得申报参加职称评审，选项 B 错误。事业单位工作人员受到记过以上处分的，在受处分期间不得申报参加职称评审，选项 D 错误。

72. ABDE【解析】职工大额医疗费用补助是各地在推进基本医疗保险制度改革过程中，探索出的一种解决封顶线以上大额医疗费用的医疗补助办法。这种办法一般由当地政府随同基本医疗保险的建立在参保职工中强制执行，由当地社会保险经办机构负责经办，是一种社会性的补充保险。保险费一般按每个职工 1 年缴纳一定额度的费用的办法筹集，由社会保险经办机构建立大额医疗费用补助金，与基本医疗保险基金分开管理，分别核算。参保职工发生超过封顶线以上的医疗费用，由大额医疗费用补助金按一定比例支付。

73. ABCD【解析】结果评估的硬指标包括产出、成本、质量、时间四大类，易被衡量和量化，容易被转化为货币价值，而且评价也更为客观。选项 E 属于结果评估的软指标。

74. AB【解析】通过测验、非结构化访谈等方法，密歇根模式得到两个描述领导行为的维度，即员工取向和生产取向。选项 C，教材中并没有介绍此维度，选项 D、E 属于俄亥俄理论的维度。

75. ACE【解析】豪斯假定领导具有变通性，选项 B 错误。指导式领导让员工明确别人对他的期望、成功绩效的标准和工作程序，关心下属的要求属于支持性领导，选项 D 错误。

76. ABDE【解析】生活自理障碍分为 3 个等级，选项 C 错误。

77. BCDE【解析】进行人力资源需求预测时，需要考虑的因素包括：①组织的战略定位和战略调整；②组织提供的产品和服务的变化情况；③组织的技术变革；④组织结构调整及流程再造。

78. BDE【解析】从失业保险基金中领取失业保险金的条件包括：①失业前用人单位和本人已经缴纳保险费满 1 年；②非因本人意愿中断就业；③已经进行失业登记并有求职要求。

79. CD【解析】《劳动合同法》有关非全日制用工的规定主要有：①从事非全日制用工的劳动者可以与 1 个或者 1 个以上用人单位订立劳动合同；②非全日制用工双方当事人可以订立口头协议；③非全日制用工双方当事人不得约定试用期；④非全日制用工双方当事人任何一方都可以随时通知对方终止用工，而终止用工单位不向劳动者支付经济补偿；⑤非全日制用工小时计酬标准不得低于用人单位所在地人民政府规定的最低小时工资标准；⑥非全日制用工劳动报酬结算支付周期最长不得超过 15 日。

80. AC【解析】工资歧视是指雇主针对既定的生产率特征支付的价格因劳动者所属的人口群体不同而呈现系统性的差别。职业歧视是指对具有相同的受教育水平和其他生产率特征的不同类型的劳动者加以区别，将其中某一类或某些类别的劳动者有意安排到那些低工资的职业当中，或者是有意让这些类别的劳动者承担工作责任要求较低的工作岗位，而把那些高工资岗位留给某些特定类型的劳动者。

三、案例分析题

（一）

81. B【解析】经济补偿按劳动者在本单位工作的年限，每满 1 年向劳动者支付 1 个月工资的经济补偿。李某在乙公司工作两年，故应该支付 1.6 万元经济补偿金。

82. A【解析】职工发生事故伤害或者按照职业病防治法规定被诊断、鉴定为职业病，所在单位应当自事故伤害发生之日或者被诊断、鉴定为职业病之日起 30 日内，向统筹地区社会保险行政部门提出工伤认定申请。根据案例内容，李某在 2018 年 5 月 15 日受伤，所在单位应当在 30 日内即 2018 年 6 月 15 日前，进行工伤认定申请。

83. C【解析】用人单位未按规定提出工伤认定申请的，工伤职工或者其近亲属、工会组织在事故伤害发生之日或者被诊断、鉴定为职业病之日起 1 年内，可以直接向用人单位所在地统筹地区社会保险行政部门提出工伤认定申请。根据案例内容，李某在 2018 年 5 月 15 日受伤，所在单位未按规定申请，李某可以在 1 年内即 2019 年 5 月 15 日前，进行工伤认定申请。

84. CD【解析】经工伤职工本人提出，该职工可以与用人单位解除或者终止劳动关系，由工伤保险基金支付一次性工伤医疗补助金，由用人单位支付一次性伤残就业补助金。一次性工伤医疗补助金和一次性伤残就业补助金的具体标准由省、自治区、直辖市人民政府规定。

（二）

85. BD【解析】甲公司与张某签订了无固定期限劳动合同，如张某没有出现《劳动合同法》第三十九条规定的情形，甲公司不能提出解除合同。乙公司因经营计划调整，符合《劳动合同法》第四十一条规定的，可以解除劳动合同。用人单位有下列情形之一的，劳动者可以解除劳动合同：①未按照劳动合同约定提供劳动保护或者劳动条件的；②未及时足额支付劳动报酬的；③未依法为劳动者缴纳社会保险费的；④用人单位的规章制度违反法律法规的规定，损害劳动者权益的；⑤因用人单位以欺诈、胁迫的手段或者乘人之危，使劳动者在违背真实意思的情况下订立或者变更劳动合同致使劳动合同无效的；⑥法律、行政法规规定劳动者可以解除劳动合同其他情形。

86. AC【解析】支付工资 5 000 元是公司的法定义务，选项 A 正确。根据《劳动合同法》第十九条，劳动合同期限 3 个月以上不满 1 年的，试用期不得超过 1 个月，选项 B 错误。若乙公司不沿用原合同，与张某签订新合同也是可以的，对于全日制用工的劳动合同签订期限，没有特别规定，选项 C 正确。禁止谈恋爱不符合法律规定，选项 D 错误。

87. A【解析】经济补偿按照劳动者在本单位的工作年限计算，每满 1 年支付 1 个月的经济补偿，不满 1 年超过 6 个月的按 1 年计算，不满 6 个月的按半年计算。2009 年 1 月 1 日至 2019 年 8 月为 11 年（6 个月以上不满 1 年按 1 年计算），则经济补偿＝5 000×11＝55 000（元）。

88. ABC【解析】用人单位裁减人员时，应当优先留用下列人员：①与本单位订立较长期限的固定期限劳动合同的；②与本单位订立无固定期限劳动合同的；③家庭无其他就业人员，有需要扶养的老人或者未成年人的。

(三)

89. A【解析】职业生涯处于探索期的员工年龄在30岁以下，专业资历2年以下，身份为学徒，发展任务为确定兴趣、能力，让自我与工作匹配为主，主要活动包括协助、学习、遵循方向。

90. B【解析】职业生涯处于建立期的员工年龄在30至45岁之间，专业资历为2～10年，多为同事身份，发展任务是晋升、成长、安全感及职业生涯类型的确立，能为企业独自作出贡献。

91. D【解析】管理能力型的特点包括：①追求一般性管理工作，且责任越大越好；②具有强烈的升迁动机，以提升等级和收入作为衡量成功的标准；③具有分析能力、人际沟通能力和情绪控制能力的强强组合特点；④对组织有很强的依赖。

92. BC【解析】职业生涯锚不是完全固定不变的，选项A错误。职业生涯锚产生于早期职业生涯阶段，以个体习得的工作经验为基础，选项D错误。

(四)

93. ABC【解析】人力资源需求预测常用的定量分析方法有趋势分析法、比率分析法和回归分析法。

94. B【解析】比率分析法是一种基于关键的经营或管理指标与组织的人力资源需求量之间的固定比率关系，用来预测组织未来人力资源需求的方法。

95. B【解析】R大学中有12 000名学生和600名教授，学生与教授的比率是12 000/600，即为20∶1，表明每20名学生需要1名教授，如果R大学预计明年注册的学生会增加1 000名，就需要另外聘用50名教授。

96. AC【解析】德尔菲的优点是：①它吸取和综合了众多专家的意见，避免了个人预测的片面性；②不采用集体讨论的方式，而且匿名进行，从而使专家们可以独立地做出判断，避免了从众行为；③它采用多轮预测的方法，经过几轮的反复，专家们的意见趋于一致，具有较高的准确性。为使该方法奏效，应注意以下原则：①专家人数一般要达到20～30人；②专家的挑选要有代表性；③问题的设计要合理，不要让专家一次回答过多的问题；④向专家提供的资料和信息要相对充分，从而使他们能够进行预测和判断。

(五)

97. C【解析】根据案例内容，他们形成了强调革新与冒险的组织文化，属于棒球队型的组织文化。

98. B【解析】M公司是一家有8年发展历史的软件开发公司，所以研发部是其关键职能部门。

99. D【解析】以结构为中心的变革包括重新划分和合并形成新的部门，调整管理层次和管理幅度，任免负责人，明确责任和权力等。根据案例内容，公司制定了明确的扩张性战略计划，同时进行必要的组织变革。公司将针对不同的行业组建专门的技术咨询小组，还计划成立独立的市场部和客户关系部，以加快市场开拓，并为客户提供更优质的服务。所以M公司进行的组织变革的方法属于以结构为中心的变革。

100. C【解析】团队结构形式的主要特点是：打破部门界限并把决策权下放到工作团队成员手中。根据案例内容，M公司共有100多名员工，强调以项目组为主要形式进行技术研发，把不少决策权下放给员工，并打破严格的部门界限，这属于团队结构形式。

证件号码：____________

准考证号：____________

考生姓名：____________

2020 年全国经济专业技术资格考试

《人力资源管理专业知识与实务》(中级)
机考真题

扫码兑换 备考课程

考场规则

一、自考试开始前 30 分钟起，应试人员凭准考证和有效身份证件（须与报考时所使用的身份证件一致）进入本科目考试所指定考场，按座位号入座，并将准考证和有效身份证件放置在座位右上角。

二、本次考试为电子化考试，须在计算机上作答，应试人员参加考试可携带的用品只限于铅笔。

三、每科目开始 5 分钟后，迟到的应试人员一律不得进入考场。各科目考试时长（最长作答时间）为 1.5 小时，经监考人员同意，应试人员可提前 15 分钟交卷、离场。

四、应试人员须按照考试系统提示的要求进行操作，不得擅自对计算机进行冷、热启动，不得关闭电源或作出其他与考试无关的操作。

五、应试人员应按照考试系统的提示登录系统，须认真阅读《考场规则》及《操作指南》，并点击“我已阅读”按钮。考试开始后，考试系统将自动进行计时，应试人员作答时间以考试系统计时器显示的结果为准。

六、应试人员须在考场内保持安静；独立进行作答，不得与其他应试人员交流讨论，不得要求监考人员解释试题；遇到无法登录、系统故障等异常情况时可举手询问，不得自行处置。

七、应试人员应自觉接受工作人员的监督和检查，服从工作人员安排。

八、应试人员交卷后，须确认界面提示“交卷成功”，方可离开考场；若界面提示“交卷失败”，须及时联系监考人员。

九、应试人员不得将相关考试信息以任何方式带出考场，交卷后不得在考场附近逗留、谈论。

十、考试违纪违规行为按照人力资源社会保障部《专业技术人员资格考试违纪违规行为处理规定》处理。

一、单项选择题（共60题，每题1分。每题的备选项中，只有1个最符合题意）

1. 2019年3月1日，迈克尔（K国国籍，K国与中国签订有社保缴费协议）取得中国境内就业证书，迈克尔希望按照协议免除规定险种在规定期限的缴费义务，其应当提供K国参保证明的日期不得晚于（　　）。

A. 2020年9月1日　　B. 2020年6月1日

C. 2019年6月1日　　D. 2019年9月1日

2. 下列关于职业生涯通道的说法，错误的是（　　）。

A. 它是个体一生的职业生涯轨迹

B. 它的四种基本类型中的双通道是为管理人员设计的

C. 它也称职业生涯路线

D. 它是个体在职业生涯中经历的一系列岗位和层级所形成的链条

3. “不同评价者对同一员工的评价基本相同”体现的有效绩效管理的特征是（　　）。

A. 敏感性　　B. 可靠性

C. 实用性　　D. 可接受性

4. 长期失业率是指在劳动总人口中，失业时间达到（　　）的失业者所占的比例。

A. 2年以及2年以上　　B. 3年以及3年以上

C. 半年以及半年以上　　D. 1年以及1年以上

5. 劳动力市场是一种（　　）市场。

A. 期货　　B. 资本

C. 要素　　D. 产品

6. 下列关于基本养老保险制度的说法，错误的是（　　）。

A. 养老保险待遇只能在达到法定退休年龄后才能享受

B. 灵活就业人员参加基本养老保险，由当地政府和个人共同缴纳

C. 实行社会统筹和个人账户相结合的模式

D. 基金主要由用人单位和个人缴费以及政府补贴等组成

7. 下列关于职能制组织形式的缺点的说法，错误的是（　　）。

A. 横向协调差　　B. 狭隘的职能观念

C. 企业领导负担重　　D. 不利于强化专业管理

8. 根据生命周期理论，不仅表现出指导行为，而且富于支持行为的领导属于（　　）。

A. 参与式领导　　B. 推销式领导

C. 指导式领导　　D. 授权式领导

9. 下列关于职位评价方法分类的说法，正确的是（　　）。

A. 职位尺度比较法包括要素计点法和分类法

B. 定量方法包括要素计点法和排序法

C. 直接职位比较法包括因素比较法和分类法

D. 定性方法包括因素比较法和分类法

10. 导致不同产业部门之间形成工资差别的主要原因不包括（　　）。

A. 劳动力规模　　B. 熟练劳动力所占的比重

C. 技术经济特点　　D. 所处的发展阶段

11. 下列关于社会保险法律适用的基本规则的说法，错误的是（　　）。

A. 同位法中一般规定优先于特别规定　　B. 法律效力高于行政法规

C. 原则上不溯及既往　　D. 地方性法规效力高于地方政府规章

12. 下列关于薪酬体系设计的说法，错误的是（　　）。

A. 工作分析是确定薪酬体系的基础

B. 薪酬调查主要是为了解决薪酬的外部竞争性问题

C. 职位评价主要是为了解决薪酬的内部公平性问题

D. 奖励性薪酬在薪酬体系中所占的比重越高越好

13. 国家规定，工程技术领域的技能人员参评工程技术系列专业技术职称，必须具有（　　）以上的职业资格。

A. 技师　　B. 初级工　　C. 中级工　　D. 高级工

14. 下列关于绩效管理与绩效考核的说法，正确的是（　　）。

A. 绩效考核侧重于信息的沟通和绩效的提高

B. 绩效管理有助于组织战略目标的实现

C. 绩效管理是绩效考核的重要组成部分

D. 绩效考核有助于建设和谐的组织文化

15. 下列关于员工持股计划的说法，正确的是（　　）。

A. 企业高管与一般职工的认购比例，原则上控制在 3∶1 的范围内

B. 持股员工数量不得低于员工总数的 90%

C. 员工所持股份占企业总股本的比例，一般不宜超过 30%

D. 持股员工可以是正式聘用的，也可以是非正式聘用的

16. 某公司决定通过提高产品质量和性能来战胜竞争对手、提高市场份额。从战略层次的角度看，这种战略属于（　　）。

A. 竞争战略　　B. 组织发展战略

C. 职能战略　　D. 稳定战略

17. 根据生命周期理论，低工作—高关系的领导风格称为（　　）。

A. 授权式　　B. 指导式

C. 推销式　　D. 参与式

18. 下列关于实际工资的说法，错误的是（　　）。

A. 实际工资是企业支付给员工的货币工资

B. 政府在制定相关宏观经济政策时，应了解市场上的实际工资水平

C. 消费者价格指数越高，相同货币工资所代表的实际工资水平越低

D. 实际工资是劳动力供给决策的依据

19. 根据权变理论，如果一个领导人对他最不喜欢的工作伙伴也用肯定性的形容词去描述，说明他属于（　　）。

A. 关系取向型　　B. 权威取向型

C. 社会取向型　　D. 工作取向型

20. 导致劳动力市场非均衡现象出现的原因不包括（　　）。

A. 有些企业可能会支付超过市场通行水平的工资

B. 劳动者跨企业流动是有成本的

C. 劳动力对工资率的反应是极其敏感的

D. 企业往往并不能随意调整所雇用的员工人数

21. 某公司在进行人力资源供给预测时，针对某些关键职位，细致分析了组织内部能够填补该职位空缺的合格候选人，这种预测方法属于（　　）。

A. 马尔科夫分析法　　B. 人员替换分析法

C. 趋势预测法　　D. 转移矩阵

22. 下列公司成员中，不属于股票期权的激励对象的是（　　）。

A. 上市公司的独立董事　　B. 上市公司的外籍核心业务人员

C. 上市公司的外籍董事　　D. 上市公司的高级管理人员

23. 关于员工申诉管理的说法，正确的是（　　）。

A. 非正式的申诉处理程序就是由双方共同的上级进行说和

B. 员工申诉是一种表达不满的途径

C. 员工不满全都可以通过申诉程序进行申诉

D. 正式的申诉程序中，员工无须举证，由受理部门查明事实

24. 在其他条件不变的情况下，会导致劳动力需求量上升的是（　　）。

A. 资本价格下降的收入效应　　B. 资本价格上升的替代效应

C. 资本价格下降的替代效应　　D. 资本价格上升的规模效应

25. 下列关于企业减少劳动力过剩的方法的说法，正确的是（　　）。

A. 鼓励提前退休的方法员工受伤害程度高　B. 冻结雇佣的方法见效速度快

C. 自然减员的方法员工受伤害程度低　　D. 职位分享的方法见效速度慢

26. 如果劳动力需求是富有弹性的，在只看绝对值的情况下，劳动力需求数量的变化规律是（　　）。

A. 变化百分比大于其工资率变化百分比　　B. 变化百分比小于其工资率变化百分比

C. 变化值大于其工资率变化值　　D. 变化值小于其工资率变化值

27. 下列关于劳动力流动的说法，错误的是（　　）。

A. 领导风格等非经济因素会对劳动力流动产生影响

B. 劳动力市场越宽松，劳动力流动越频繁

C. 劳动者工资水平越低，流动的可能性越大

D. 女性劳动者离职率相对较高的原因之一是需要考虑家庭角色分工

28. 下列关于党政领导干部在企业（社会）团体兼职的说法，正确的是（　　）。

A. 不担任现职的党政领导干部，可以在企业兼职取酬

B. 经批准到企业兼职的党政领导干部，可以在企业领取报酬

C. 已退休的党政领导干部，最多可以在1个社会团体兼职

D. 辞去公职的党政领导干部到企业兼职，无须经过组织人事部门的审批备案

29. 下列关于劳动力流动对企业和员工的影响的说法，错误的是（　　）。

A. 劳动力流动可能会导致企业提供的一部分培训投资损失

B. 劳动力流动对员工来说是收益大于成本的

C. 无论对企业还是劳动者而言，劳动力流动都应有一个合理的限度

D. 劳动力流动可能会使企业增加培训新员工的成本

30. 组织非常重视适应、忠诚感和承诺，该组织的组织文化类型属于（　　）。

A. 棒球队型组织　　B. 学院型组织

C. 堡垒型组织　　D. 俱乐部型组织

31. 根据路径—目标理论，主动征求并采纳下属意见的领导属于（　　）。

A. 成就取向式领导　　B. 参与式领导

C. 支持型领导　　D. 指导式领导

32. 下列关于绩效监控与绩效辅导的说法，正确的是（　　）。

A. 绩效辅导是管理者为掌握下属的工作绩效情况进行的一系列活动

B. 绩效辅导是绩效监控的基础

C. 绩效监控是在已经掌握下属工作绩效前提下，为提高绩效水平进行的一系列活动

D. 绩效辅导贯穿于绩效实施的整个过程

33. 对一个人进行评价时，因为某一特质强烈清晰的感知而掩盖了其他的品质，这一误区是（　　）。

A. 盲点效应　　B. 年资或职位倾向

C. 刻板印象　　D. 晕轮效应

34. 下列关于组织发展的说法，错误的是（　　）。

A. 组织发展的目的在于重视人与组织的成长、合作等

B. 组织发展寻求的是增进组织的有效性和员工的幸福感

C. 组织发展尤其强调等级权威和控制

D. 组织发展是有计划变革及干预措施的总和

35. 下列知识型团队的绩效考核指标中，用来判断工作产出成果的是（　　）。

A. 效益型指标　　B. 风险型指标

C. 效率型指标　　D. 递延型指标

36. 决定上大学的合理年限决策的基本依据是上大学的（　　）。

A. 平均成本等于平均收益　　B. 边际成本等于平均收益

C. 边际成本等于边际收益　　D. 总成本等于总收益

37. 当事人对劳动争议仲裁管辖的异议应当在（　　）前提出。

A. 案件开庭审理　　B. 裁决作出

C. 辩论终结　　D. 答辩期满

38. 下列关于战略性人力资源管理中人才管理的说法，正确的是（　　）。

A. 尽可能一次性的招募大量人才以应对人才竞争

B. 在人才的获取和保留方面要具有前瞻性和灵活性

C. 最优秀、绩效卓越的员工才是人才

D. 组织内部培养的员工才是真正的人才

39. 下列措施中，不利于科技人员开展创新活动的是（　　）。

A. 简化科研项目资金的预算编制科目

B. 建立学术助理制度

C. 进一步提高财政项目中直接费用的比例

D. 将项目聘用人员的社会保险补助纳入劳务费科目列支

40. 下列关于劳动力跨职业流动的说法，错误的是（　　）。

A. 自愿性职业流动往往是向上流动的

B. 在经济繁荣时期更容易看到自上而下的职业流动

C. 服务业吸引大量劳动力的原因之一是该企业中的就业机会较多

D. 两代人之间的职业差异越明显，则表明劳动力市场上的竞争越充分

41. 下列情况中，会在高等教育投资收益估计中造成高估偏差的是（　　）。

A. 上大学者可能本来就比没上大学者能力更强

B. 在上大学的收益中包括无法被估算的心理收益

C. 在上大学的成本中包括心理成本

D. 假如大学毕业生不上大学，他们的工资性报酬比高中毕业生更低

42. 根据霍兰德的职业兴趣理论，冒险、乐观、自信、有进取心、喜欢承担领导责任的职业兴趣类型是（　　）。

A. 现实型　　B. 企业型　　C. 常规型　　D. 艺术型

43. 下列做法中，属于工资歧视的是（　　）。

A. 对于生产率存在差异的劳动者支付不同水平的工资

B. 对于其他条件均相同且从事相同工作的不同性别劳动者支付不同的工资

C. 故意将女性劳动者安排到低工资的职业或岗位上去

D. 对于从事相同工作但所处地理位置不同的劳动者支付不同水平的工资

44. 按照组织行为学有关理论，内源性动机包括（　　）。

A. 社会地位　　B. 挑战性工作

C. 工资　　D. 表扬

45. MBTI 人格类型测试从四个两极性的维度来测试人的行为风格，其中反映获取信息的方式的维度是（　　）。

A. 外倾—内倾　　B. 感觉—直觉

C. 理性—情感　　D. 判断—感知

46. 下列关于领导—成员交换理论的说法，错误的是（　　）。

A. 属于“圈里人”的下属与领导打交道时，比“圈外人”困难少，能够感觉到领导者对他们的关心

B. 团体中领导者与下属在确立关系和角色的早期，就把下属分成“圈里人”和“圈外人”两个类别

C. 领导者倾向于对“圈里人”投入比“圈外人”更多的时间、感情，很少采用正式领导权威

D. 领导—成员交换理论认为，这种交换过程是一个单向的过程

47. 注册会计师职业资格考试属于（　　）。

A. 认知能力测试　　B. 人格测试

C. 知识测试　　D. 心理测试

48. 根据我国有关规定，关于劳务派遣的说法，错误的是（　　）。

A. 劳务派遣单位注册资本发生变化，应当向许可机关提出变更申请

B. 经营劳务派遣业务，注册资本不少于 200 万元
C. 劳务派遣许可证有效期限为 3 年
D. 劳务派遣单位与劳动者、用工单位与劳动者之间均建立劳动关系

49. 下列关于人力资源需求预测方法的说法，正确的是（　　）。
A. 在数据比较充分的情况下，定量方法预测比较准确
B. 德尔菲法采用集体讨论的方式，汇集了专家意见
C. 趋势预测法能够在外部环境变化较大的情况下准确地进行预测
D. 经验判断法比较主观，应避免使用该方法

50. 我国劳动关系调整的原则包括（　　）。
A. 促进经济发展和社会进步的原则　　B. 以政府协调为基础的原则
C. 重点保护劳动者权益的原则　　D. 强调劳动关系主体各自义务的原则

51. 下列人力资源管理活动中，与成本领先战略相匹配的是（　　）。
A. 对职位职责和工作流程规定比较宽松　　B. 鼓励员工大胆创新
C. 薪酬水平领先市场水平　　D. 重视提高运营效率

52. 在西蒙的决策过程理论中，探索、研究和分析时能发生的行为系列属于（　　）。
A. 设计活动阶段　　B. 制定活动阶段
C. 智力活动阶段　　D. 选择活动阶段

53. 某项甄选测试的目的是评价求职者的逻辑能力，但是测试的题目设计不佳，变成了考查求职者的知识记忆情况，则该测试的（　　）比较低。
A. 内容效度　　B. 同时效度
C. 预测效度　　D. 效标效度

54. 对于操作人员和专业人员，工作绩效的主要依据是（　　）。
A. 技术技能　　B. 概念技能
C. 领导技能　　D. 人际技能

55. 按照国家相关政策，关于专业技术人员继续教育的说法，正确的是（　　）。
A. 每年累计总学时应不少于 120 学时
B. 内容包括公共科目、基础科目和专业科目
C. 专业科目内容包括从事专业工作所需要的新理论、新知识、新技术、新方法等
D. 专业科目一般不低于总学时的二分之一

56. 下列关于组织结构特征因素之中的管理层次的说法，错误的是（　　）。
A. 管理层次也称组织层次
B. 管理层次的多少表明了组织结构的纵向复杂程度
C. 管理层次是指从组织最高到最低一级管理组织的各个组织等级
D. 管理层次决定了组织的管理幅度，起主导作用

57. 关于裁员的说法，错误的是（　　）。
A. 应关注幸存员工的心理状况　　B. 必须在企业亏损时才能采取裁员
C. 对企业长期绩效会产生负面影响　　D. 在削减成本方面有立竿见影的效果

58. 下列关于参与管理的说法，错误的是（　　）。
A. 职位越高的管理人员越容易接受参与管理理念

B. 参与管理符合双因素理论的主张

C. 参与管理符合 ERG 理论的主张

D. 参与管理是激励理论在实践中的一种应用

59. 在双因素理论中，属于保健因素的是（　　）。

A. 晋升　　B. 成就感　　C. 责任感　　D. 人际关系

60. 高等教育信号模型认为（　　）。

A. 从社会角度来说，高等教育投资是没有意义的

B. 企业利用大学文凭对求职者进行筛选是没有意义的

C. 高等教育投资是证明劳动者具有高生产率的信号

D. 即使没有高等教育投资信号，企业也能判断出求职者的实际生产率

二、多项选择题（共 20 题，每题 2 分。每题的备选项中，有 2 个或 2 个以上符合题意，至少有 1 个错项。错选，本题不得分；少选，所选的每个选项得 0.5 分）

61. 人力资源服务机构类型包括（　　）。

A. 公共人力资源服务机构　　B. 经营性人力资源服务机构

C. 其他人力资源服务机构　　D. 民营类人力资源服务机构

E. 外资人力资源服务机构

62. 下列关于拥有中国永久居留资格的外籍人员的权利义务的说法，正确的有（　　）。

A. 在中国居留没有时间期限限制

B. 在中国境内工作的，有权依法参加社会保险

C. 在购房、子女入学等方面，享受中国公民同等的待遇

D. 在中国境内工作的，必须办理外国人来华工作许可证

E. 可以在中国境内申请驾照

63. 下列关于无领导小组讨论的说法，正确的有（　　）。

A. 对考官的评分技术要求低

B. 鼓励求职者自由发言

C. 可以使用两难性问题、多项选择问题作为试题

D. 在讨论过程中考官不事先指定领导者

E. 考官不参与讨论过程

64. 在高等教育投资收益估计中可能存在选择性偏差的原因有（　　）。

A. 在上大学的收益中还包括无法被计算的心理收益

B. 大学毕业生即使不上大学，也能比高中毕业就工作的人获得更多的工资性报酬

C. 高中毕业就工作的人即使上大学，其工资性报酬可能也比实际的大学毕业生更低

D. 大学毕业生如果不上大学，其工资性报酬可能会比高中毕业就工作的人更低

E. 高中毕业就工作的人如果上了大学，也能获得与大学毕业生相同的工资性报酬

65. 下列关于职称评审的说法，错误的有（　　）。

A. 专业技术人员跨单位流动后，应重新评审或认定职称

B. 不具备职称评审条件的单位，可以委托其他单位的经核准备案的职称评审委员会评审

C. 民营企业中的专业技术人员不可以参评专业技术职称

D. 符合条件的专业技术人员可以直接申报高级职称评审

E. 自由职业者不可以参评专业技术职称

66. 下列关于事业单位岗位设置的说法，正确的有（　　）。

A. 管理岗位是担负领导职责或管理任务的工作岗位

B. 事业单位可以设置特设岗位，用于聘用急需的高层次人才

C. 对专业技术岗位实行最高岗位等级控制和结构比例控制

D. 事业单位岗位分为管理岗位、专业技术岗位、工勤技能岗位三类

E. 工勤技能岗位没有最高岗位等级控制和结构比例控制

67. 下列选项中，属于组织结构权变因素的有（　　）。

A. 组织环境　　B. 组织战略

C. 地区分布　　D. 组织规模

E. 组织生命周期

68. 在其他条件一定的情况下，必然会导致劳动力需求量下降的是（　　）。

A. 工资率下降的替代效应　　B. 工资率下降的规模效应

C. 工资率上升的规模效应　　D. 工资率上升的替代效应

E. 工资率下降的收入效应

69. 下列关于组织文化制度层的说法，正确的有（　　）。

A. 它也称组织文化的外层　　B. 它制约和规范着物质层和精神层的建设

C. 它是组织文化的核心和灵魂　　D. 它是组织文化的中间层

E. 它集中体现在组织中的各种行动准则或规章制度

70. 明茨伯格认为，在决策过程的选择阶段，确定最终方案的方法一般有（　　）。

A. 在决策者经验或者知觉的基础上进行判断

B. 完全理性决策

C. 决策成员之间相互权衡

D. 有限理性决策

E. 在逻辑和系统的基础上对备选方案进行分析

71. 下列关于劳动力市场的说法，正确的有（　　）。

A. 在劳动力市场上有很多机构为劳动力供求双方的接触和联系提供方便

B. 劳动力供求双方在劳动力市场上会通过某种方式交换劳动力质量和价格信息

C. 劳动力供求双方通过劳动力市场达成协议后最终都会签订书面的正式雇佣合同

D. 在劳动力市场上通常可以看到正在招聘员工的企业

E. 在劳动力市场上通常可以看到正在通过各种方式找工作的劳动者

72. 在培训与开发效果评估中，结果评估的软指标包括（　　）。

A. 工作满意度　　B. 主动性

C. 产出　　D. 工作习惯

E. 成本

73. 组织战略执行过程中的五大要素除了信息系统外，还包括（　　）。

A. 组织结构　　B. 工作任务设计

C. 员工关系　　D. 报酬系统

E. 人员甄选、培训与开发

74. 费德勒认为情境性的因素可以分为（　　）。

A. 关系取向
B. 工作取向
C. 职权
D. 工作结构
E. 上下级关系

75. ERG 理论认为，人的核心需要有（　　）。

A. 成就需要
B. 生存需要
C. 权力需要
D. 关系需要
E. 成长需要

76. 组织发展方法中的结构技术包括（　　）。

A. 质量圈
B. 团际发展
C. 合并职能部门
D. 简化规章
E. 对工作进行再设计

77. 下列关于员工持股计划主要内容的说法，正确的有（　　）。

A. 上市公司全部有效的员工持股计划所持有的股票总数累计不得超过公司股本总额的 10%
B. 它的激励对象包括企业在册管理的离退休人员
C. 以非公开发行方式实施员工持股计划的持股期限不得低于 36 个月
D. 单个员工所获股份权益对应的股票总数累计不得超过公司股本总额的 2%
E. 每期员工持股计划的持股期限不得低于 24 个月

78. 按照组织行为学中的领导风格理论，以员工为中心的领导风格强调（　　）。

A. 督导
B. 支持
C. 民主
D. 参与
E. 产出

79. 魅力型领导的道德特征包括（　　）。

A. 遵循外在道德标准
B. 提升自己的个人愿景
C. 双向沟通
D. 从危机中思考与学习
E. 使用权力为他人服务

80. 下列关于绩效管理工具中目标管理法的说法，正确的有（　　）。

A. 它的假设之一是员工是不愿意工作的
B. 它聚焦于短期目标
C. 它较为公平
D. 它适用于企业战略在一定时期内相对稳定的企业
E. 它可能增加企业的管理成本

三、案例分析题（共 20 题，每题 2 分，由单选和多选组成。错选，本题不得分；少选，所选的每个选项得 0.5 分）

（一）

小马是一家私营企业的人力资源经理，他在努力说服总经理增加员工培训预算。但总经理谈了几个看法：一是不要把眼光仅仅放在正式培训项目上，很多培训可以通过非正式的形式来完成；二是正式的培训看起来只产生直接支出的经费，但实际上还有很多隐性支出或机会成本；三是要考虑培训的收益问题，不能光想着要培训预算；四是如果一旦接受过培训的员工离职，公司的培训支出就等于白花了，这个问题应该想办法解决好。

根据以上资料，回答下列问题：

81. 总经理在第一点中提到的非正式培训可以采取的形式包括（　　）。

A. 劳动者通过边干边学的方式积累工作经验

B. 老员工在工作中手把手地指导新员工完成工作

C. 安排员工在上班时间去旁听一场免费技术讲座

D. 老员工在工休时间以聊天的方式向其他员工传授工作技巧

82. 下列关于总经理谈到的培训中的隐性成本包括（　　）。

A. 师傅带徒弟的过程中效率降低　　B. 受训员工培训期间不能全力工作

C. 企业设备用于培训不能参与生产活动　　D. 支付的培训费用

83. 下列关于总经理在第三点中提到的培训收益的说法，正确的有（　　）。

A. 操作性技术培训的收益比其他培训的收益更高

B. 培训的收益可以在培训结束后马上测量出来

C. 培训的收益有可能在长期中才能表现出来

D. 培训的收益主要表现在员工的生产率提高方面

84. 针对总经理指出的第四个问题，为降低因员工离职造成公司培训投资损失的风险，小马可以采取的对策包括（　　）。

A. 要求员工分担部分培训成本

B. 对接受培训后业绩突出的员工提供奖励

C. 选择性价比更高的培训项目

D. 要求员工通过签订书面合同承诺在受训后继续工作一定的年限

（二）

某公司招聘面试最初的效果不理想，几个面试官对同一求职者的打分差异大，录用人员中面试得分很高的人，入职后实际工作绩效不尽如人意。

针对这种情况，公司人力资源部对面试官进行了集中培训。讲授面试技巧，帮助了解面试中可能犯的错误，提高面试水平。与此同时，还推广采用情境化结构面试。这次集中培训取得了较好的效果，在后来的面试中，面试考官通过询问情境化题目，对求职者的工作经验和能力进行了较为准确地判断，招聘的人员也更加符合职位的要求。

根据以上资料，回答下列问题：

85. 集中培训前几个面试官对同一位求职者的打分差异很大，这说明面试的(　　)低。

A. 复本信度　　B. 评价者信度

C. 重测信度　　D. 内部一致性信度

86. 该公司招聘来的人员面试得分很高但入职后实际工作绩效不尽如人意，这说明（　　)低。

A. 内容效度　　B. 构想效度　　C. 同时效度　　D. 预测效度

87. 该公司采用情境化结构面试，可选择的题目有（　　）。

A. 你的优点是什么？

B. 你过去有没有遇到过带领团队实现具有挑战性目标的情况，你是如何做的？

C. 假设你的下属对你安排的工作不太满意，你该如何处理？

D. 你为什么愿意加入我们公司？

88. 在对面试官的培训中，应告诉面试官尽量避免的错误有（　　）。

A. 提问和工作职责无关的问题

B. 对求职者进行的评价受到其前后求职者表现的影响

C. 说话过多，影响求职者作答

D. 有意制造紧张气氛以考察求职者在压力状况下的表现

（三）

某高科技公司为了留住优秀人才，计划加大培训与开发的投入，完善公司的培训与开发体系，在职业生涯管理方面，突出“事业留人”理念。为此，公司人力资源管理部门制定了职业生涯管理措施与实施方案，包括成立公司后备优才的潜能评价中心、实施工作转换、与大学联合举办高级管理人员培训项目等。

同时，公司聘请了专业测评公司对员工的职业兴趣、优势才能、职业生涯锚等进行科学测评，发现员工之间确实存在明显差异。例如，小张等员工来自技术部门和财务部门，他们期望在专业方面发展，不愿意承担一般性的管理工作，而小李等员工却喜欢管理工作，并愿意承担更大的责任，在分析能力、人际沟通能力、情商等方面的测评分数高。

人力资源管理经理根据测评结果与这些员工进行了充分交流，帮助员工制定自己的职业生涯发展计划，提供职业生涯手册，同时，为这些员工设置了有针对性的培训与开发项目，并通过多个渠道来进行效果评估，评估他们在知识、技能或态度方面是否有明显的提高或改变，重点评估他们“学到了什么”。

根据以上资料，回答下列问题：

89. 小张等员工的职业生涯锚类型是（　　）。

A. 创造型　　B. 技术/职能能力型

C. 管理能力型　　D. 自主独立型

90. 小李等员工的职业生涯锚类型是（　　）。

A. 技术/职能能力型　　B. 自主独立型

C. 管理能力型　　D. 创造型

91. 该公司所采用的方法中，属于组织层次的职业生涯管理方法的有（　　）。

A. 工作轮换　　B. 提供职业生涯咨询

C. 与大学联合举办高级管理人员培训项目　　D. 成立潜能评价中心

92. 该公司实施的培训与开发效果评估属于（　　）。

A. 结果评估　　B. 反应评估

C. 工作行为评估　　D. 学习评估

（四）

某公司是一家以承接国外订单为主要业务的机械加工企业。近年来，由于全球经济不景气，公司的国外订单锐减，与此同时，国内人工成本却在不断上升，这导致该公司的财务状况陷入困境。针对这种情况，企业高层决定，一方面通过辞退一批员工来缩减成本，另一方面着眼于未来发展，逐渐更新设备，通过更多地采用自动化生产设备减少对人工的依赖。被裁减的一部分员工一直在积极地寻找新工作，但因为经济形势不好，还没有找到新的工作，另外一部分被裁减的员工则在找工作一段时间之后变得失望，决定在家里休息一段时间，等经济好转了再出去找工作。

根据以上资料，回答下列问题：

93. 该公司员工遭遇的失业属于（　　）。

A. 摩擦性失业　　B. 季节性失业

C. 结构性失业　　D. 周期性失业

94. 该公司可以采取的有助于缓解员工遭受失业打击的做法包括（　　）。

A. 为员工提供多元化的技能培训　　B. 提高绩效工资所占比重

C. 加快劳动力市场的信息传递速度　　D. 在重新求职方面为员工提供辅导

95. 在被该公司裁减的员工中，那些虽然在找工作但却没有找到新工作单位的人属于（　　）。

A. 劳动力　　B. 失业者　　C. 非劳动力　　D. 就业者

96. 被该公司裁减的部分员工因为长时间找不到工作而决定放弃寻找工作在家休息，关于这种情况的说法，正确的是（　　）。

A. 他们的选择有助于降低当前的失业率　　B. 他们的选择有助于提高当前的劳动力参与率

C. 这是一种典型的灰心丧气的劳动者效应　D. 这是一种典型的附加的劳动者效应

（五）

自2010年起，张某在甲商贸公司工作。2017年3月，甲商贸公司分立为甲贸易公司、乙贸易公司和丙贸易公司。分立协议明确由甲贸易公司承受分立前甲商贸公司的所有劳务权利义务，并明确张某继续在甲贸易公司工作，甲贸易公司的登记地一直在江北区，张某的实际工作所在地一直在江东区，另外，张某户籍在江西区，常住地在江南区。

2018年5月7日，张某离开甲商贸公司。2018年8月7日，张某向调解组织提出书面申请，希望解决2012年2月至2017年2月之间甲商贸公司拖欠其工资问题，后因调解未果，张某就上述拖欠工资问题向劳动争议仲裁委员会申请劳动仲裁。劳动争议仲裁过程中，劳动争议仲裁委员会要求张某提供工资发放明细表、社保缴纳情况证明。

根据以上资料，回答下列问题：

97. 在张某提起的劳动争议仲裁中，被申请人应是（　　）。

A. 乙贸易公司　　B. 丙贸易公司

C. 甲贸易公司、乙贸易公司或丙贸易公司　D. 甲贸易公司

98. 张某可以向（　　）劳动争议仲裁委员会申请劳动争议仲裁。

A. 江东区　　B. 江南区　　C. 江西区　　D. 江北区

99. 在张某提起的仲裁程序中，举证责任分配正确的是（　　）。

A. 工资发放明细表、社保费缴纳情况证明均由张某提供

B. 工资发放明细表由公司提供，社保费缴纳情况证明由张某提供

C. 工资发放明细表由张某提供，社保费缴纳情况证明由公司提供

D. 工资发放明细表和社保费缴纳情况证明都应由公司提供

100. 下列情形中，人民法院应当认定仲裁时效中断的有（　　）。

A. 张某向调解组织书面申请调解其工资争议的行为

B. 甲商贸公司分裂为三家公司的行为

C. 张某申请劳动争议仲裁的行为

D. 张某离开甲商贸公司的行为

参考答案及解析

一、单项选择题

1. C【解析】在中国境内就业的外国人应当参照规定参加我国的社会保险。具有与我国签订社会保险缴费双边或多边协议国家国籍的就业人员，在其依法获得在我国境内就业证件3个月内提供协议国出具参保证明的，应按协议规定免除其规定险种在规定期限内的缴费义务。

2. B【解析】职业生涯通道，也称职业生涯路线或职业生涯道路，是指个体在职业生涯过程中所经历的一系列岗位和层级所形成的链条，是个体一生的职业生涯轨迹。典型的职业生涯通道包括以下三种类型：①横向通道，即员工在同一个管理层级或同一个技术、技能等级上不同岗位或不同工种之间的变动路径；②纵向通道，即员工在不同管理层级、技术等级、技能等级上下之间的变动路径；③双通道，即员工同时承担管理工作和技术工作，俗称“双肩挑”，主要是为组织中技术人员或专业人员设计的，也是组织培养高层管理人员的主要方式之一。

3. B【解析】有效绩效管理的特征包括：①敏感性（明确区分高效率员工和低效率员工）；②可靠性（不同评价者对同一个员工所做的评价基本相同）；③准确性（把工作标准和组织目标联系起来确定绩效的好坏）；④可接受性（组织上下对绩效工作共同支持）；⑤实用性（成本小于收益）。

4. D【解析】长期失业率是指失业时间满1年以及超过1年以上的失业者在劳动力总人口中所占的比例。

5. C【解析】劳动力市场是进行劳动力交易的一种要素市场。

6. B【解析】无雇工的个体工商户、未在用人单位参加基本养老保险的非全日制从业人员以及其他灵活就业人员可以参加基本养老保险，由个人缴纳基本养老保险费，选项B错误。

7. D【解析】职能制的缺点包括：①狭隘的职能观念，即不是把组织的任务看作一个整体；②横向协调差，即职能部门之间协调困难；③适应性差；④企业领导负担重；⑤不利于培养具有全面素质、能够经营整个企业的管理人才。

8. B【解析】工作取向和关系取向两个维度相结合的四种领导风格包括：①指导式：高工作—低关系，领导规定工作任务、角色职责，指示员工做什么，如何做。②推销式：高工作—高关系，领导不仅表现出指导行为，而且富于支持行为。③参与式：低工作—高关系，领导与下属共同决策，领导提供便利条件和沟通。④授权式：低工作—低关系，领导提供较少的指导或支持，让下级自主决定。

9. A【解析】职位评价方法的分类如下：

比较基础	比较范围	
	定量方法	定性方法
直接职位比较法	因素比较法	排序法
职位尺度比较法	要素计点法	分类法

10. A【解析】不同产业部门间的工资差别形成的原因主要包括：①熟练劳动力所占的比重；②技术经济的特点；③发展阶段；④工会化程度；⑤地理位置。

11. A【解析】社会保险法律适用的基本规则包括：①上位法的效力高于下位法（《中华人民共和国宪法》具有最高的法律效力）；②同位法中特别规定与一般规定不一致时，适用特别规定；③同位法中新的规定与旧的规定不一致时，适用新的规定；④原则上不溯及既往（特殊规定除外）。

12. D【解析】企业现状及未来战略目标是制定薪酬政策、进行薪酬决策的重要前提条件。只有明确了企业现状及未来战略目标才能确定适合本企业的薪酬水平，才能建立具有内部公平性和外部竞争性的薪酬体系结构。并不是奖励性薪酬在薪酬体系中所占的比重越高越好。选项D错误。

13. D【解析】在工程技术领域生产一线岗位，从事技术技能工作，具有高超技艺和精湛技能，能够进行创造性劳动，并作出贡献的技能劳动者，符合国家规定的工程技术人才职称评价基本标准条件，遵守单位规章制度和生产操作规程，具有高级工以上职业资格或职业技能等级，在现工作岗位上近3年年度考核合格，突出高技能人才工作特点，坚持把职业道德放在评审的首位，要以职业能力和工作业绩评定为重点，改变唯身份、唯论文等倾向，向高技能领军人才倾斜，对作出突出贡献的高技能人才可破格申报专业技术职称评审。

14. B【解析】绩效管理侧重于信息的沟通和绩效的提高，选项A错误。绩效管理是一个完整的管理过程，而绩效考核只是绩效管理中的一个环节，选项C错误。绩效管理有助于建设和谐的组织文化，选项D错误。

15. B【解析】一般企业高管人员与一般职工的认购比例不宜拉得太大，原则上控制在4∶1的范围之内，选项A错误。员工持股占企业总股本的比例，一般不宜超过20%，选项C错误。应该把员工持股严格限定在本企业正式聘用的员工范围以内，选项D错误。

16. A【解析】竞争战略又称经营战略，主要回答如何进行竞争的问题，其主要目的在于解决竞争手段的问题，即一个组织将依据何种标准或差别化的特征进行竞争，是成本、质量、可靠性还是产品或服务的提供。

17. D【解析】工作取向和关系取向两个维度相结合的四种领导风格包括：①指导式：高工作—低关系。②推销式：高工作—高关系。③参与式：低工作—高关系。④授权式：低工作—低关系。

18. A【解析】实际工资是指货币工资所能购买到的商品和服务量。它可用来说明货币工资的购买能力。其公式为：实际工资＝货币工资/物价指数。选项A错误。

19. A【解析】如果一个人对他最不喜欢的工作伙伴也用肯定性的形容词去描绘，说明他乐于和同事形成良好的人际关系，属于关系取向型的。

20. C【解析】劳动力市场的非均衡及其影响因素包括：①劳动力需求方遇到的摩擦力（企业并非必须支付市场通行工资率；企业并非可以自由调整雇佣量）。②劳动力供给方遇到的摩擦力（劳动者并非可以零成本自由流动；劳动者对工资率的反应并非极其敏感）。

21. B【解析】人员替换分析法的主要做法是针对组织内部的某个或某些特定的职位，确定能够在未来承担该职位工作的合格候选人。

22. A【解析】股票期权的激励对象包括上市公司的董事、高级管理人员、核心技术人员或者核心业务人员，以及公司认为应当激励的其他员工，但不应当包括独立董事和监事。外籍员工任职上市公司董事、高级管理人员、核心技术人员或核心业务人员的，可以成为激励对象。单独或合计持股5%以上的股东或实际控制人及其配偶、父母、子女，不得成为激励对象。

23. B【解析】非正式的申诉处理主要是依靠第三方调解实现的，主要依靠训练有素的中立的第三方，协调处理申诉双方当事人的意见分歧，以解决有关问题。选项A错误。员工申诉的主要作用是处理员工工作过程中产生的不满的情绪，员工申诉范围一般限于与工作有关的问题，与工作无关的问题，通常排除在外（如员工的家庭问题、私人问题），虽然这些问题可能间接影响到工作绩效，但这并不是申诉制度应该或能够处理的问题。选项C错误。员工申诉的正式处理流程一般包括四个阶段：①向申诉受理人提交员工申诉表，应写明申诉缘由，并尽量列举可靠的依据；②申诉受理；③查明事实；④解决问题。选项D错误。

24. B【解析】工资率变动对劳动力需求数量产生的替代效应是指工资率的变动会通过作用于企业愿意使用的资本和劳动力相对投入比例，从而影响到劳动力需求数量。资本价格上升，导致企业用劳动力替代资本，从而导致劳动力需求上升，选项B正确。

25. C【解析】企业减少劳动力过剩的方法如下：

方法	速度	员工受伤害的程度
裁员	快	高
降薪	快	高
降级	快	高
职位调动	快	中等
职位分享	快	中等
冻结雇佣	慢	低
自然减员	慢	低
提前退休	慢	低
重新培训	慢	低

故选项C正确。

26. A【解析】劳动力需求弹性（η）＝劳动力需求量变动/工资率变动×100%，主要包括三种类型：①需求富有弹性：$|\eta|>1$，工资率上升1%所引起的劳动力需求量下降的幅度大于1%。②需求缺乏弹性：$|\eta|<1$，工资率上升1%所引起的劳动力需求量下降的幅度小于1%。③单位弹性：$|\eta|=1$，工资率上升1%引起劳动力需求量下降的幅度等于1%。

27. B【解析】当劳动力市场处于宽松状态（供大于求）时，已经就业的劳动者的流动动机显然会受到削弱，选项B错误。

28. C【解析】现职和不担任现职但未办理退（离）休手续的党政领导干部不得在企业兼职（任职），选项A错误。按规定，经批准在企业兼职的党政领导干部，不得在企业领取薪酬、奖金、津贴等报酬，不得获取股权和其他额外利益，选项B错误。对辞去公职或者退（离）休的党政领导干部到企业兼职（任职）必须从严掌握、从严把关，确因工作需要到企业兼职（任职）的，应当按照干部管理权限规定严格审批，选项D错误。

29. B【解析】劳动力流动应该有个合理的限度。劳动力过度流动同劳动力流动不足一样，都会产生不好的效果。这是因为流动是有代价的，在追求利益的过程中同时也要付出成本，这一点正如其他类人力资本投资一样。自愿离职的员工不仅要放弃已积累的资历、工作等级的提升机会，而且还要放弃已经培养起来的较为亲密的同事关系等。在新的工作中，他要从低等级工作开始干起，努力去建立新的同事关系，因为没有资历，从而缺乏职业安全感。选项 B 错误。

30. D【解析】俱乐部型组织非常重视适应、忠诚感和承诺。

31. B【解析】豪斯的路径—目标理论的四种领导行为包括：①指导式领导，让员工明确别人对他的期望、成功绩效的标准和工作程序；②支持型领导，努力建立舒适的工作环境，亲切友善，关心下属的要求；③参与式领导，主动征求并采纳下属的意见；④成就取向式领导，设定挑战性目标，鼓励下属展现自己的最佳水平。

32. D【解析】绩效辅导指的是在掌握了下属工作绩效的前提下，为提高员工绩效水平和自我效能感而进行的一系列活动，选项 A 错误。绩效监控是绩效辅导的基础，选项 B 错误。绩效监控是在绩效考核期间内管理者为掌握下属的工作绩效情况进行的一系列活动，选项 C 错误。

33. D【解析】晕轮效应是指因对被评价者的某一特质的强烈而清晰的感知，而掩盖了该人其他方面的品质。

34. C【解析】组织发展的概念注重的是人性与民主因素，至于权力控制、冲突、压力等观念，则被相对排斥在外，选项 C 错误。

35. A【解析】知识型团队的绩效考核应综合下列四个角度的指标进行：①效益型指标（可以直接用来判断知识型团队的工作产出成果，即团队的产出满足客户需求的程度）；②效率型指标（知识型团队为获得效益指标所付出的成本和投入产出的比例）；③递延型指标（团队的工作过程和工作结果对客户、投资者、团队成员的长远影响）；④风险型指标（判断不确定性风险的数量和对团队及其成员的危害程度的指标）。

36. C【解析】达到效用最大化的高等教育投资年限是在边际收益等于边际成本的那个点取得的，即边际成本等于边际收益，选项 C 正确。

37. D【解析】当事人提出管辖异议，应在答辩期满前书面提出。

38. B【解析】为适应人才需求的不确定性，企业应小规模、多批次地培养人才，选项 A 错误。人才不仅仅是指组织中最优秀的、已经表现出卓越绩效的少数员工，还包括那些构成员工队伍大多数的、有能力且绩效稳定的员工，选项 C、D 错误。

39. C【解析】为了进行创新创业激励，应进行科技成果转化激励、科技项目基金管理和科技管理权限下放。科技项目资金管理包括：①下放预算调剂权限，简化预算编制科目；②提高间接费用比重（选项 C 错误）；③劳务费开支不设比例限制，项目聘用人员的劳务费开支标准，参照当地科学研究和技术服务业从业人员平均工资水平，根据其在项目研究中承担的工作任务情况确定，其社会保险补助纳入劳务费科目列支；④结转结余资金留用处理。

40. B【解析】在经济衰退时期更容易看到自上而下的职业流动，选项 B 错误。（“职业流动”在新教材中修改为“跨职业流动”）

41. A【解析】高估偏差，也称能力偏差，即经济学家们很可能会过高地估计一个人能够从教育投资中所能获得的收益。虽然大学毕业生的工资性报酬通常会比高中毕业生高出一部分，但这并非完全是高等教育的作用，因为假如这些大学毕业生没有上大学，由于他们的能力本来就更强，即使他们高中毕业后也去参加工作获得的工资性报酬也会比那些实际上没上过大学的人更高。

42. B【解析】根据霍兰德职业兴趣测试的理论，企业型的特点是冒险、乐观、自信、精力充沛、有野心、喜欢担任有领导责任的工作，看重政治和经济方面的成就，喜欢追求财富、权力和地位，喜欢与人争辩，喜欢说服别人接受自己的观点，适合担任企业领导或行政管理人员。

43. B【解析】工资歧视是指雇主针对既定的生产率特征支付的价格因劳动者所属的人口群体不同而呈现系统性的差别。例如，雇主支付给女性员工的工资要低于在相同条件下工作，且从事同种职业、具有相同工作经验的男性员工的工资，这就是对不同性别的劳动者实施的工资歧视。

44. B【解析】出于内源性动机的员工看重的是工作本身，如寻求挑战性工作，获得为工作和组织多做贡献的机会以及充分实现个人潜力的机会；而出于外源性动机的员工更看重工作所带来的报偿，如工资、奖金、表扬、社会地位等。

45. B【解析】MBTI 人格类型测试从四个两极性的维度（外倾—内倾、感觉—直觉、理性—情感、判断—感知）对人的行为风格进行测试，其分别反映了一个人注意力的集中方向（外部世界还是内部世界）、获取信息的方式（通过感觉和经验，还是通过想象和抽象性思维）、处理信息和做出决策的方式（主要依赖逻辑关系，还是事务对自己和他人的价值和重要性）、通常表现出来的对待外界的方式（是判断性的、有计划的、有目的的，还是灵活的、好奇的、容易冲动的、适应性强的）。

46. D【解析】乔治·格雷恩及其同事提出领导—成员交换理论，该理论的观点包括：①团体中领导者与下属在确立关系和角色的早期，就把下属分为"圈里人"和"圈外人"；②对于同一个领导者而言，属于"圈里人"的下属与领导打交道时，比"圈外人"困难少，能够感觉到领导者对他们的关心；③领导者倾向于对"圈里人"比"圈外人"投入更多的时间、感情，很少采用正式的领导权威；④"圈里人"比"圈外人"拥有更高的工作责任感，对于其所在部门贡献更多，评估的绩效更高；⑤领导和下属的交换过程是一个互惠的过程，领导者为了达成绩效目标和更持久的变化，应该着手改变下属的自我概念，同时，下属通过他们的反应也在改变领导者的自我图式（选项 D 错误）；⑥领导者和下属两者都作为个体，通过团体进行反馈。（"领导者"在新教材中修改为"领导"）

47. C【解析】知识测试就是我们通常所说的考试，考察的是一个人在特定领域掌握的知识的广度和深度。

48. D【解析】劳务派遣是指劳务派遣单位与被派遣劳动者建立劳动关系后，将该劳动者派遣到用工单位从事劳动的一种特殊用工形式。在这种特殊用工形式下，劳务派遣单位与劳动者建立劳动关系，但是不使用劳动者，即不直接管理和指挥劳动者从事劳动；而用工单位直接管理和指挥劳动者，但是与劳动者之间没有建立劳动关系。选项 D 错误。

49. A【解析】德尔菲法不进行集体讨论，匿名进行，使专家做出独立判断，避免了从众行为和开会的麻烦，选项 B 错误。趋势预测法是根据一个组织的雇佣水平在最近若干年的总体变化趋势，来预测组织在未来某一时期的人力资源需求数量的方法，其适用条件为，必须确保组织的经营环境及重要技术确实是稳定的，选项 C 错误。经验判断法是一种最简单的人力资源需求预测方法，适合短期预测，以及那些规模较小或经营环境稳定、人员流动率不是很高的企业，并不应避免使用该方法，而是在适合的时候使用该方法，选项 D 错误。

50. A【解析】我国劳动关系调整的原则主要包括：①劳动关系主体权利义务统一的原则；②保护劳动关系主体权益的原则；③以劳动关系双方自主协调为基础的原则；④促进经济发展和社会进步的原则。

51. D【解析】追求成本领先战略的组织都非常重视效率，尤其是对操作水平的要求很高，其目标是用较低的成本去做较多的事情。

52. A【解析】西蒙的决策过程包括：①智力活动，对环境进行分析，确定决策的情境；②设计活动，探索、发展和分析可能发生的行为系列；③选择活动，在上一步可能的行为系列中选择一个行为。

53. A【解析】内容效度是指一项测试的内容与测试所要达到的目标之间的相关程度，即一项测试的内容能够代表它所要测量的主题或特质的程度。一项测试要想具有较好的内容效度，通常必须满足两个条件：①要确定好想要测试的内容的范围，并且使测试中的全部项目均在此范围之内；②测试中的项目应当是已经界定好的内容范围中具有代表性的样本。根据题干可知，该测试的内容效度比较低。

54. A【解析】技术技能是一个人对于某种类型的程序或者技术掌握的能力，对于操作人员和专业人员，技术技能是工作绩效的主要依据。

55. C【解析】专业技术人员参加继续教育的时间，每年累计应不少于90学时，其中，专业科目一般不少于总学时的2/3，选项A、D错误。专业技术人员继续教育内容包括公需科目（应当普遍掌握的法律法规、理论政策、职业道德、技术信息等基本知识）和专业科目（从事专业工作应当掌握的新理论、新知识、新技术、新方法等专业知识），选项B错误。

56. D【解析】管理层次，也称组织层次，是指从组织最高一级管理组织到最低一级管理组织的各个组织等级。每一个组织等级就是一个管理层次。一个组织的管理层次的多少，表明其组织结构的纵向复杂程度。管理层次和管理幅度相互制约，其中管理幅度起主导作用。选项D错误。

57. B【解析】裁员的原因包括：①降低成本；②人员需求减少；③经营地点改变。

58. A【解析】参与管理符合双因素理论的主张，即提高工作本身的激励作用，给与员工成长、承担责任和参与决策的机会。从ERG理论看，参与管理有助于满足员工对责任、成就感、认同感、成长以及自尊的需要。越是居于高位的管理人员，越不容易接受参与管理的理念。选项A错误。

59. D【解析】保健因素包括组织政策、监督方式、人际关系、工作环境和工资等因素。

60. C【解析】高等教育本身并没有导致生产率的提高，但是它却表明了一个受过高等教育的人是一个具有较高生产率的人，即高等教育只不过是一种高生产率的信号而已，它表明，能够完成高等教育的人通常是生产率较高的人。

二、多项选择题

61. AB【解析】人力资源服务机构包括公共人力资源服务机构和经营性人力资源服务机构。

62. ABCE【解析】永久居留的外国人在中国境内工作免办外国人工作许可，选项D错误。

63. BCDE【解析】无领导小组讨论存在的问题之一是对评价者的评分技术要求较高，选项A错误。

64. CD【解析】一个在从事高知识技能工作方面有优势的人，可能在从事低技能工作方面反而能力不足。换言之，上大学的人之所以选择上大学，是因为他们“不得不”去上大学，因为如果他们不上大学，而是在高中毕业之后就去工作的话，他们所得到的工资性报酬可能还不如那些实际上没有上大学的高中毕业生。反过来说，那些实际上没有上大学的人做出不上大学的选择也是很明智的，因为他们即使是上了大学，所获得终身工资性报酬也不大可能像实际上大学的那些人那样多。选项C、D正确。

65. CE【解析】非公有制经济组织（包括民营企业）的专业技术人才申报职称评审，可以由所在工作单位或者人事代理机构等履行审核、公示、推荐等程序，选项 C 错误。自由职业者申报职称评审，可以由人事代理机构等履行审核、公示、推荐等程序，选项 E 错误。

66. ABCD【解析】工勤技能岗位的最高等级和结构比例按照岗位等级规范、技能水平和工作需要确定，选项 E 错误。

67. ABDE【解析】组织结构设计的参数包括特征因素和权变因素这两个类别。特征因素包括十个方面，即管理层次和管理幅度、专业化程度、地区分布、分工形式、关键职能、集权程度、规范化程度、制度化程度、职业化程度、人员结构。权变因素包括组织环境、组织战略、组织技术、人员素质、组织规模、组织生命周期等。

68. CD【解析】规模效应：工资率变动首先通过直接作用于生产规模或产出规模，从而进一步影响劳动力需求量的作用过程及其结果。工资率变动所产生的规模效应见下表：

工资率变动	劳动力成本	生产规模	劳动力需求量
上升	提高	缩小	减少
下降	降低	扩大	增加

替代效应：工资率变动通过影响资本和劳动力之间的相对投入比例而对劳动力需求量产生影响的作用过程及结果。工资率变动所产生的替代效应见下表：

工资率变动	劳动力成本	资本	劳动力需求量
上升	提高	变得相对便宜，增加资本使用	减少
下降	降低	变得相对昂贵，减少资本使用	增加

由上述两个表格可知，工资率上升的替代效应和规模效应都使劳动力需求减少，选项 C、D 正确。

69. BDE【解析】组织文化的外层是物质层，选项 A 错误。组织文化的核心和灵魂是组织文化的精神层，选项 C 错误。

70. ACE【解析】明茨伯格的决策过程的选择阶段确定最终方案的三种方法包括：①在决策者经验或者知觉的基础上进行判断；②在逻辑和系统的基础上对备选方案进行分析；③决策成员之间相互权衡。

71. ABDE【解析】劳动供求双方一旦达成协议，就会签订某种形式的雇佣合同，这种合同是书面形式的，有些也可能仅仅是双方的一种默契，选项 C 错误。

72. ABD【解析】结果评估中软指标包括工作习惯、工作满意度、主动性、顾客服务等。

73. ABDE【解析】组织的战略是否能够得到成功的执行取决于工作任务设计，组织结构，报酬系统，人员甄选、培训与开发，信息系统。

74. CDE【解析】费德勒认为情境性的因素可以分为三个维度：①领导与下属的关系，主要指的是下属对领导者信任、信赖和尊重的程度；②工作结构，主要指的是工作程序化、规范化的程度；③职权，主要指的是领导者在甄选、培训、激励、处分等人事工作方面有多大的影响力和权力。

75. BDE【解析】ERG 理论认为，人的核心需要包括生存需要、成长需要和关系需要三种。

76. CDE【解析】结构技术是通过有计划地改革组织的结构，改变其复杂性、规范性和集权度的技术，是影响工作内容和员工关系的技术。结构技术方法包括：合并职能部门，减少垂直分化度，简化规章，扩大员工的工作自主性；工作再设计，使工作更具挑战性、趣味性。

77. ABC【解析】单个员工所获股份权益对应的股票总数累计不得超过公司股本总额的1%，选项D错误。每期员工持股计划的持股期限不得低于12个月，选项E错误。

78. BCD【解析】以员工为中心的领导风格强调民主、关怀、人际关系、支持、参与。

79. CDE【解析】魅力型领导者的道德特征包括：①使用权力为他人服务；②使追随者的需要和志向与愿景相结合；③从危机中思考和学习；④激励下属独立思考；⑤双向沟通；⑥培训、发展并且支持下属，与他人分享；⑦用内在道德标准行事。（“领导者”在新教材中修改为“领导”；第②项在新教材中修改为：使下属的需要和志向与愿景相结合）

80. BCDE【解析】目标管理法的假设之一是认为员工是乐于工作的，选项A错误。

三、案例分析题

（一）

81. AD【解析】边干边学和工休时间以聊天的方式向其他员工传授工作技巧，属于非正式的培训。

82. ABC【解析】隐性成本也可以理解为机会成本，包括：①受训者参加培训的机会成本；②利用机器或有经验的职工从事培训活动的机会成本。选项D属于直接成本。

83. CD【解析】在职培训的收益主要表现在受训者生产率的提高上。然而这种收益有时是比较明显的，如各种操作性技术培训。而有些则要经过一段时间才能表现出来，这主要表现在一些技术操作性不太强的培训，如机械工作原理的培训、文化培训等。这些培训计划的结果在短期内往往不太明显，但受训者的生产率还是可以通过工作思路的开阔、思维能力的增强而逐步得到提高。

84. AD【解析】在企业的各种在职培训活动中，普遍运用先分摊成本再共享收益的双赢方式，选项A正确。约定培训服务期，是降低培训风险的最主要的方法之一，选项D正确。

（二）

85. B【解析】在一些测试中，不同的观察者、研究者或评价者对于被测试者表现出的同样的行为或者问题的回答可能会得出不一样的判断和评价，这是因为评价者本身的阅历、看问题的视角甚至个人偏好都会影响他们的评价结果。这种情况在情景模拟测试、投射测验、面试、无领导小组讨论等需要由专家或评价者来打分的时候，都有可能出现。此外，在对员工进行绩效考核时，也同样可能会出现不同的评价者给出不同的评价结果的现象。而评价者信度是指不同评价者在使用同一种测试工具时所给出的分数之间的一致性程度。

86. D【解析】预测效度考察的是员工被雇用之前的测试分数与其被雇用之后的实际工作绩效之间是否存在实证性联系。

87. BC【解析】情境化结构面试实际上属于结构化面试的一种，但是这种面试又有其特定内涵。即在这种面试中，被面试者需要回答的问题并不是一些抽象的或者与未来的实际工作联系不那么紧密的问题，而是他们将来在实际工作中很可能会遇到的工作环境以及非常具体的工作任务、工作问题或难题。情境化结构面试的题目可以划分为两类：一类是以过去的经验为依据，它要求被面试者回答他们在过去的工作中遇到的某种情形，以及他们当时是如何处理的；另一类则是未来导向型的，它要求被面试者回答，将来一旦遇到某种假设的情形，他们将会采取怎样的处理措施。

88. ABC【解析】有意制造紧张气氛以考察求职者在压力状况下的表现，是压力测试，不是面试官应避免的错误，选项 D 错误。

(三)

89. B【解析】技术/职能能力型的特点是：拒绝一般性管理工作，但愿意在其技术/职能领域管理他人。根据案例中“期望在专业方面发展，不愿意承担一般性的管理工作”可知，小张等员工的职业生涯锚类型是技术/职能能力型。

90. C【解析】管理能力型的特点是：追求一般性管理工作，且责任越大越好；有强烈的升迁动机，以提升等级和收入作为衡量成功的标准；具有分析能力、人际沟通能力和情绪控制能力的强强组合特点；对组织有极大的依赖性。根据案例中“喜欢管理工作，并愿意承担更大的责任，在分析能力、人际沟通能力、情商等方面的测评分数高”可知，小李等员工的职业生涯锚类型是管理能力型。

91. ACD【解析】组织层次的职业生涯管理方法包括：①提供职业生涯信息；②成立潜能评价中心；③实施培训与发展项目（包括工作轮换）。选项 B 属于个人层次的职业生涯管理方法。

92. D【解析】学习评估是评估受训人员“学到了什么”，受训人在参加培训与开发结束后，在知识、技能或态度方面是否有了提高或改变，这是学习评估的主要内容。根据案例中“评估他们在知识、技能或态度方面是否有明显的提高或改变，重点评估他们‘学到了什么’”可知，选项 D 正确。

(四)

93. CD【解析】根据案例中“近年来，由于全球经济不景气，公司的国外订单锐减，与此同时，国内人工成本却在不断上升”，可以判断这属于周期性失业；根据案例中“着眼于未来发展，逐渐更新设备，通过更多地采用自动化生产设备减少对人工的依赖”，可以判断这属于结构性失业。

94. ACD【解析】本企业的失业类型是结构性失业与周期性失业，因为周期性失业是经济大环境所造成的，经济波动不能克服，企业也没有解决办法，因此只需要考虑缓解结构性失业的办法。一般主张采取下列措施以缓和结构性失业：①加强劳动力市场的情报工作，使求职人员及时了解劳动力市场的供求情况；②由政府提供资金，向愿意从劳动力过剩地区迁到劳动力短缺地区的失业工人提供安置费；③制订各种培训计划，使工人的知识更新与技术发展同步，以适应新职业的需要；④提供更好的职业指导和职业供求预测。

95. AB【解析】找工作但却没有找到新工作单位的人属于失业者，劳动力包括失业者和就业者。

96. AC【解析】灰心丧气的劳动者效应是指在衰退时期，一些本来可以寻找工作的劳动者由于对在某一可行的工资率水平下找到工作变得非常悲观，因而停止寻找工作，临时成为非劳动力参与者的情况。劳动者在失业后退出劳动力市场，失业人数就会减少，失业人数减少时，相对劳动力总数来说，失业人口所占比例就会减小，从而导致失业率下降。

(五)

97. D【解析】《劳动合同法》第三十四条规定，“用人单位发生合并或者分立等情况，原劳动合同继续有效，劳动合同由承继其权利义务的用人单位继续履行”。根据《中华人民共和国民法总则》的规定，企业法人分立的，其权利和义务由分立后的法人享有连带债权，承担连带债务，但是债权人和债务人另有约定的除外。（《中华人民共和国民法总则》在新教材中修改为《中华人民共和国民法典》）

98. AD【解析】申请人可以选择向劳动合同履行地或者用人单位所在地的劳动人事争议仲裁委

员会中的任何一个劳动人事争议仲裁委员会提起仲裁申请。

99. D【**解析**】发生劳动争议，当事人对自己提出的主张，有责任提供证据。但用人单位作为用工主体方掌握和管理着劳动者的档案、工资发放、社会保险费的缴纳、劳动保护提供等情况和材料，劳动者一般无法取得和提供，因此对用人单位提供证据又作出了特别规定。与争议事项有关的证据属于用人单位掌握管理的，用人单位应当提供。

100. AC【**解析**】在争议申请仲裁的时效期间，有下列情形之一的，仲裁时效中断。从中断时起，仲裁时效期间重新计算：①一方当事人通过协商、申请调解等方式向对方当事人主张权利；②一方当事人通过有关部门投诉，向仲裁委员会申请仲裁，向人民法院起诉或者申请支付令等方式请求权利救济的；③对方当事人同意履行义务的。

环球网校
只做职教 | www.hqwx.com

全国经济专业技术
资格考试辅导用书

克|题|制|胜 2

人力资源管理专业知识与实务（中级）历年真题及考前预测卷

全国经济专业技术资格考试辅导用书编写组◇组编

立信会计出版社
LIXIN ACCOUNTING PUBLISHING HOUSE

图书在版编目(CIP)数据

人力资源管理专业知识与实务(中级)历年真题及考前预测卷 / 全国经济专业技术资格考试辅导用书编写组组编. —上海 :立信会计出版社，2024.3

全国经济专业技术资格考试辅导用书

ISBN 978 - 7 - 5429 - 7457 - 0

Ⅰ.①人… Ⅱ.①全… Ⅲ.①人力资源管理—资格考试—习题集Ⅳ.①F243 - 44

中国国家版本馆 CIP 数据核字(2024)第 057416 号

责任编辑　蔡伟莉
助理编辑　胡蒙娜

人力资源管理专业知识与实务(中级)历年真题及考前预测卷

Renli Ziyuan Guanli Zhuanye Zhishi yu Shiwu(Zhongji) Linian Zhenti ji Kaoqian Yucejuan

出版发行	立信会计出版社		
地　　址	上海市中山西路 2230 号	邮政编码	200235
电　　话	(021)64411389	传　　真	(021)64411325
网　　址	www.lixinaph.com	电子邮箱	lixinaph2019@126.com
网上书店	http://lixin.jd.com		http://lxkjcbs.tmall.com
经　　销	各地新华书店		
印　　刷	三河市文阁印刷有限公司		
开　　本	787 毫米×1092 毫米	1 / 16	
印　　张	11.5		
字　　数	302 千字		
版　　次	2024 年 3 月第 1 版		
印　　次	2024 年 3 月第 1 次		
书　　号	ISBN 978 - 7 - 5429 - 7457 - 0/F		
定　　价	40.00 元(含配套资料)		

如有印订差错，请与本社联系调换

前言

全国经济专业技术资格考试实行全国统一考试制度，全国统一组织、统一大纲、统一命题、统一评分标准。参加考试且成绩合格者，即可获得相应级别的专业技术资格，并由各省、自治区、直辖市人事（职改）部门颁发人力资源和社会保障部统一印制并用印的“经济专业技术资格证书”，该证书在全国范围内有效。全国经济专业技术资格考试设置两个级别：经济专业初级资格和经济专业中级资格。每个级别的考试均设两个科目，分别为经济基础知识和专业知识与实务，全部实行机考。其中，经济基础知识试卷题型为单项选择题和多项选择题，专业知识与实务试卷题型为单项选择题、多项选择题和案例分析题。

为促进经济专业技术人员不断提高业务知识和能力，满足广大考生和各地人事（职改）管理机构的需求，帮助广大考生熟悉考试题型，掌握命题规律，把握解题技巧，顺利通过全国经济专业技术资格考试，我们组织了一批长期从事经济专业技术资格考试教学研究、具有深厚理论功底及实务操作经验的专家和老师，依据最新发布的《全国经济专业技术资格考试大纲》，精心组织编写了本套全国经济专业技术资格考试辅导用书“历年真题及考前预测卷”。本套考试辅导用书内容构成如下。

历年真题 本书收录了4套近年中级经济专业技术资格考试真题或汇编。考生通过做真题试卷不仅可以检验自己现有的知识水平，查漏补缺，还可以通过对真题试卷的研读，总结出各科目的命题规律，提炼出各科目的重难点、高频考点及热点，更深刻地理解考试大纲的要求，从而有针对性地进行复习，达到事半功倍的学习效果。

考前预测卷 编写组专家认真研究历年考试真题，综合分析最新考试信息，结合最新考试动态，精心编写了4套中级经济专业技术资格考试考前预测卷。试卷内容涵盖了近几年考试涉及的所有考点，预测了考试命题趋势，具有较强的实战模拟性质。通过考前预测卷的训练，考生可以更加直观地把握考试动向，明确考试重点，从而保证复习备考的针对性与高效性。

参考答案及解析 编写组专家对每套试题的答案及解析都作了反复推敲，确保答案精准无误，解析透彻全面。详尽的答案和解析不仅为考生提供了清晰的答题思路，更有助于考生进行全面的复习备考。

本套考试辅导用书集权威性与时效性、针对性与实用性于一体，不仅充分展现了经济专业技术资格考试独有的特色，而且对考生快速提高应试能力有很大的帮助与促进作用。

虽然编者努力精益求精，但由于水平和时间有限，书中可能仍存在疏漏与不足之处，敬请广大考生和读者斧正。最后，预祝广大考生顺利通过考试，轻松取得中级经济专业技术资格证书！

全国经济专业技术资格考试辅导用书编写组

目　录

第一部分　历年真题

➢ 周周刷题精讲

第二部分　考前预测

➢ 周周刷题精讲

《人力资源管理专业知识与实务》(中级)
考前预测卷（一）

（考试时间 90 分钟　满分 140 分）

一、单项选择题（共 60 题，每题 1 分。每题的备选项中，只有 1 个最符合题意）

1. 根据马斯洛的需要层次理论，下列需要层次中，主要靠内部条件或因素来满足的需要层次是（　　）。

A. 生理需要　　B. 安全需要

C. 归属需要　　D. 尊重需要

2. 关于奥尔德弗提出的 ERG 理论的说法，错误的是（　　）。

A. “关系需要”对应马斯洛需要理论中的部分“安全需要”、全部“归属和爱的需要”以及部分“尊重需要”

B. 各种需要可以同时具有激励作用

C. 如果较高层次的需要不能得到满足，那么满足低层次需要的欲望一定会减弱

D. 不同文化下各种需要的顺序可能会发生改变

3. 关于目标管理的说法，正确的是（　　）。

A. 目标管理强调应通过群体共同参与的方式，制定具体、可行且能客观衡量的目标

B. 实施目标管理时，必须自下而上地设定目标

C. 完整的目标管理包括目标具体化和参与决策两个要素

D. 目标管理的实施效果总能符合管理者的期望

4. 关于魅力型领导理论的说法，错误的是（　　）。

A. 魅力型领导可以促使下属产生高于期望的绩效以及强烈的归属感

B. 当追随者的自我意识和自我管理水平较高时，魅力型领导的效果会得到进一步的强化

C. 魅力是一种特质，具有这种特质的人在各种情境下都能表现出魅力型领导风格

D. 魅力型领导具有非道德特征

5. 根据吉伯的观点，领导的重要特质不包含（　　）。

A. 良好的调适能力　　B. 自信

C. 勇于实践　　D. 外向

6. 根据豪斯的路径—目标理论，让员工明确他人对自己的期望、成功绩效的标准和工作程序的领导称为（　　）。

A. 支持型领导　　B. 参与式领导

C. 指导式领导　　D. 成就取向式领导

7. 根据领导的生命周期理论，当下属具有“低工作—高关系”的特点时，适宜的领导风格是（　　）。

A. 指导式　　B. 推销式

C. 参与式　　D. 授权式

8. 在领导的技能当中，按照模型、框架和关系进行思考的能力称为（　　）。

A. 知识技能　　B. 技术技能

C. 概念技能　　D. 人际技能

9. 关于有限理性模型的说法，错误的是（　　）。

A. 在选择备选方案时，决策者试图使自己满意

B. 决策者所认知的世界是真实世界的简化模型

C. 有限理性模型中的理性受到了一定限制

D. 有限理性模型与理性模型存在质的差异

10. 关于组织结构体系的内容，表述错误的是（　　）。

A. 层次结构是组织的纵向结构

B. 部门结构是组织的横向结构

C. 职权结构是达到企业目标所需完成的各项业务工作及其比例和关系

D. 组织结构的三要素包括复杂性、规范性和集权度

11. 行政层级式组织形式在（　　）环境中最为有效。

A. 简单/静态　　B. 复杂/静态

C. 简单/动态　　D. 复杂/动态

12. 关于现代组织发展方法的表述，错误的是（　　）。

A. 全面质量管理必须有与其相适应的组织文化

B. 全面质量管理规划需要自上而下推行，并自下而上的付诸实施

C. 全面质量管理中挑选员工是重要环节

D. 团队建设需要得到最高管理层的支持

13. 按照美国学者桑南菲尔德的组织文化分类观点，重视忠诚度和承诺的组织类型是（　　）。

A. 学院型　　B. 俱乐部型

C. 棒球队型　　D. 堡垒型

14. 人力资源管理职能的注意力主要集中在日常的行政事务性管理活动上，这是（　　）。

A. 行政管理联系　　B. 单向联系

C. 双向联系　　D. 一体化联系

15. 对于采取成本领先战略的组织，下列表述正确的是（　　）。

A. 把缩短产品由设计到投放市场的时间看成是自己的一个重要目标

B. 重要经营目标是要成为产品市场上的领袖

C. 强调员工在工作岗位上的稳定性

D. 非常强调客户的满意度和客户的个性化需求

16. 关于避免未来出现劳动力短缺的方法的说法，错误的是（　　）。

A. 加班加点和从外部雇用新员工见效速度快，可撤回程度高

B. 再培训后换岗见效速度慢，可撤回程度高

C. 降低流动率见效速度慢，可撤回程度中等

D. 技术创新见效速度慢，可撤回程度低

17. 组织实施裁员有时并未达到预期效果，其原因不包括（　　）。

A. 管理不当的裁员有可能产生长期性的负面作用

B. 裁员放走的一些员工其实是企业无法替代的重要资产

C. 裁员中留下的员工会对企业心存感激

D. 有可能损害企业在劳动力市场上的形象

18. 关于公文筐测试的说法，错误的是（　　）。

A. 操作简单、对场地没有过多的要求

B. 具有较高的内容效度和效标效度

C. 编制成本低，评分比较容易

D. 无法测试出被测试者的人际交往能力和团队工作能力

19.（　　）是指一项测试的内容与测试所要达到的目标之间的相关程度。

A. 内容效度　　B. 效标效度

C. 构想效度　　D. 同时效度

20. 关于失业的说法，错误的是（　　）。

A. 季节性失业是指由季节变化导致的不定期性的劳动者就业岗位丧失

B. 摩擦性失业是唯一具有自然特征的失业

C. 政府向失业者提供资金帮助其进行劳动力迁移是解决结构性失业的有效措施

D. 周期性失业是最难解决的一种失业

21. 受2008年以来世界经济危机的影响，中国出现对外贸易萎缩，出口加工型企业面临经营困境，不得不大量裁员，由此引起的失业现象称为（　　）。

A. 摩擦性失业　　B. 结构性失业

C. 季节性失业　　D. 周期性失业

22.（　　）揭示了由于工作条件和社会环境原因而导致的收入差异。

A. 补偿性工资差别　　B. 竞争性工资差别

C. 垄断性工资差别　　D. 技能性工资差别

23. 以下说法正确的是（　　）。

A. 实际工资是指雇主以货币形式支付给员工的劳动报酬

B. 名义工资可用来说明货币工资的购买能力

C. 货币工资＝实际工资/物价指数

D. 现实中的货币工资水平总是高于实际工资水平

24. 主要回答到哪里去进行竞争的问题，这是（　　）。

A. 组织战略　　B. 竞争战略

C. 职能战略　　D. 经营战略

25. 在预测人力资源需求时，（　　）实际上是假定人均生产率保持不变。

A. 德尔菲法　　B. 经验判断法

C. 回归分析法　　D. 比率分析法

26. 下列关于组织进行人员甄选的相关问题，表达错误的是（　　）。

A. 甄选的目的是帮助组织筛选到最优秀的人

B. 不应该过多地在求职者之间相互比较

C. 应该重点关注求职者和空缺职位需要达到的客观标准之间的比较

D. 甄选决策失误不仅会对组织造成损失，也会对员工本人造成伤害

27. 关于绩效反馈面谈的说法，正确的是（　　）。

A. 绩效反馈面谈要含糊笼统，维护员工自尊

B. 绩效反馈面谈的根本目的是指出员工的不足

C. 绩效反馈面谈中不需要讨论员工的绩效现状

D. 绩效反馈面谈中应避免对立和冲突

28. 下列关于绩效管理工具的说法，错误的是（　　）。

A. 目标管理法提高了员工士气、发挥了员工自主性

B. 标杆超越法容易使企业陷入模仿标杆企业的漩涡中，导致企业失去自身的特色

C. 关键绩效指标法强调企业上下一起沟通协商制定个人目标

D. 平衡计分卡法实施成本很高，需要耗费大量的人力、物力和财力

29. 有效的绩效管理的特征是（　　）。

A. 可扩充性　　B. 抽象性

C. 可接受性　　D. 经济性

30. 关于绩效计划的说法，错误的是（　　）。

A. 绩效计划是绩效管理过程的起点

B. 绩效计划的制订要与组织追求的宗旨相一致

C. 绩效计划是主管人员与员工反复沟通，就绩效计划内容达成一致的过程

D. 绩效计划的制订是各级主管和员工的责任，无需人力资源部门的参与

31. 对知识型团队的绩效考核，应以（　　）为导向。

A. 行为　　B. 员工的特征

C. 结果　　D. 员工的态度

32. 在了解一个人时，人们可能被这个人的某种突出特点所吸引，以致忽视了这个人的其他特点和品质，这种现象称为（　　）。

A. 投射作用　　B. 刻板印象

C. 晕轮效应　　D. 第一印象

33. 关于我国员工持股计划的说法，正确的是（　　）。

A. 每位员工所获股份权益对应的股票总数累计可以超过公司总股本的1%

B. 上市公司应在员工持股计划届满前12个月公告到期计划持有的股票数量

C. 上市公司全部有效的员工持股计划持有的股票总数累计不得低于公司总股本的10%

D. 每期员工持股计划的持股期限不得低于12个月

34. 解决薪酬内部公平性问题的方式是（　　）。

A. 心理测评　　B. 职位评价

C. 薪酬控制　　D. 薪酬调查

35. 关于单纯佣金制的说法，错误的是（　　）。

A. 单纯佣金制是在销售人员奖励中常用的方式

B. 单纯佣金制是根据员工的绩效，按照销售额的一定比例给员工提成

C. 单纯佣金制能使员工既关注短期业绩，又注意公司的长期效益

D. 单纯佣金制可能使收入差距过大，不利于培养员工对企业的归属感

36. 关于培训与开发的说法，错误的是（　　）。

A. 培训与开发是对人力资源的投资

B. 大型组织通常会设置专门的培训与开发部门

C. 效果评估中应用最广的是层次评估模型，是培训与开发体系中最容易实施的一个环节

D. 培训与开发效果的评估方法包括控制实验法和问卷调查法

37. 根据职业兴趣理论，属于（　　）职业兴趣类型的人善于和人相处，喜欢教导、帮助、启发或训练别人。

A. 现实型　　B. 社会型　　C. 企业型　　D. 常规型

38. 关于职业生涯锚的说法，错误的是（　　）。

A. 管理能力型追求一般性管理工作，且责任越大越好

B. 创造型的职业生涯锚有冒险精神

C. 自主独立型视自主为第一需要，有很强的职业承诺

D. 职业生涯锚是完全固定不变的

39. 劳动关系运行的基本形式是（　　）。

A. 雇佣关系　　B. 冲突与合作

C. 劳动标准　　D. 管理规则

40. 下列选项中，不属于政府在劳动关系中的作用的是（　　）。

A. 劳动关系的控制者　　B. 劳动关系运行的监督者

C. 劳动争议的重要调解仲裁者　　D. 协调劳动关系制度和机制建设的推动者

41. 职称评审委员会组建单位对评审结果进行公示，公示期不少于（　　）个工作日。

A. 10　　B. 8　　C. 7　　D. 5

42. 通常情况下，工资率提高对劳动力供给所产生的替代效应导致（　　）。

A. 劳动力供给时间减少　　B. 劳动力供给时间增加

C. 劳动力供给人数减少　　D. 劳动力供给人数增加

43. 如果某地区制造业工人的市场工资率从 2 000 元/月上升到 2 500 元/月，其劳动力供给总时间上升 5%，则此类劳动力的劳动力供给弹性为（　　）。

A. 0.4　　B. 0.25　　C. 0.2　　D. 0.1

44. 个人劳动力供给曲线的形状表明，工资率上涨（　　）。

A. 必然导致个人的劳动力供给时间增加

B. 必然导致个人的劳动力供给时间减少

C. 会导致个人的劳动力供给时间先增加后减少

D. 对个人的劳动力供给时间没有影响

45. 关于长期劳动力需求的说法，正确的是（　　）。

A. 工资率变动在长期中对劳动力需求产生的影响会比在短期中更大

B. 工资率上升所产生的规模效应导致长期劳动力需求数量的增加

C. 工资率上升所产生的替代效应导致长期劳动力需求数量的增加

D. 在长期中，工资率变动只会对劳动力需求产生规模效应，不会产生替代效应

46. 企业对劳动力的需求属于（　　）。

A. 直接需求　　B. 价值需求

C. 间接需求　　D. 必要需求

47. 关于人力资本投资的说法，正确的是（　　）。

A. 人力资本投资只有收益，没有成本

B. 人力资本投资的成本产生在当前，收益却产生在未来

C. 无论是对国家还是对个人来说，人力资本投资都是越多越好

D. 人力资本投资的投资者和获益者是同一主体

48. 导致上大学的机会成本上升的因素是（　　）。

A. 高中毕业生的市场工资水平上涨　　B. 大学学费上涨

C. 上大学的人数增加　　D. 大学毕业生的市场工资水平上涨

49. 由于高等教育文凭与高生产率之间存在一定的联系，因此，企业利用文化来筛选员工的做法是有道理的，这是（　　）的一个基本观点。

A. 劳动力供给理论　　B. 劳动力需求理论

C. 高等教育的信号模型理论　　D. 收入分配理论

50. 关于在职培训对企业和员工产生的影响的说法，错误的是（　　）。

A. 企业中资格越老的工人失业的可能性越大

B. 企业在经济衰退时期也会尽可能避免解雇受过大量特殊在职培训的员工

C. 接受一般在职培训较多的员工更容易离职

D. 劳动者年纪越大，对在职培训进行投资的意愿往往越弱

51. 劳动合同履行地与用人单位注册地不一致的，有关劳动者的最低工资标准、劳动保护、劳动条件、职业危害防护等事项，执行（　　）的有关规定。

A. 用人单位注册地　　B. 劳动合同履行地

C. 用人单位指定地　　D. 工资标准较低地

52. 用人单位对已经解除或终止的劳动合同的文本，应至少保存（　　）年备查。

A. 1　　B. 2　　C. 3　　D. 5

53. 非上市公司股权激励中不包括（　　）。

A. 股份期权　　B. 业绩股份　　C. 限制性股票　　D. 虚拟股票期权

54. 非全日制用工双方当事人（　　）。

A. 不得订立口头协议　　B. 应提前 30 天通知对方终止用工

C. 不得约定试用期　　D. 应提前 3 天通知对方终止用工

55. 关于事业单位聘用合同的说法，错误的是（　　）。

A. 事业单位与工作人员订立的聘用合同，合同期限一般不低于 3 年

B. 事业单位与工作人员最长可以约定 12 个月的试用期

C. 事业单位工作人员可以提前 30 日书面通知事业单位解除聘用合同

D. 事业单位工作人员在本单位连续工作满 10 年的，提出订立聘用至退休的合同，事业单位应当与其订立聘用至退休的合同

56. 下列纠纷中，属于劳动争议情形的是（　　）。

A. 家政服务员赵某与其服务的家庭因休息休假发生争议

B. 退休职工刘某与社会保险经办机构因发放基本养老金发生争议

C. 大学生黄某与某公司因实习报酬发生争议

D. 张某与用人单位因解除劳动合同后办理人事档案转移发生争议

57. 关于用人单位在劳动争议仲裁中举证责任的说法，正确的是（　　）。

A. 因用人单位作出解除劳动合同决定发生的争议，被解除劳动合同的劳动者承担举证责任

B. 发生劳动争议时，用人单位对自己提出的主张，没有提供证据的责任

C. 与劳动争议事项有关的证据属于用人单位管理的，用人单位应当提供，否则承担不利后果

D. 劳动争议仲裁庭不得要求用人单位提供证据

58. 职工因工作遭受事故伤害需要暂停工作接受工伤医疗的，其停工留薪期一般不超过 12 个月，伤情严重或者情况特殊，经设区的市级劳动能力鉴定委员会确认，可以适当延长，但延长不得超过（　　）个月。

A. 3　　B. 6　　C. 9　　D. 12

59. 用人单位应当及时为失业人员出具终止或者解除劳动关系的证明，并将失业人员的名单自终止或者解除劳动关系之日起（　　）日内告知社会保险经办机构。

A. 3　　B. 7　　C. 10　　D. 15

60. 关于劳务派遣的说法，正确的是（　　）。

A. 劳务派遣经营许可的有效期为 2 年

B. 劳动者与劳务派遣单位和用工单位均建立劳动关系

C. 劳务派遣单位的注册资本不得少于人民币 100 万元

D. 劳务派遣单位应当与被派遣劳动者订立 2 年以上的固定期限劳动合同，按月支付劳动报酬

二、多项选择题（共 20 题，每题 2 分。每题的备选项中，有 2 个或 2 个以上符合题意，至少有 1 个错项。错选，本题不得分；少选，所选的每个选项得 0.5 分）

61. 麦克利兰提出，人的需要包括（　　）。

A. 生存需要　　B. 权力需要　　C. 亲和需要　　D. 成长需要

E. 成就需要

62. 关于交易型和变革型领导的说法，正确的有（　　）。

A. 交易型领导强调任务的明晰度、工作的标准和产出

B. 交易型领导很关注任务的完成及员工的顺从

C. 变革型领导更多依靠组织的奖励和惩罚来影响员工的绩效

D. 变革型领导能为组织制定明确的愿景

E. 变革型领导更多地通过自己的领导风格来影响员工和团队的绩效

63. 传统的组织发展方法包括（　　）。

A. 结构技术　　B. 团队建设

C. 敏感性训练　　D. 调查反馈

E. 全面质量管理

64. 下列评估方法中，属于培训与开发回任工作评估的方法有（　　）。

A. 利用知识或技能测验评估培训与开发效果

B. 实地观察受训人员的工作实况来评估培训与开发效果

C. 调查或访问受训员工的上级主管或下属

D. 分析受训人员的人事记录资料

E. 记录培训与开发期间受训人员的出席情况

65. 如果企业想要构建一个自由、平等、开放、创新的组织文化，可以采用的组织设计手段包括（　　）。

A. 提升组织制度化和规范化的程度　　B. 减少管理层次，形成趋于扁平的组织

C. 以外部招聘为主，提高员工的多样化程度 D. 建立强调等级差异的绩效评估体系

E. 建立不同职位等级间薪酬差异很大的薪酬制度

66. 雇主组织的主要形式包括（　　）。

A. 产业协会　　B. 行业协会

C. 地区协会　　D. 消费者协会

E. 国家级雇主联合会

67. 广义的人力资源规划包括（　　）。

A. 人力资源战略规划　　B. 员工提前退休规划

C. 人员供求规划　　D. 培训开发规划

E. 薪酬福利规划

68. 当组织的人力资源供给小于需求时，恰当的供需平衡方法有（　　）。

A. 延长工作时间　　B. 提前退休

C. 努力降低现有员工的离职率　　D. 永久性裁员

E. 提高现有员工的工作效率

69. 关于工资差别的说法，正确的有（　　）。

A. 工资差别有利于激励劳动者从低生产率岗位转移到高生产率岗位

B. 只要劳动者之间存在技能差异，就会存在工资差别

C. 劳动条件的差异是导致工资差别的原因之一

D. 工资差别越小越好

E. 政府应当通过控制劳动者之间的工资差别来强化社会公平

70. 关于评价中心技术的说法，正确的有（　　）。

A. 评价中心技术是用模拟工作任务来进行测试，与工作样本测试用实际的工作任务进行测试不同

B. 评价中心技术在选拔管理人员方面具有较高的效标效度

C. 评价中心技术可以考察求职者管理技能、人格特征、人际关系技能等

D. 评价中心技术包括公文筐测试、无领导小组讨论、投射法等

E. 知识测试是评价中心技术的基石

71. 关于绩效考核和绩效管理的说法，正确的有（　　）。

A. 有效的绩效考核是对绩效管理的有力支撑

B. 绩效管理是绩效考核的一个环节

C. 绩效管理侧重于信息的沟通和绩效的提高

D. 绩效考核侧重于信息的沟通和绩效的提高

E. 绩效考核是绩效管理中的一个环节

72. 实行成本领先战略的企业在制定薪酬方案时通常会（　　）。

A. 提高奖金在整体薪酬中所占的比例　　B. 实施高于市场水平的基本薪酬

C. 使薪酬水平低于竞争对手　　D. 追求效率最大化、成本最小化

E. 对于创新给予足够的报酬和奖励

73. 股票期权计划的局限性在于（　　）。

A. 只适用于成长性较好的上市公司　　B. 需要依托规范而有生气的股票市场

C. 容易诱发弄虚作假、恶意操纵等不良行为 D. 所有的经营者都必须购买企业的股票

E. 难以准确衡量企业真实的经营状况

74. 家庭生产理论认为（　　）。

A. 一个家庭的可利用时间有三种用途，即市场工作、闲暇和家庭生产

B. 家务劳动不属于生产劳动

C. 夫妻双方的劳动力供给决策是相互独立的

D. 家庭产品的生产可以采取时间密集型和商品密集型两种方式

E. 比较优势原理对于家庭成员的时间用途决策具有指导意义

75. 对一国的劳动力供给数量产生影响的主要因素包括（　　）。

A. 人口总量　　B. 劳动力参与率

C. 失业率　　D. 就业率

E. 周平均工作时间

76. 企业实施在职培训的机会成本包括（　　）。

A. 在职培训支付的场地费

B. 邀请外部讲师提供培训的讲课费

C. 受训员工因为参加培训而无法全力工作的损失

D. 利用本企业的机器和资深员工提供培训而导致的工作效率损失

E. 购买培训材料的费用

77. 下列行为中，可以进行行政复议的有（　　）。

A. 人力资源社会保障部门作出的行政处分

B. 劳动能力鉴定委员会的行为

C. 对人力资源社会保障部门作出的行政处理决定不服的

D. 向人民法院提起行政诉讼，人民法院已经依法受理的

E. 认为人力资源社会保障部门不履行法定职责的

78. 李某与用人单位发生争议，在人民调解委员会主持下达成了调解协议。如用人单位不履行该调解协议，李某可以就（　　）事项向人民法院申请支付令。

A. 支付经济补偿金　　B. 支付拖欠劳动报酬

C. 承租单位宿舍　　D. 支付工伤医疗费

E. 补签书面劳动合同

79. 职工跨统筹地区就业，其（　　），缴费年限累计计算。

A. 工伤保险关系随本人转移　　B. 基本医疗保险关系随本人转移

C. 基本养老保险关系随本人转移　　D. 生育保险关系随本人转移

E. 失业保险关系随本人转移

80. 关于失业保险金标准的说法，正确的有（　　）。

A. 失业保险金标准由省、自治区、直辖市人民政府确定

B. 失业保险金标准不得低于最低工资标准

C. 失业保险金标准应相当于城市居民最低生活保障标准

D. 失业保险金标准应相当于社会平均工资水平

E. 失业保险金标准不得低于城市居民最低生活保障标准

三、案例分析题（共20题，每题2分，由单选和多选组成。错选，本题不得分；少选，所选的每个选项得0.5分）

（一）

张明是一家著名高科技企业的人力资源总监，企业成立时他就负责人力资源工作。公司的主要领导对他很信任，有关人事方面的事情都是他说了算。他的激励方法就是支付高额奖金。经过十几年的努力，这家公司发展成为一家大型的企业，公司的业务也由以前的软件开发延伸到下游的测评、咨询和规划等方面。但不知什么缘故，最近这些新业务部门的员工，如销售部门和咨询部门的员工对张明的意见很大，他们认为张明制订的激励措施没有考虑到他们的工作性质，他们加班不需要待在办公室，按照在办公室加班时间来发奖金不公平。此外，他们向总经理反映张明不懂人力资源的管理。这让张明很恼火，他认为用高额奖金激励员工没有什么不对，多劳多得不正是我们所提倡的吗？

根据以上资料，回答下列问题：

81. 用马斯洛的需要层次理论解释张明的做法，正确的是（　　）。

A. 张明没有充分考虑到员工的自我实现的需要

B. 用高额奖金满足员工生理需要的投入收益是递增的

C. 奖金一定能够满足员工的高级需要

D. 不同部门员工的需要应该一致

82. 如果张明按照双因素理论的观点来摆脱面临的困境，他应该（　　）。

A. 用更加严格的制度管理员工　　B. 给员工减发奖金

C. 让员工感到自己的工作有成就感　　D. 让员工在工作中承担更多的责任

83. 上述情境中，员工的不满来自（　　）。

A. 张明用单一的方式对待每一个员工　　B. 张明没有考虑到咨询等部门的特点

C. 计发奖金的方式不公平　　D. 认为张明用人唯亲

84. 要让员工觉得公平，张明今后应该（　　）。

A. 多和员工沟通，了解不同员工的不同需求

B. 对不同部门的员工的业绩衡量采取不同的标准

C. 加强自己的领导权威

D. 考虑不同部门工作性质的差异，制定与员工贡献相匹配的奖励方案

（二）

为了提高党政基层机构的执政能力，某市市委为200多名后备干部举办了一次培训。在培训班上，从事领导科学研究的李教授为学员们做了专场报告，系统地介绍了领导行为理论，这些理论既包括传统的特质理论，也包括现代备受欢迎的魅力型领导理论、路径—目标理论以及领导—成员交换理论。李教授的讲座让学员们受益匪浅，很多人表示要把这些知识应用到自己的管理实践中。

根据以上资料，回答下列问题：

85. 路径—目标理论的提出者是（　　）。

A. 罗伯特·豪斯　　B. 伯恩斯　　C. 麦克格雷斯　　D. 布莱克

86. 在路径—目标理论中，领导行为与结果之间的中间变量有（　　）。

A. 下属的经验　　B. 领导的成就

C. 下属的能力　　D. 领导的个性

87. 关于领导—成员交换理论的说法，正确的是（　　）。

A. 领导—成员交换理论强调领导公平对待每一个成员

B. 领导—成员交换理论认为领导与下属的交换是一个互惠过程

C. 领导—成员交换理论认为领导不能改变下属的自我概念

D. 领导—成员交换理论反对领导把下属分为“圈里人”和“圈外人”

88. 下列属于魅力型领导的道德特征的是（　　）。

A. 使下属的需要和志向与愿景相结合　　B. 提升自己的个人愿景

C. 对下属的需要感觉迟钝　　D. 指责或批评相反的观点

（三）

某公司是一家大型的跨国公司。长期以来，公司高层在纳才、用才方面均采用了科学的管理方法。其人力资源部一贯坚持“考绩定人事”的原则。他们把员工分为优秀、合格、试用三种，分别享受不同的待遇。公司规定每季度进行一次业绩考评，并根据考评结果使员工晋升到不同的等级。为保证考绩的公开、公平、公正，人力资源部负责监督各部门定期召开小组座谈会，把被考评者的上级、下属以及同事召集到一起，对考评结果进行意见交流。在平时的生产过程中，公司还建立了自检、互检与专检制度，严把产品质量关。每位职工每天上班时要填写自己在一天中应当完成的工作，下班时对照复查，对自己的目标做到心中有数。

根据以上资料，回答下列问题：

89. 绩效考评结果可以应用到人力资源管理的各个方面，此案例中的考核结果被应用于（　　）。

A. 薪酬发放　　B. 人员的培训

C. 人员的晋升　　D. 战略规划

90. 通过意见交流，在掌握了下属工作绩效的前提下，为了提高员工绩效水平和自我效能，该公司进行了一系列的活动。该工作在绩效管理中被称作（　　）。

A. 绩效辅导　　B. 绩效监控

C. 绩效改进　　D. 绩效反馈

91. 该公司每位职工每天上班时要填写自己在一天中应当完成的工作，下班时对照复查，然后根据存在的差距制定并实施针对性地改进计划，此过程称为（　　）。

A. 绩效辅导　　B. 绩效监控

C. 绩效改进　　D. 绩效管理

92. 如果该公司进行绩效改进，可以采取的方法有（　　）。

A. 六西格玛管理　　B. 卓越绩效标准

C. 平衡计分卡　　D. 目标管理法

（四）

小张在学习了劳动经济基本理论之后发现，很多理论与现实情况并不相符。比如，一般的劳动经济理论认为，在其他条件不变的情况下，工资率上涨会导致劳动力的需求量下降；但是在很多时候，企业并没有在工资上涨的情况下解雇员工。理论上认为，当其他企业提供的工资水平更高时，员工会从工资水平低的企业跳槽去工资水平更高的企业，但是在现实中，很多员工明明知道另外一家企业工资水平更高一些，也不会从本单位辞职。此外，小张还发现，在部分城市已婚女性人群当中，劳动力参与率出现了下降的趋势，而在已经退休的劳动者中却出现了劳动力参与率上升的趋势。

根据以上资料，回答下列问题：

93. 导致很多企业不轻易解雇员工的原因是（　　）。

A. 解雇员工会导致企业已经承担的搜寻和筛选成本流失

B. 解雇员工会导致企业已经承担的培训成本流失

C. 经常解雇员工不仅会使企业将来招人困难，而且可能会损害留任员工的生产率

D. 这些企业支付给员工的工资水平已经高于市场水平

94. 很多员工不会因为其他企业提供的工资高就从本单位辞职，出现这种现象的原因是（　　）。

A. 劳动者对工资水平方面的差别不是很敏感

B. 劳动力流动是有成本的

C. 劳动力流动可能会使劳动者在原单位掌握的部分技能失效

D. 劳动力流动有可能导致劳动者在原单位积累的部分经济收益和非经济收益遭受损失

95. 可能导致女性的劳动力参与率下降的原因包括（　　）。

A. 女性更加偏好家务劳动而不是市场工作　　B. 女性的配偶有着较高的经济收入

C. 女性的相对工资水平较高　　D. 女性的家务劳动生产率较低

96. 关于已退休劳动者的劳动力参与率上升现象的说法，正确的是（　　）。

A. 已退休者的非劳动收入比劳动适龄人口更多，因而导致其劳动参与率上升

B. 已退休者的劳动力参与率上升可能是因为他们重新就业的机会较多

C. 当退休者的实际养老收入明显下降时，可能导致已退休者的劳动力参与率上升

D. 在工作期间工资水平越高的退休者，退休后劳动力参与率上升的趋势越明显

（五）

2022 年 7 月 1 日，施某与 L 劳务派遣公司签订了为期 1 年 6 个月的劳动合同，并被派遣到 M 机械公司从事锻压技术辅助工作。劳动合同约定，施某自行参加社会保险并缴费，在工作中出现任何安全问题，均由施某自己负责，L 劳务派遣公司和 M 机械公司不承担任何责任。施某认为自己还年轻，也没把参加社会保险当回事。2023 年 4 月 20 日，施某在锻压汽车零件时，由于操作失误受伤。事故发生后，施某住院治疗 20 天，自己垫付了全部的医疗费。出院后，施某找到 L 劳务派遣公司经理，要求 L 劳务派遣公司报销其住院医疗费。经理说："我们事先已有约定，你在工作中出现任何安全问题，都应该由你自己承担。而且你是在 M 机械公司工作受的伤，即使为你报销住院医疗费，也不应当由我公司负责。"施某觉得经理的话有道理，于是找到 M 机械公司。M 机械公司人力资源部经理告诉施某："公司设立了劳动争议调解委员会，我被总经理任命为调解委员会主任。你的问题必须先由劳动争议调解委员会调解。"施某不同意调解。M 机械公司人力资源部经理又告诉施某："你不是我公司的员工，你只能找 L 劳务派遣公司报销住院医疗费。"施某感觉很无奈。家人建议他去咨询律师，律师则告诉他，他受的伤属于工伤，应当到当地社会保险行政部门提出工伤认定申请。

根据以上资料，回答下列问题：

97. 施某与 L 劳务派遣公司签订的劳动合同内容中，符合法律规定的是（　　）。

A. 劳动合同为期 1 年 6 个月

B. 施某被派遣到 M 机械公司从事锻压技术辅助工作

C. 施某自行参加社会保险并缴费

D. 施某在工作中出现任何安全问题，均由施某自己负责

98. 2023 年 4 月 20 日，施某在锻压汽车零件时由于操作失误受伤，应当承担施某受伤责任的主体是（　　）。

A. 施某

B. L 劳务派遣公司

C. M 机械公司

D. 订购汽车零件的公司

99. 下列情形中，符合法律规定的是（　　）。

A. M 机械公司设立劳动争议调解委员会

B. M 机械公司人力资源部经理被总经理任命为调解委员会主任

C. 施某住院医疗费报销问题应该首先由劳动争议调解委员会调解

D. 施某不接受劳动争议调解委员会调解

100. 施某因操作失误受伤，对施某所受伤害，可以向当地社会保险行政部门提出工伤认定申请的是（　　）。

A. 施某

B. L 劳务派遣公司

C. M 机械公司

D. 律师

《人力资源管理专业知识与实务》(中级)
考前预测卷（二）

（考试时间 90 分钟　满分 140 分）

一、单项选择题（共 60 题，每题 1 分。每题的备选项中，只有 1 个最符合题意）

1. 与马斯洛的需要层次理论不符的陈述是（　　）。

A. 人的需要从低到高依次为：生理需要、安全需要、归属和爱的需要、尊重的需要以及自我实现的需要

B. 人在不同时期表现出来的各种需要的强烈程度不同

C. 只有低一层次的需要得到相当程度的满足之后，个体才会追求高一层次的需要

D. 自我实现是人类的基本需要

2. 员工对努力工作能够完成任务的信念强度，称为（　　）。

A. 效价　　B. 动机　　C. 期望　　D. 工具

3. 在期望理论中，个人对绩效与获得报酬之间关系的估计称为（　　）。

A. 工具性　　B. 效价　　C. 期望　　D. 动机

4. 下列情境中，不适宜推行参与管理的是（　　）。

A. 完成任务的时间比较紧迫

B. 员工具备相应的智力、知识技术和沟通技巧

C. 参与不会使员工和管理者的地位和权力受到威胁

D. 组织文化支持员工的参与

5. 关于战略的三个层次，说法正确的是（　　）。

A. 组织战略层次主要回答“如何进行竞争”的问题

B. 竞争战略层次主要回答“到哪里去竞争”的问题

C. 职能战略层次主要回答“凭借什么来进行竞争”的问题

D. 人力资源战略属于竞争战略

6. 关于领导—成员交换理论的说法，正确的是（　　）。

A. 领导在与下属确立关系的早期，就已经分出了“圈里人”和“圈外人”

B. 领导对于“圈里人”会投入更多的时间、感情以及更多的正式领导权威

C. 在工作中，“圈外人”要比“圈里人”绩效更高

D. 领导—成员交换的过程是单向的

7. 根据领导的生命周期理论，高工作—高关系式的领导风格属于（　　）。

A. 指导式领导　　B. 推销式领导

C. 参与式领导　　D. 授权式领导

8. 下列不属于人力资源管理在影响战略执行的重要因素中负有主要责任的是（　　）。

A. 工作任务的设计　　B. 组织结构

C. 人员的甄选　　D. 人员的培训与开发

9. 西蒙将决策过程分为三个阶段，依次是（　　）。

A. 设计活动—选择活动—智力活动　　B. 选择阶段—确认阶段—发展阶段

C. 智力活动—设计活动—选择活动　　D. 确认阶段—发展阶段—选择阶段

10. 组织的纵向结构指的是（　　）。

A. 职能结构　B. 部门结构　C. 层次结构　D. 职权结构

11. 矩阵组织形式在（　　）环境中最为有效。

A. 简单/静态　B. 复杂/静态　C. 简单/动态　D. 复杂/动态

12. 当组织面临人力资源需求大于供给时，适合采用的组织对策是（　　）。

A. 临时性解雇　　B. 冻结雇佣

C. 降低员工流失率　　D. 采用工作分享的方式

13.（　　）是根据一个组织的雇佣水平在最近若干年的总体变化趋势，来预测组织在未来某一时期的人力资源需求数量的方法。

A. 趋势预测法　B. 人员核查法　C. 回归分析法　D. 经验判断法

14. 战略性人力资源管理中（　　）这一工具，实际上是针对为实现组织战略目标所需完成的一系列人力资源管理活动链而设计的各种财务类和非财务类目标或衡量指标。

A. 战略地图　　B. 人力资源计分卡

C. 数字仪表盘　　D. 目标管理

15. 裁员的主要原因不包括（　　）。

A. 许多企业都在努力降低成本

B. 关闭过时和落后的工厂

C. 许多公司改变了经营地点，员工难以随之迁移

D. 客户订单数量增加

16. 可以引发被测试者的充分辩论且适用于指定角色的无领导小组讨论的试题是（　　）。

A. 开放式问题　　B. 操作性问题

C. 两难性问题　　D. 资源争夺性问题

17. 在其他条件不变动的情况下，非劳动收入的增加会导致（　　）。

A. 个人劳动力供给时间减少　　B. 劳动收入的增加

C. 工资水平的下降　　D. 工资水平的上升

18. 公平理论认为，员工会将自己的产出与投入比与别人的产出与投入比进行比较，这里的“产出”是指（　　）。

A. 工作经验　B. 工作报酬　C. 工作绩效　D. 工作承诺

19. 关于货币工资和实际工资的说法，正确的是（　　）。

A. 实际工资总是高于货币工资

B. 在货币工资一定的情况下，实际工资的高低取决于物价指数

C. 实际工资是指以非货币形式发放的工资，其中主要是福利

D. 实际工资与物价指数相除就是货币工资

20. 企业提高工资后，如果（　　），则提高后的工资水平是企业实现利润最大化的工资水平。

A. 边际收益等于边际成本　　B. 边际收益大于边际成本

C. 平均收益等于平均成本　　D. 平均收益大于平均成本

21. 男性和女性之间的工资性报酬差别的形成不包括（　　）原因。

A. 年龄和受教育程度　　B. 职业

C. 工时和工作经验　　D. 个人歧视

22. 下列不属于缓和结构性失业的对策的是（　　）。

A. 加强劳动力市场的情报工作，使求职人员及时了解劳动市场的供求情况

B. 由政府提供资金，向愿意从劳动力过剩地区迁到劳动力短缺地区的失业工人提供安置费

C. 规定一个合理的失业补助期限

D. 提供更好的职业指导和职业供求预测

23. 从理论上，关于就业的说法，错误的是（　　）。

A. 劳动者必须要既有劳动能力，还要有劳动意愿

B. 劳动者所参加的劳动必须是某种形式的社会劳动

C. 劳动必须能够获得报酬或收入

D. 劳动者参加义务性的劳动

24. 简单的道德谴责或者不规范的行政或经济制裁，都不是处理（　　）的理想办法。

A. 补偿性工资收入　　B. 竞争性工资差别

C. 租金性工资收入　　D. 技能性工资差别

25. 在亚当·斯密指出的职业间工资差别形成原因中，属于竞争性工资差别的是不同的职业在（　　）方面存在的差异。

A. 劳动强度和劳动条件　　B. 给人带来的愉快或不愉快程度

C. 从业能力获取的难易程度　　D. 工作保障和职业稳定程度

26. 对于工人的技能学习来说，（　　）是最普遍、最主要的方式。

A. 高等教育　　B. 脱产培训

C. 非在职培训　　D. 在职培训

27. 上大学的非货币收益不包括（　　）。

A. 对各种娱乐活动欣赏能力的提高　　B. 社会声誉的提高

C. 社会地位的提高　　D. 劳动收入的提高

28. 社会保险法律关系的主体从社会保险责任划分不包括（　　）。

A. 保险人　　B. 社会保险的管理和经办机构

C. 用人单位　　D. 劳动者及其家庭

29. 以产品的创新以及产品生命周期的缩短为导向的竞争战略是（　　）。

A. 成长战略　　B. 稳定战略

C. 差异化战略　　D. 成本领先战略

30. 关于成本领先战略下绩效考核的表述，错误的是（　　）。

A. 选择以结果为导向、实施成本较低的评价方法

B. 多选择客观的财务指标

C. 可以只选择直接上级为评价主体

D. 考核周期不宜过长

31. 关于针对员工不同的工作表现应采取的措施，说法正确的是（　　）。

A. 对于贡献型员工，组织要给予必要奖励

B. 对于安分型员工，主管应对其进行绩效辅导

C. 对于堕落型员工，组织要对其进行必要培训以提升其工作技能

D. 对于冲锋型员工，组织要对其进行适当惩罚以敦促其改进绩效

32. 关于绩效考核方法的说法，正确的是（　　）。

A. 行为锚定法的成本低廉、评价尺度统一

B. 不良事故法能提供丰富的绩效反馈信息

C. 目标管理法的设计成本较高，需要耗费大量人力物力

D. 关键事件法的执行性高，但无法应用于绩效反馈

33. 通过管理者与员工进行持续的沟通，预防或解决绩效周期内可能存在的问题，以确保更好地完成绩效计划的过程称为（　　）。

A. 绩效考核　　B. 绩效监控

C. 绩效计划　　D. 绩效反馈

34. 找出工作绩效差距，制订并实施有针对性的改进计划来提高员工绩效水平的过程称为（　　）。

A. 绩效计划　　B. 绩效辅导

C. 绩效反馈　　D. 绩效改进

35. 股票期权的缺点不包括（　　）。

A. 可能带来大量经理人的短期行为

B. 公司股本变化，原股东的股权可能被稀释

C. 现金流压力较大

D. 过分依赖股票市场有效性

36. 《国有控股上市公司（境内）实施股权激励试行办法》规定，在股权激励计划有效期内，每期授予的限制性股票，其禁售期不得低于（　　）年。

A. 1　　B. 2

C. 3　　D. 5

37. 下列属于专业技术类职位的是（　　）。

A. 汽车修理员　　B. 电焊工　　C. 律师　　D. 理发师

38. 股票期权的执行方式中不包括（　　）。

A. 股票行权　　B. 现金行权

C. 无现金行权　　D. 无现金行权并出售

39. 人工成本结构指标反映了（　　）。

A. 企业员工平均收入的高低

B. 企业人工成本的构成情况及其合理性

C. 企业的劳动生产率

D. 一定时期内企业人工成本的变动幅度

40. 在典型的职业生涯通道类型中，描述员工在同一管理层级或技术、技能等级上不同岗位或不同工种之间变动路径的是（　　）。

A. 横向通道　　B. 纵向通道

C. 双通道　　D. 职业生涯锚

41. 在六种职业兴趣类型中，喜欢从事资料工作，有数理分析能力，能够听从指示完成琐细工作的兴趣类型是（　　）。

A. 社会型　　B. 研究型　　C. 企业型　　D. 常规型

42. 下列关于劳动者概念包括的含义的说法，错误的是（　　）。

A. 劳动者是被用人单位依法雇用（录用）的人员，包括自雇用者

B. 劳动者仅限定在国家劳动法律所规定的范围之内

C. 劳动者是以工资收入为主要生活来源的人员

D. 劳动者是在用人单位管理下从事劳动的人员

43. 反映一种甄选测试技术对被测试者的工作绩效进行预测的准确程度是（　　）。

A. 构想效度　　B. 效标效度

C. 内容效度　　D. 一致性效度

44. 按照职称系列组建的高级职称评审委员会评审专家不少于（　　）人。

A. 37　　B. 33

C. 25　　D. 11

45. 员工申诉管理的（　　），一是员工与企业是平等互惠关系，二是对管理者和员工应当一视同仁。

A. 合法原则　　B. 公平原则

C. 明晰原则　　D. 反馈原则

46. 某行业所面临的劳动力供给弹性为 0.6，如果该行业的市场工资率上涨 2%，则该行业的劳动力供给工时总量会（　　）。

A. 增加 3%　　B. 减少 3%

C. 增加 1.2%　　D. 减少 1.2%

47. 关于企业在使用德尔菲法进行人员需求预测时应注意的问题，说法正确的是（　　）。

A. 专家的挑选要有代表性，专家人数至少在 10 人以上

B. 需要给专家提供充分的资料和信息

C. 问题的表述尽量模糊，让专家能够独立判断

D. 问题设计要合理，专家一次可以回答较多问题

48. 如果硕士毕业生的工资率上涨 1%导致博士毕业生的就业量下降 0.5%，则硕士毕业生与博士毕业生之间存在（　　）。

A. 总互补关系　　B. 总替代关系

C. 互补关系　　D. 替代关系

49. （　　）是对组织未来发展方向的总体描述；（　　）描述了一个组织存在理由、目的和意义；（　　）是在履行使命以及达成愿景过程中坚持的基本行为规范和道德伦理。

A. 愿景；使命；价值观　　B. 使命；愿景；价值观

C. 使命；价值观；愿景　　D. 价值观；愿景；使命

50. 小张高中毕业之后去上了四年大学，如果他当时没有上大学，而是去上班，四年下来，他能够获得的劳动报酬大概为 8 万元，则王涛的（　　）是 8 万元。

A. 上大学的成本　　B. 不上大学的成本

C. 上大学的机会成本　　D. 上大学的心理成本

51. 很多高中毕业生对大学毕业以后的就业前景感到担忧而放弃了参加高考，对此，正确的观点是（　　）。

A. 这些人不去上大学一定是错误的

B. 这些人本来就不应该去上大学

C. 如果大学毕业时找不到工作，确实不该去上大学

D. 上大学的收益并不仅仅发生在刚毕业时，而是长期的，如果仅根据大学毕业时能否找到工作来做出决策，可能会是错误的

52. 关于在职培训的说法，错误的是（　　）。

A. 大部分在职培训都同时具有一般培训和特殊培训的特征

B. 在职培训是一种人力资本投资

C. 在职培训的成本应当全部由企业承担

D. 在职培训投资的成本包括直接成本和机会成本两个部分

53. 在劳动和社会保险法律的适用中，如果同位法中特别规定与一般规定不一致时，应该（　　）。

A. 适用特别规定　　B. 适用一般规定

C. 适用下位法的规定　　D. 适用地方政府规定

54. 用人单位违反劳动和社会保险法律法规或者规章的行为，在 2 年内未被劳动行政部门发现，也未被举报、投诉的，劳动行政部门不再查处。如违法的行为属于连续或者继续状态的，2 年的期限应自（　　）起计算。

A. 违法行为发生之日　　B. 违法行为终了之日

C. 劳动者举报之日　　D. 立案之日

55. 关于我国调整劳动关系的制度和机制的说法，错误的是（　　）。

A. 劳动合同制度是调整个别劳动关系的一项基本制度

B. 集体合同制度是调整集体劳动关系的基本制度

C. 职工代表大会制度是我国企业实行职工民主管理的一种法定必要形式

D. 我国实行的是“一调、一裁、两审”的劳动争议处理体制

56. 关于劳动关系的说法，错误的是（　　）。

A. 合作与冲突是劳动关系最主要的特点

B. 资方在劳动力市场上大多占有绝对优势

C. 劳动者具有从属性的特点

D. 冲突与合作贯穿于劳动关系的整个过程

57. 关于劳动争议仲裁案件当事人的说法，符合法律规定的是（　　）。

A. 用人单位与其他单位合并前发生的劳动争议，由合并后的单位为当事人

B. 用人单位与其他单位合并前发生的劳动争议，由合并前的单位为当事人

C. 用人单位和仲裁员为劳动争议仲裁案件的双方当事人

D. 用人单位分立为若干单位的，其分立前发生的劳动争议，由分立前的实际用人单位为当事人

58. 劳动者或者用人单位向劳动争议仲裁委员会申请仲裁，仲裁费（　　）。

A. 应由用人单位交纳　　B. 无须交纳

C. 应由败诉一方交纳　　D. 应由提出仲裁申请的一方交纳

59. 下列社会保险险种中，企业职工个人不缴费的是（　　）。

A. 养老保险　　B. 医疗保险

C. 失业保险　　D. 工伤保险

60. 职工因工死亡，其直系亲属可从工伤保险基金领取丧葬补助金、供养亲属抚恤金和（　　）。

A. 一次性工伤医疗补助金　　B. 一次性工亡补助金

C. 一次性伤残补助金　　D. 一次性经济补偿金

二、多项选择题（共20题，每题2分。每题的备选项中，有2个或2个以上符合题意，至少有1个错项。错选，本题不得分；少选，所选的每个选项得0.5分）

61. 关于成就需要的说法，正确的有（　　）。

A. 成就需要是指个体追求优越感的驱动力

B. 成就需要高的人倾向选择适度的风险

C. 成就需要高的人具有较强的责任心和进取意识

D. 一般来说，成就需要高的人工作绩效较低

E. 希望能够得到及时的反馈

62. 按照理性决策模型，决策者的特征包括（　　）。

A. 从目标意义上分析，决策完全理性

B. 决策者遵循满意原则，在选择时不必知道所有的可能方案

C. 决策者可以知道所有备选方案

D. 决策者可以采用经验启发式原则或一些习惯进行决策

E. 决策者在选择备选方案时，试图寻找令人满意的结果

63. 关于组织设计和组织文化的说法，正确的有（　　）。

A. 组织设计会影响组织文化的形成

B. 如果企业要鼓励创新、开放的组织文化，就需要提高组织的制度化程度

C. 多样化程度高、以外部招聘为主的组织通常更重视灵活性和创新的价值

D. 强调严格的等级差异的绩效评估体系可以培养合作的组织文化

E. 一个希望培养合作氛围的组织不应该过分强调薪酬的功能性意义

64. 关于人力资源需求预测方法的说法，正确的有（　　）。

A. 经验判断法是一种最简单的人力资源需求预测方法

B. 德尔菲法需要专家必须在一起开会讨论

C. 比率分析法实际上是假定人均生产率

D. 趋势预测法比较粗糙，预测的准确度会打折扣

E. 定量预测方法比定性预测方法更加准确

65. 人才管理的主要内容包括（　　）。

A. 构建灵活多样的人才获取途径

B. 形成有助于降低风险的新型人才队伍调节机制

C. 建立多元化的员工价值主张

D. 加强人力资源能力建设

E. 实现组织的总体战略

66. 适合离岸经营的工作岗位包括（　　）。

A. 生产岗位　　B. 呼叫中心的服务岗位

C. 证券分析岗位　　D. 技术研发岗位

E. 管理岗位

67. 影响结构性失业严重程度的因素包括（　　）。

A. 对劳动力需求转变的快慢
B. 劳动力供给能否适应需求的变化
C. 地理状况的差异
D. 技术替代的灵活性大小
E. 经济环境变化的速度

68. 情境化结构面试通常需要遵循的“STAR”原则包括（　　）。

A. 描述面对的典型环境
B. 需要完成的主要工作任务
C. 可以做到面试的结构性与灵活性相结合
D. 实际上采取了何种行动
E. 说明这种行动产生了怎样的结果

69. 绩效考核后，组织可以通过对员工（　　）的交叉分析，将员工划分成安分型、贡献型、堕落型和冲锋型四种类型。

A. 年龄、性别
B. 人际关系
C. 工作经验
D. 工作态度
E. 工作能力

70. 关于工资差别的说法，正确的有（　　）。

A. 政府应当尽可能消除一切工资差别
B. 工资差别的存在不利于劳动力实现自由流动
C. 劳动者在素质和技能方面的差异可能会导致工资差别的产生
D. 劳动条件方面的差异可能会导致工资差别的产生
E. 在整个社会中工资差别具有重新配置劳动力资源的作用

71. 关于职业生涯管理的说法，正确的有（　　）。

A. 职业生涯管理包括组织职业生涯管理和个体职业生涯管理两个方面
B. 组织职业生涯管理有利于员工进行个体职业生涯管理
C. 积极进行个体职业生涯管理的员工，通常会获得更多的来自组织的职业发展支持
D. 只有组织职业生涯管理与个体职业生涯管理相匹配，才能提高员工的满意度，降低离职率
E. 职业生涯管理是员工个人的事情，不需要直线经理人员参与其中

72. 从测试的内容来看，心理测试可以划分为（　　）。

A. 成绩测试
B. 人格测试
C. 能力测试
D. 评价中心技术
E. 职业兴趣测试

73. 在向后弯曲的个人劳动力供给曲线上，具有负斜率向左上方倾斜的部分，当工资率上升时，它表明（　　）。

A. 劳动者会增加劳动力供给时间
B. 劳动者会减少劳动力供给时间
C. 对劳动者供给的替代效应大于收入效应
D. 对劳动者供给的收入效应大于替代效应
E. 劳动者愿意增加闲暇的消费

74. 关于职工大额医疗费用补助制度的说法，正确的有（　　）。

A. 该险种有强制执行性

B. 与基本医疗保险基金共同管理、统一核算

C. 一般由商业保险公司经办

D. 用于解决封顶线以上的大额医疗费用

E. 采取每年缴纳一定额度费用的办法筹集资金

75. 在其他条件相同的情况下，若（　　），则进行人力资本投资的合理性越强。

A. 人力资本投资后获得收益的时间越长

B. 人力资本投资的成本越低

C. 人力资本投资后收入增加值越大

D. 人力资本投资完成后获得收益的风险越高

E. 人力资本投资的机会成本越高

76. 关于在中国境内就业的外国人参加我国社会保险的说法，正确的有（　　）。

A. 应当参照规定参加我国的社会保险

B. 依法获得在我国境内就业证件 3 个月内提供协议国出具参保证明的，免除其规定险种在规定期限内的缴费义务

C. 依法获得在我国境内就业证件 3 个月内不能提供协议国出具的参保证明的，征收社会保险费

D. 依法获得在我国境内就业证件 3 个月后不能提供协议国出具的参保证明的，征收社会保险费并收取相应的滞纳金

E. 对于协议之外的险种超过规定期限的，应要求其按规定缴纳社会保险费

77. 关于劳务派遣岗位的范围，说法正确的有（　　）。

A. 临时性工作岗位是指存续时间不超过 6 个月的岗位

B. 辅助性工作岗位是指为主营业务提供服务的非主营业务岗位

C. 劳务派遣用工是我国企业基本用工形式

D. 用工单位应严格控制劳务派遣用工数量，不得超过其用工总量的 10%

E. 劳动合同用工是补充形式

78. 在仲裁庭裁决劳动争议案件中，仲裁员若（　　），则应当回避。

A. 与案件有利害关系　　B. 接受代理人请客送礼

C. 促使争议双方当事人达成调解协议　　D. 私自会见当事人

E. 是仲裁委员会主任

79. 关于工伤保险费的缴纳符合《社会保险法》规定的有（　　）。

A. 用人单位缴纳工伤保险费

B. 职工不缴纳工伤保险费

C. 职工在两个或两个以上用人单位同时就业的，各用人单位应当分别为职工缴纳工伤保险费

D. 职工发生工伤，由职工受到伤害的工作单位依法承担工伤责任

E. 非全日制从业人员在两个或两个以上用人单位同时就业的，各用人单位可以不为职工缴纳工伤保险费

80. 解决人力资源和社会保险行政争议的方式有（　　）。

A. 调节　　B. 行政复议

C. 行政诉讼　　D. 待遇复查

E. 仲裁

三、案例分析题（共 20 题，每题 2 分，由单选和多选组成。错选，本题不得分；少选，所选的每个选项得 0.5 分）

（一）

李明是某公司的部门经理，他对下属的困难始终给予理解和帮助，并且善于与他人合作，积极听取不同的意见，经常出面为大家化解冲突，员工们都认为他是一个很有亲和力的领导。最近公司准备裁员，要求从他所在部门的员工中辞退一人，这让李明感到十分棘手和苦恼。

根据以上资料，回答下列问题：

81. 根据决策风格理论，李明的决策风格属于（　　）。

A. 指导型　　B. 分析型

C. 概念型　　D. 行为型

82. 李明的决策风格特征包括（　　）。

A. 模糊耐受性高　　B. 对人和社会比较关注

C. 模糊耐受性低　　D. 喜欢困难的决策

83. 按照明茨伯格的决策过程，李明应首先进入（　　）。

A. 设计阶段　　B. 选择阶段

C. 智力阶段　　D. 确认阶段

84. 西蒙认为，决策过程可以分为（　　）。

A. 智力活动　　B. 情感活动

C. 设计活动　　D. 选择活动

（二）

某咨询公司是一家以战略咨询为主要业务的公司，已有 9 年的发展历史，公司形成了强调冒险与革新的组织文化，提升了公司的核心竞争力。公司一直重视员工的培养，注重从各种年龄和经验层次的员工中选拔人才。公司的薪酬制度强调以员工绩效水平为依据，对工作出色的员工提供高额奖金和较大的工作自由度，因而员工的敬业度很高。目前，公司有员工 32 人，通常以小组为单位进行工作。公司把管理决策权下放到员工手中，也没有设置严格的部门界限。由于最近获得一笔很大的海外投资，公司着手开始组织变革，计划在未来半年内实施大规模扩张计划，针对不同行业组建专业咨询小组，以便为客户提供更加专业的服务。同时，公司计划成立独立的客户关系部门，加强客户的拓展和维护工作。

根据以上资料，回答下列问题：

85. 该咨询公司目前的组织文化类型属于（　　）。

A. 学院型　　B. 俱乐部型

C. 棒球队型　　D. 堡垒型

86. 下列各项，适合该咨询公司目前的组织文化类型的是（　　）。

A. 广告机构　　B. 软件开发

C. 投资银行　　D. 餐饮娱乐

87. 该咨询公司目前的组织设计类型是（　　）。

A. 虚拟组织形式　　B. 行政层级式

C. 矩阵结构式　　D. 团队结构式

88. 该咨询公司计划进行的组织变革方法属于（　　）。

A. 以人员为中心的变革　　B. 以结构为中心的变革

C. 以技术为中心的变革　　D. 以文化为中心的变革

（三）

张某是某公司的生产总监，他平时总是尽力帮助员工。他的一个下属由于家人生病经常缺勤，年底考核时，张某想帮助他，于是在其评估表格的每一项上都填写了“优秀”，因此这个员工得到了丰厚的年终奖金。而对于其他员工，张某也都给予了较好的评价，即使是对于工作态度较差的员工，也没有记录具体原因。

根据以上资料，回答下列问题：

89. 关于对张某在绩效考核中做法的评价，正确的是（　　）。

A. 张某的做法无可厚非，他比较好地平衡了大家的贡献

B. 张某的主观意识影响了考核结果的公正性

C. 此考核结果可以增加员工对张某的认同感，有利于张某形成良好的人际关系

D. 这种直接领导作为唯一评估者的方法，极易受个人主观因素的影响

90. 该公司如果要进一步改进绩效考核，可以选择的方法有（　　）。

A. 评价中心法　　B. 管理游戏

C. 关键绩效指标法　　D. 角色扮演法

91. 张某在绩效考核中的这种做法产生了（　　）。

A. 近因效应　　B. 首因效应

C. 趋中效应　　D. 过宽效应

92. 针对张某在绩效考核中产生的效应，适合的克服方法是（　　）。

A. 目标管理法　　B. 强制分布法

C. 关键事件法　　D. 标杆超越法

（四）

某研究机构对于本地区的劳动力市场状况进行了研究，结果发现以下几种情况：第一，本地区的大部分企业都是劳动密集型企业，同时企业所生产产品的需求价格弹性也比较大；第二，本地区男性劳动力和女性劳动力之间的交叉工资弹性较高，而且为负值；第三，本地区目前处于一种劳动力市场均衡状态，但在未来几年中，几家新建的企业将投产，而本地区的劳动力供给却不会出现大的变化；第四，某特殊行业的生产规模及所使用的技术没有明显变化，但是，由于该行业过去的工资水平一直很高，本地的年轻人在上大学时纷纷报考与该行业有关的专业，预计这些人大学毕业后，绝大部分会回到本地就业。

根据以上资料，回答下列问题：

93. 根据第一种情况，下列说法中正确的是（　　）。

A. 该地区的劳动力需求的自身工资弹性比较高

B. 劳动密集型企业的劳动力需求自身工资弹性较低

C. 该地区的劳动力供给量比较大

D. 该地区的产品需求价格弹性较大，这种情况不利于工资水平的提高

94. 关于第二种情况，下列说法中正确的是（　　）。

A. 劳动力需求的交叉工资弹性是指劳动力自身的工资率变化1%导致的另外一种劳动力的需

求量变化百分比

B. 男性和女性劳动力的交叉工资弹性为负值，这说明两种劳动力之间是一种总替代关系

C. 男性和女性劳动力的交叉工资弹性为负值，这说明两种劳动力之间是一种总互补关系

D. 当男性劳动力的工资率上涨时，女性劳动力需求会出现上升

95. 根据第三种情况，该地区在未来几年中将会出现（　　）。

A. 工资率和就业人数同时上升的情况　　B. 工资率上涨而就业人数不变的情况

C. 工资率不变而就业人数上升的情况　　D. 劳动力市场无法实现均衡的情况

96. 根据第四种情况，下列说法中正确的是（　　）。

A. 该行业的劳动力供给在未来几年会出现大幅度增加

B. 该行业的劳动力需求在未来几年会出现大幅度增加

C. 该行业未来几年可能出现工资率下降，但是就业人数上升的情况

D. 该行业未来几年可能出现工资率和就业人数同时上升的情况

（五）

某公司专门从事劳务派遣业务。最近，该公司与某培训中心签订了一份劳务派遣协议，约定向其派遣20名教学辅助人员，分为两个周期，每个周期为1年，每个周期结束前订立新的劳务派遣协议。该公司根据这份协议，招收了20名被派遣劳动者，并与他们签订了劳动合同。可此时，因招生规模的变化，培训中心只需要19名被派遣劳动者。为维护与培训中心的合作关系，该公司只好按培训中心要求派出19名被派遣劳动者。公司王经理与未被派遣到培训中心的小张协商，在其无工作期间，该公司将按当地最低生活保障标准给予生活补助。

根据以上资料，回答下列问题：

97. 关于劳务派遣公司设立的说法，正确的是（　　）。

A. 培训中心可以设立向本中心派遣劳动者的劳务派遣公司

B. 劳务派遣公司注册资本不得少于200万元人民币

C. 培训中心不可以设立向本中心所属单位派遣劳动者的劳务派遣公司

D. 劳务派遣公司必须依照《公司法》设立，注册资本不得少于10万元人民币

98. 关于该公司与培训中心订立劳务派遣协议的说法，错误的是（　　）。

A. 劳务派遣协议应约定被派遣劳动者的数量

B. 劳务派遣协议中可以约定培训中心不得将劳务派遣协议内容告知被派遣劳动者

C. 劳务派遣协议可以约定违反协议的责任

D. 该公司与培训中心可将派遣期限分为两期，每个周期结束前订立新的劳务派遣协议

99. 该培训中心只能在（　　）工作岗位上使用被派遣劳动者。

A. 临时性　　B. 灵活性

C. 辅助性　　D. 替代性

100. 该公司对小张采取的下列做法，符合法律规定的是（　　）。

A. 在小张无工作期间，该公司按当地最低生活保障标准向其支付生活补助

B. 与小张订立1年期限劳动合同

C. 在小张无工作期间，按当地政府规定的最低工资标准向其按月支付报酬

D. 随时解除与小张签订的劳动合同

《人力资源管理专业知识与实务》(中级)
考前预测卷(三)

(考试时间 90 分钟　满分 140 分)

一、单项选择题(共 60 题,每题 1 分。每题的备选项中,只有 1 个最符合题意)

1. 下列关于内源性动机和外源性动机的说法,正确的是(　　)。

A. 外源性动机注重行为的本身,而非行为的结果

B. 内源性动机比较注重社会报酬,如表扬、社会地位等

C. 外源性动机往往是为了逃避惩罚而去完成某种行为

D. 具有内源性动机的个体并不认可所做的行为价值

2. 关于麦克利兰三重需要理论的陈述,正确的是(　　)。

A. 在大公司中,成就需要高的人一定能成为优秀的经理

B. 成就需要高的人希望能够得到及时的反馈

C. 亲和需要高的人在组织中容易与他人形成良好的人际关系,因而往往在组织中担当管理者的角色

D. 权力需要高的人具有较强的责任感,在创造性活动中更容易获得成功

3. 在期望理论中,一个人需要多少报酬称为(　　)。

A. 工具性　　B. 效价　　C. 期望　　D. 动机

4. 下列关于目标管理的陈述,不正确的是(　　)。

A. 目标管理是一个自上而下的单向过程

B. 限期完成是目标管理四要素之一

C. 目标管理使得每一名员工都有明确的、可行的、与部门和组织目标紧密联系的目标

D. 目标管理的基本核心是强调群体共同参与制定具体的、可行的而且能够客观衡量的目标

5. 根据路径—目标理论,努力建立舒适的工作环境,亲切友善,关心下属的要求,这种领导行为称为(　　)。

A. 指导式　　B. 支持型

C. 参与式　　D. 成就取向式

6. 根据费德勒的权变理论,最适合于工作取向领导风格的情境是(　　)。

A. 上下级关系较好,工作结构化程度较高,领导职权较大

B. 上下级关系较坏,工作结构化程度较低,领导职权较大

C. 上下级关系较坏,工作结构化程度较高,领导职权较小

D. 上下级关系较好,工作结构化程度较低,领导职权较小

7. 在管理方格图中,投入最少量的努力完成必要的工作和维持适合的组织成员关系的领导风格,称为(　　)。

A. "无为而治"领导风格　　B. "中庸式"领导风格

C. "任务"领导风格　　D. "乡村俱乐部"领导风格

8. 关于社会模型的说法,错误的是(　　)。

A. 认为人类无法进行理性决策

B. 认为人类是由无意识的需求来驱动的

C. 认为决策者有坚持错误的倾向，他们称其为投入的减少

D. 产生坚持错误倾向的原因包括项目特点、心理决定因素、社会压力、组织决定因素等

9. 各管理层次、部门在权力和责任方面的分工和相互关系指的是组织结构体系中的（　　）。

A. 部门结构　　B. 层次结构

C. 职能结构　　D. 职权结构

10. 关于组织结构的说法，错误的是（　　）。

A. 组织结构的本质是企业员工的分工协作关系

B. 组织结构的内涵是企业员工在职、权、责三方面的结构关系

C. 设计组织结构的目的是实现组织目标

D. 组织结构与权责结构有本质的区别

11. 职能制组织形式在（　　）环境中较为有效。

A. 简单/动态　　B. 复杂/动态

C. 简单/静态　　D. 复杂/静态

12. 关于现代组织发展方法的说法，错误的是（　　）。

A. 全面质量管理是20世纪90年代初在组织管理上最流行的一种技术革新方法

B. 全面质量管理规划需要自上而下推行，并持续从下向上付诸实施

C. 有共同的目标是团队建设的特征之一

D. 要达到全面质量管理的要求，文化的改变需在实行全面质量管理之后

13. 战略执行过程中的关键要素不包括（　　）。

A. 组织战略　　B. 组织结构

C. 工作任务设计　　D. 人员的甄选、培训与开发

14. 针对劳动力短缺的情况，调整速度快且可撤回程度高的人力需求平衡方法是（　　）。

A. 加班加点　　B. 再培训后换岗

C. 降低流动率　　D. 技术创新

15. 关于内容效度的说法，正确的是（　　）。

A. 内容效度的检验主要采用专家判断法

B. 内容效度是指能够测量出理论构想的程度

C. 内容效度反映的是不同评价人员评价结果的一致性

D. 内容效度反映的是两个测验在内容上的等值性程度

16. 关于我国社会保险法立法原则的说法，不正确的是（　　）。

A. 确立框架，循序渐进

B. 公平与效率相结合

C. 权利与义务相适应

D. 优先体现激励原则，同时体现公平原则

17. 关于能力测试的相关表述，错误的是（　　）。

A. 特殊认知能力测试是针对特殊职业或职业群而设计的能力测试

B. 一般认知能力测试就是智商测试

C. 身体能力测试大多与手的灵活性有关，能够有利于预测工伤的情况

D. 身体能力测试是对一个人的爆发力、广度灵活性、动态灵活性、身体协调性与平衡性等所进行的测试

18. 关于劳动关系的说法，错误的是（　　）。
A. 劳动关系的主要特点是平等性
B. 劳动关系是一种社会关系
C. 冲突与合作贯穿于劳动关系的整个过程，是形成劳动关系运行的两种基本形式
D. 劳动关系是一种社会经济关系

19. 关于用人单位单方面解除劳动合同的说法，正确的是（　　）。
A. 劳动者在试用期间被证明不符合录用条件的，用人单位可以随时解除劳动合同
B. 企业必须提前 30 日通知劳动者方可解除劳动合同
C. 如果企业裁员人数未达到职工总人数的 10%，可以不通知工会
D. 劳动者不能胜任工作的，用人单位可以提前 30 日书面通知劳动者解除劳动合同

20. 关于社会保险覆盖范围的说法，正确的是（　　）。
A. 劳动者在两个单位工作的，可以选择其中一家单位缴纳工伤保险费
B. 无雇工的个体工商户可以参加职工基本养老保险
C. 外国人在我国就业的可以不缴纳社会保险
D. 非全日制从业人员不能缴纳职工基本医疗保险

21. 关于影响工资水平确定的因素，表述正确的是（　　）。
A. 同工同酬的原则应当在全社会内贯彻
B. 企业的工资支付能力主要取决于企业或部门的生产率
C. 影响因素中不包括劳动者个人及其家庭所需的生活费用
D. 影响因素中包括谈判双方的力量对比

22. 关于我国在失业方面的规定的说法，正确的是（　　）。
A. 虽然从事一定社会劳动，但劳动报酬低于当地最低工资的情况视同失业
B. 超出法定劳动年龄的劳动者外出找工作，但没找到的情况属于失业
C. 16 周岁以上各类学校毕业或肄业的学生，初次寻找工作但未找到，不属于失业人员
D. 失业人员是指在法定劳动年龄内，有工作能力，无业且要求就业而未能就业的人员

23. 在其他条件相同的情况下，上大学的成本越低，则愿意上大学的人越多，符合这种推论现象的是（　　）。
A. 在经济衰退时期选择上大学的高中毕业生所占的比例更大
B. 贴现率越低，愿意上大学的人越多
C. 大学毕业后可以工作的年限越长，愿意上大学的人越多
D. 大学毕业生的工资超出高中毕业生越多，愿意上大学的人越多

24. 下列医疗费用中，纳入基本医疗保险基金支付范围的是（　　）。
A. 应当由第三人负担的医疗费用　　B. 抢救的医疗费用
C. 治疗工伤的医疗费用　　D. 在境外就医的费用

25. 关于德尔菲法的说法，错误的是（　　）。
A. 德尔菲法吸取和综合了众多专家的意见，避免了个人预见的片面性
B. 德尔菲法应采取多轮预测的方法

C. 德尔菲法应采取匿名方式进行

D. 德尔菲法是一种集体讨论的预测方法

26. 关于垄断性工资差别的说法，错误的是（　　）。

A. 在市场发育不完全情况下，可能会出现因制度原因造成的垄断性工资差别

B. 因自然原因造成的工资差别有其存在的合理性

C. 政府应当消除一切垄断性工资差别

D. 文体明星获得的高薪是垄断性工资差别的一种表现形式

27. 关于有效的绩效管理体系的说法，正确的是（　　）。

A. 有效的绩效管理体系的可接受性是指组织上下共同支持绩效工作

B. 有效的绩效管理体系的敏感性是指应该把工作标准和组织目标联系起来确定绩效的好坏

C. 有效的绩效管理体系的准确性是指可以明确区分高绩效员工和低绩效员工

D. 有效的绩效管理体系的可靠性是指成本应该小于收益

28. 下列关于取得不同竞争优势战略下的绩效管理，表述错误的是（　　）。

A. 采用成本领先战略，在绩效考核中可以采用目标管理法

B. 采用成本领先战略，在绩效改进时可以选择标杆超越法

C. 采用差异化战略，在绩效考核中应选择以结果为导向的评价方法

D. 采用差异化战略，在绩效管理中应当弱化员工工作的直接结果

29. 在绩效评价中，评价者对评价对象的看法往往受到评价对象所属群体的影响，这称为（　　）。

A. 趋中倾向　　B. 刻板印象　　C. 晕轮效应　　D. 近因效应

30. 通过使用相关的统计工具来分析影响企业业务流程的因素，进而改进流程，控制错误率和废品率，从而提升组织的绩效水平。这种绩效改进方法是（　　）。

A. 标杆超越　　B. 卓越绩效标准

C. 六西格玛管理　　D. ISO 质量管理体系

31. 薪酬体系设计的第一步是（　　）。

A. 明确企业现状及战略目标　　B. 薪酬调查

C. 工作分析　　D. 工作评价

32. 股权激励计划的有效期自股东大会通过之日起计算，一般不超过（　　）年。

A. 1　　B. 5

C. 10　　D. 20

33. 关于股票期权计划的说法，错误的是（　　）。

A. 股票期权是企业经营者的一种义务

B. 股票期权只适用于上市公司

C. 股票期权可以把经营者的利益与股东利益及企业发展结合起来

D. 股票期权可以让经营者分享企业的预期收益

34. 股票期权计划的优点在于（　　）。

A. 能够准确衡量企业真实的经营状况

B. 需要依托规范而有生气的股票市场

C. 不易诱发弄虚作假、恶意操纵等不良行为

D. 可以使企业股东的资产权益首先得到保障

35. 下列关于培训与开发决策分析的表述，错误的是（　　）。

A. 只有 B－S＞C 时，培训与开发才会提高组织的收益

B. 培训与开发是一项无回报的开支

C. 培训与开发的预算经常落后于经营战略计划

D. 管理层不愿意做那些难于衡量或反馈周期长的培训与开发投资

36. 关于培训与开发组织体系的说法，错误的是（　　）。

A. 在设立培训与开发机构时，需要考虑组织规模和人力资源管理在组织中的地位和作用

B. 培训与开发机构隶属于人力资源部的优点是有利于形成协调统一的培训开发计划

C. 培训与开发机构作为独立部门的优点是不易受其他工作干扰，保证培训与开发的力度和连续性

D. 企业大学是非独立的培训与开发机构的一种扩大发展的模式

37. 关于职业生涯锚特点的陈述，错误的是（　　）。

A. 职业生涯锚不能通过测试来预测

B. 职业生涯锚以个体习得的工作经验为基础

C. 职业生涯锚强调个人能力、动机和价值观三个方面的相互作用与整合

D. 职业生涯锚一经确定就应固定不变

38. 下列不属于获奖者提出的自然科学发现应当具备的条件的是（　　）。

A. 前人尚未发现或者尚未阐明　　B. 具有重大科学价值

C. 具有先进性和创造性　　D. 得到国内外自然科学界公认

39. 当前构建和谐劳动关系的主要任务不包括（　　）。

A. 完善劳动关系协商协调机制

B. 健全劳动法律法规，保障新就业形态劳动者权益

C. 完善分配制度

D. 多方施策

40. 担任县处级副职以上领导职务的公务员任职培训时间一般不少于（　　）天。

A. 35　　B. 30

C. 25　　D. 15

41. 反映比较常见的行业市场劳动力供给状况的劳动力供给曲线的形状是（　　）。

A. 自左上方向右下方弯曲　　B. 垂直形状

C. 自左下方向右上方倾斜　　D. 水平形状

42. 女性劳动力参与率大幅度上升的主要影响因素不包括（　　）。

A. 女性相对工资率上升　　B. 出生率下降

C. 离婚率上升　　D. 工作机会减少

43. 家庭生产理论认为，家庭效用的直接来源是（　　）。

A. 闲暇时间

B. 通过市场工作获得的工资收入

C. 用工资收入购买的产品或服务

D. 产品或服务与家庭时间相结合生产出来的家庭物品

44. 在长期内，工资率与劳动力需求之间的关系是（　　）。

A. 工资率上涨的规模效应导致劳动力需求减少

B. 工资率上涨的替代效应导致劳动力需求上升

C. 工资率上涨的规模效应导致劳动力需求不变

D. 工资率下降的替代效应导致劳动力需求下降

45. 在其他条件一定的情况下，若（　　），则劳动力需求的自身工资弹性就越小。

A. 劳动力成本在总成本中所占的比重越小

B. 其他生产要素替代劳动力的难度越小

C. 其他生产要素的供给弹性越大

D. 劳动力所生产的最终产品的需求价格弹性越大

46. 从理论上来说，如果员工所接受的在职培训为纯粹的一般培训，则这种培训的成本和收益的处理方式应当是（　　）。

A. 企业承担全部培训成本，同时享受全部培训收益

B. 员工个人承担培训成本，同时享受其收益

C. 员工个人承担培训成本，企业享受其收益

D. 企业和员工个人共同承担培训成本，同时分享培训收益

47. 某工厂的职工多为高中学历，平均终身工资性报酬为 200 万元。某人高中毕业后来工厂工作，由于不能胜任繁重的体力劳动，终身工资性报酬为 120 万元，后来他辞职去上大学，毕业后找到一份合适的工作，终身工资性报酬为 350 万元。请问他从上大学中获得的收益是（　　）万元。

A. 80　　B. 100　　C. 150　　D. 230

48. 组织的战略规划和人力资源管理之间的联系最理想的状态应该是（　　）。

A. 行政管理联系　　B. 单向联系

C. 双向联系　　D. 一体化联系

49. 关于工作样本测试的说法，错误的是（　　）。

A. 它所考察的内容与实际工作内容具有较高相似度

B. 它的开发成本较低

C. 它的效度比较高

D. 它的普遍适用性较低

50. 下列关于劳务派遣的劳动合同，表述错误的是（　　）。

A. 劳动合同中应当载明用工单位、派遣期限、工作岗位等

B. 劳务派遣单位应按月支付劳动者劳动报酬

C. 劳务派遣单位与劳动者应签订 2 年以上的固定期限劳动合同

D. 被派遣劳动者在无工作期间，劳务派遣单位应当按照所在地人民政府规定的最低生活保障标准，向其按月支付报酬

51. 关于非全日制用工的说法，正确的是（　　）。

A. 非全日制用工劳动报酬结算支付周期是 1 个月

B. 非全日制用工双方当事人应当订立书面劳动合同

C. 非全日制用工双方当事人不得约定试用期

D. 从事非全日制用工的劳动者只能与一个用人单位订立劳动合同

52. 组成劳动人事争议仲裁委员会的各方代表不包括（　　）。

A. 工会代表　　B. 企业代表

C. 人民法院代表　　D. 劳动行政部门代表

53. 下列情形中，属于劳动仲裁时效中止的是（　　）。

A. 一方当事人通过协商、申请调解等方式向对方当事人主张权利的

B. 一方当事人向仲裁委员会申请仲裁的

C. 当事人因不可抗力不能在法定1年的仲裁时效期间内申请仲裁的

D. 对方当事人同意履行义务的

54. 关于劳动人事争议仲裁委员会的说法，正确的是（　　）。

A. 劳动人事争议仲裁委员会之间具有行政隶属关系

B. 劳动人事争议仲裁委员会由劳动行政部门代表、员工代表和企业方面代表组成

C. 劳动人事争议仲裁委员会下设办事机构

D. 劳动人事争议仲裁委员会按行政区划层层设立

55. 下列不属于劳动保障监察部门可以采取的措施的是（　　）。

A. 吊销许可证　　B. 警告

C. 罚款　　D. 拘留

56. 《失业保险条例》规定，城镇企事业单位职工按照个人工资的（　　）缴纳失业保险费；用人单位缴纳的失业保险费不超过本单位工资总额的（　　）。

A. 2%；3%　　B. 1%；2%

C. 1%；3%　　D. 2%；4%

57. 关于生育保险的说法，错误的是（　　）。

A. 对已经参加生育保险的用人单位，生育津贴按照用人单位上年度职工月平均工资标准由生育保险基金支付

B. 生育保险费按照不超过职工工资总额的1%由用人单位缴纳，个人不缴纳

C. 生育保险待遇包括生育医疗费和生育津贴

D. 职工未就业的配偶生育子女，可以按规定享受生育津贴

58. 职工因工作遭受事故伤害或者患职业病需要暂停工作接受工伤医疗的，在停工留薪期内，（　　），由所在单位按月支付。

A. 原工资与福利待遇均不变

B. 原工资不变，但福利待遇减半

C. 原工资与福利待遇均减半

D. 原工资停发，但福利待遇不变

59. 下列关于用人单位违反劳动法律的责任，说法错误的是（　　）。

A. 侵害女职工及未成年工权益，按照受侵害的劳动者每人100元以上500元以下的标准处以罚款

B. 自用工之日起超过1个月不满1年未与劳动者订立书面劳动合同的，应当向劳动者每月支付2倍的工资

C. 违法延长劳动者工作时间，可按照受侵害的劳动者每人100元以上500元以下的标准处

以罚款

D. 用人单位强令劳动者违章冒险作业，发生重大伤亡事故，造成严重后果的，对责任人员依法追究刑事责任

60. 关于社会保险费的缴纳，表述错误的是（　　）。

A. 用人单位没有为职工代扣代缴的义务

B. 用人单位不得要求职工承担滞纳金

C. 用人单位未依法代扣代缴的，自欠缴之日起向其按日加收万分之五的滞纳金

D. 职工应缴纳的社会保险费由用人单位代扣代缴

二、多项选择题（共 20 题，每题 2 分。每题的备选项中，有 2 个或 2 个以上符合题意，至少有 1 个错项。错选，本题不得分；少选，所选的每个选项得 0.5 分）

61. 马斯洛的需要层次理论对管理的建议有（　　）。

A. 管理者需要考虑员工不同层次的需要

B. 组织需要为员工每一层次的需要设计相应的激励措施

C. 组织用于满足低层次需要的投入效益是递增的

D. 组织用于满足高层次需要的投入效益是递减的

E. 管理者需要考虑每个员工的特殊需要情况，从而相应地加以满足

62. 下列关于魅力型领导理论的表述，正确的有（　　）。

A. 魅力本身不会随情境发生变化

B. 当追随者显示出更高水平的自我意识和自我管理时，魅力型领导的效果会得到进一步强化

C. 魅力型领导会促使下属产生高于期望的绩效以及强烈的归属感

D. 其追随者表现出对领导的高度忠诚和信心，效法其价值观和行为

E. 魅力型领导是指自信并且信任下属，对下属有高度的期望，有理想化的愿景，以及使用个性化风格的领导

63. 关于各类组织形式优缺点的说法，正确的有（　　）。

A. 事业部制组织形式能够把联合化和专业化结合起来，从而提高生产效率

B. 职能制结构有利于强化专业管理

C. 行政层级式的组织可以保证高度集权以及等级管理的顺利执行

D. 矩阵组织形式的稳定性较高

E. 无边界组织形式有助于强化各职能部门的作用

64. 关于重测信度的说法，正确的有（　　）。

A. 又称再测信度

B. 重测信度是指用同一种测试工具在不同的时间对同一群人进行多次测试所得到的结果的一致性程度

C. 时间间隔越长，两次测试之间的相关系数就越高

D. 根据一般经验，两次测试的时间间隔为半个月到半年可能比较合适

E. 反映了两个测验在内容上的等值性程度

65. 学习型组织的关键特征包括（　　）。

A. 致力于持续学习　　　　B. 知识共享

C. 普遍采用逆向的思维方式　　D. 具有一种学习文化

E. 重视员工

66. 当人力资源供给大于需求时，为达到平衡可以采取的措施有（　　）。

A. 提高现有人员的工作效率　　B. 提前退休

C. 对富余员工实行培训　　D. 冻结招聘

E. 扩大经营规模

67. 高工资往往能够带来高生产率，其主要原因在于高工资有助于（　　）。

A. 吸引和雇用到优秀员工　　B. 增加员工对企业的认同感

C. 降低企业的人工成本　　D. 增加员工的偷懒行为

E. 促进员工流动

68. 员工申诉管理的原则包括（　　）。

A. 合法原则　　B. 明晰原则

C. 及时原则　　D. 平等原则

E. 反馈原则

69. 在绩效计划制订的准备阶段，搜索制订绩效计划所需要的信息包括（　　）。

A. 组织最新的战略管理资料

B. 工作分析的相关资料

C. 组织的使命

D. 组织和员工近期的绩效考核结果

E. 组织近几年的绩效管理资料

70. 关于货币工资和实际工资的说法，正确的有（　　）。

A. 在货币工资水平不变时，实际工资水平可能上升，可能下降

B. 实际工资反映了货币工资的实际购买能力

C. 物价水平变化越大，货币工资和实际工资之间的差别越小

D. 企业在确定工资水平时，必须了解实际工资水平的高低

E. 货币工资水平的上升一定会导致劳动力供给的增加

71. 采用差异化战略的企业，适宜的薪酬管理方法有（　　）。

A. 与竞争对手相比，保持较低的薪酬水平

B. 基本薪酬以劳动力市场通行水平为准且略高于市场水平

C. 注重对产品创新、技术创新和新的生产方法给予足够的报酬或奖励

D. 长期施行奖金或股票选择权等计划

E. 短期内提供相对低的基本薪酬

72. 职业生涯管理对组织的重要性表现在（　　）。

A. 使员工与组织共同发展，以适应组织发展与变革

B. 能满足员工高层次的需求，进而提高个体的工作生活质量

C. 为组织培养后备人才

D. 组织内部培养的员工在组织适应性方面比从外面招聘的员工强

E. 满足员工的发展需要，增强员工对组织的承诺，留住员工

73. 对公务员、公务员集体的奖励，说法正确的有（　　）。

A. 对表现突出的，给予嘉奖

B. 对作出较大贡献的，记三等功

C. 对作出重大贡献的，记一等功

D. 对作出杰出贡献的，记二等功

E. 对功绩卓著的，授予“人民满意的公务员”“人民满意的公务员集体”“模范公务员”“模范公务员集体”等荣誉称号

74. 关于工资率对个人劳动力供给的影响，表述正确的有（　　）。

A. 市场工资率的提高会给劳动者同时带来两个作用方向相反的影响——收入效应和替代效应

B. 工资率上升的收入效应导致劳动者减少劳动力供给

C. 工资率下降的替代效应导致劳动者增加闲暇时间

D. 当工资率上升、收入效应大于替代效应时，劳动者的个人劳动力供给时间增加

E. 当工资率下降、替代效应大于收入效应时，劳动者的个人劳动力供给时间增加

75. 垂直形状的劳动力供给曲线形成的原因包括（　　）。

A. 劳动者不能快速调整工作计划

B. 某些职业或技能的培训期比较长

C. 某些种类的劳动力无限供给

D. 封闭国家的劳动者已经实现了充分就业

E. 存在大量“就业不充分”的劳动力

76. 下列属于人力资本投资活动的有（　　）。

A. 各级正规教育

B. 工作流动

C. 加强学龄前儿童的营养

D. 寻找工作

E. 高强度与高压力的工作

77. 我国征缴社会保险费的法定机构有（　　）。

A. 税务机关

B. 保险公司

C. 商业银行

D. 劳动保障行政部门

E. 社会保险经办机构

78. 关于对劳务派遣单位、用工单位违反有关劳务派遣规定的处理，正确的有（　　）。

A. 由劳动行政部门责令限期改正

B. 逾期不改正的，以每人 5 000 元以上 10 000 元以下的标准处以罚款

C. 逾期不改正的，吊销劳务派遣单位的劳务派遣业务经营许可证

D. 用工单位给被派遣劳动者造成损害的，劳务派遣单位与用工单位承担连带赔偿责任

E. 用工单位给被派遣劳动者造成损害的，劳务派遣单位无须承担赔偿责任

79. 下列关于劳动争议调解相关规定的说法，正确的有（　　）。

A. 企业应当依法设立企业劳动争议调解委员会

B. 调解委员会由劳动者代表和企业代表组成

C. 调解委员会主任由工会委员会成员或者双方推举人员担任

D. 发生劳动争议，当事人必须以书面形式向调解委员会提出调解申请

E. 调解委员会调解劳动争议，应当自受理调解申请之日起15日内结束

80. 小张所在用人单位未依法为其缴纳工伤保险费，小张不幸发生事故并被认定为工伤后，小张可向社会保险经办机构书面申请先行支付工伤保险待遇的情形有（　　）。

A. 用人单位有营业执照的

B. 用人单位拒绝支付全部费用的

C. 依法经仲裁、诉讼后仍不能获得工伤保险待遇，法院出具终止执行文书的

D. 用人单位被依法撤销登记、备案的

E. 用人单位拒绝支付部分费用的

三、案例分析题（共20题，每题2分，由单选和多选组成。错选，本题不得分；少选，所选的每个选项得0.5分）

（一）

2011年，创业时的H公司只生产风扇，需要当机立断的决策机制。当时采用直线式管理，简单直接、环节清晰。几年后，H公司已经变成了集团，直线式管理的弊端渐显。各个产品经营单位埋头生产，整个集团的五大种类、近千种产品统一由销售公司负责推广，产销脱节的矛盾使原有的市场优势渐渐失去。

2022年，H集团开始事业部形式的体制改革试点，一年后，改革全面铺开。集团负责总体发展战略、产业发展取向、投资导向、资本经营和品牌经营，原有的五大类核心产品生产单位组建成五个事业部，实行开发、生产、销售、服务一体化，事业部自主权地充分落实带来了活力。各事业部由原先单纯的“生产型企业”变成了“市场型企业”，在市场经营中主动出击，快速反应。空调事业部总经理张先生说：“以前的冷气机公司只管生产，实行事业部制后，它成为一个以市场为导向，集产品开发、生产制造、市场营销为一体的现代化企业”。H集团副总裁陈先生描述道：“实行事业部制以前，总裁一天到晚忙得焦头烂额，原材料没有了，找总裁；产品有次品，找总裁。总裁成了‘大保姆’。改革后，高层干部把以往埋头拉车的时间用来抬头看路了，从日常工作中解脱出来，有时间思考企业文化、经营方针等战略问题”。

根据以上资料，回答下列问题：

81. 创业时的H公司所采取的组织设计类型是（　　）。

A. 行政层级式　　B. 职能制

C. 矩阵组织形式　　D. 无边界组织形式

82. 创业时的H公司采取直线式管理之所以是适宜的，并取得成功，是因为（　　）。

A. 当时的环境是简单/动态的

B. H公司当时是中小型企业

C. H公司产品品种比较单一

D. 管理权力高度集中，便于H公司最高层对整个企业实施严格的控制

83. H集团后来实行事业部制之所以是适宜的，是因为（　　）。

A. H集团的产品种类多

B. H集团所面临的市场环境变化快

C. H集团是一家强调适应性的大型联合性公司

D. H集团想削减管理成本与费用

84. H 集团实行事业部制之所以取得成功，是因为（　　）。

A. H 集团高层摆脱了具体管理事务，集中精力于战略问题

B. 事业部之间相互协调，从而减少了企业的活力

C. H 集团能够组织高度的专业化生产，从而提高了生产效率

D. 事业部得到 H 集团对经营活动更具体的指导

（二）

某公司是一家高新技术企业，目前正在进行股份制改造。公司高层决定以此为契机，对公司进行重新设计，并着力进行组织文化建设，以形成鼓励创新和民主参与的文化。为此，公司决定聘请某著名管理咨询公司帮助公司进行变革。双方商定，在组织结构设计中，应重点考虑公司战略、管理层次和管理幅度、制度化程度、关键职能、人员素质等五个要素，同时还要促进组织文化建设。

根据以上资料，回答下列问题：

85. 案例中所考虑的要素属于组织结构设计的特征因素的是（　　）。

A. 公司战略　　B. 管理层次和管理幅度

C. 制度化程度　　D. 关键职能

86. 案例中所考虑的要素属于组织结构设计的权变因素的是（　　）。

A. 公司战略　　B. 管理层次和管理幅度

C. 制度化程度　　D. 人员素质

87. 组织设计包括古典的组织设计理论和现代的组织设计理论。下列关于古典组织设计理论的说法，正确的是（　　）。

A. 它同时关注组织结构设计和运行制度设计两个方面的研究

B. 它只关注组织结构设计方面的研究

C. 它是动态的

D. 它只关注运行制度设计方面的研究

88. 关于管理层次与管理幅度关系的陈述，正确的是（　　）。

A. 管理层次是指从组织最高一层管理组织到最低一级管理组织的各个组织等级，而管理幅度是指一名领导者直接领导的下级人员的数量

B. 管理层次与管理幅度存在正比的数量关系

C. 管理幅度决定管理层次，管理层次的多少取决于管理幅度的大小

D. 管理层次对管理幅度具有一定的制约作用

（三）

某公司职工人数比较多，职位种类也比较多，在薪酬管理方面比较混乱，于是决定对整个公司的薪酬战略进行调整，通过工作分析、职位评价、薪酬调查等方式确定全新的薪酬结构体系。在这个过程中，该公司通过配对比较法进行职位评价，以保证薪酬的内部公平性，并采用薪酬调查保证薪酬的外部竞争性，视工作分析为联系职位分析和薪酬调查的桥梁。另外，该公司还采取了股票期权的激励方式，对股票期权的行权价格采用的是实值法，激励对象包括董事、独立董事、高级管理人员。

根据以上资料，回答下列问题：

89. 与共担风险、共享收益的薪酬战略相匹配的发展战略是（　　）。

A. 成长战略　　B. 收缩战略

C. 稳定战略　　D. 差异化战略

90. 关于薪酬调查的说法，正确的是（　　）。

A. 通过对本公司员工采取问卷调查等方式确保内部薪酬公平

B. 调查竞争企业的公开资料获取他们的薪酬情况

C. 跟同行业中类似企业交换信息

D. 调查公司员工对企业薪酬的满意度

91. 该公司薪酬体系设计不恰当的是（　　）。

A. 采用职位评价保证薪酬的内部公平性

B. 采用薪酬调查保证薪酬的外部竞争性

C. 采用配对比较法进行职位评价

D. 工作分析是联系职位分析和薪酬调查的桥梁

92. 该公司的股权激励不恰当的是（　　）。

A. 股票期权采用实值法

B. 股票期权的激励对象包括董事

C. 股票期权的激励对象包括独立董事

D. 股票期权的激励对象包括高级管理人员

（四）

2020 年 1 月 1 日，小李与位于 S 市的某单位签订劳动合同，合同约定日薪为 200 元，合同期限截至 2022 年 12 月 31 日。小李由单位安排到 G 市工作，工作期间小李周末共加班 70 天，上述加班有单位考勤记录为准，考勤记录由单位保管。2022 年 12 月 31 日，劳动合同到期后劳动关系终止。2023 年 8 月，小李向该单位主张加班费，单位认为 2020 年和 2021 年的加班费已过仲裁时效，同时主张曾向小李支付过 5 000 元的加班费，仲裁委员会支持了小李的仲裁请求，单位表示不服。据悉，S 市和 G 市 2022 年、2023 年月最低工资均为 3 000 元。

根据以上资料，回答下列问题：

93. 关于本案仲裁管辖的说法，错误的是（　　）。

A. S 市和 G 市的仲裁委员会都有权管辖

B. 如果小李和单位同时分别向 S 市和 G 市的仲裁委员会申请仲裁，从方便劳动者角度出发，应当由 S 市仲裁委员会管辖

C. 如果在 S 市仲裁委员会仲裁过程中，单位搬迁到 G 市，此时仲裁管辖不发生变更

D. 在答辩期满前，当事人可以书面提出管辖异议

94. 关于本案举证责任的说法，错误的是（　　）。

A. 举证是当事人的义务，仲裁委员会没有收集证据的权限

B. 如果用人单位主张已经向小李支付过加班费，应就该事实承担举证责任

C. 小李主张加班费的，应就加班的事实承担举证责任

D. 用人单位应出示考勤表，否则应承担不利后果

95. 关于本案加班费仲裁时效的说法，正确的是（　　）。

A. 小李离职未满 1 年，可以主张离职前的全部加班费

B. 小李离职之后 8 个月才主张加班费，已有 8 个月的加班费超过仲裁时效

C. 主张加班费的仲裁时效是 2 年

D. 单位可以提起行政复议

96. 关于本案裁决的说法，错误的是（　　）。

A. 因执行国家劳动标准在工作时间方面发生的争议，属于一裁终局

B. 仲裁裁决被撤销后，中级人民法院可以直接作出判决

C. 劳动者隐瞒足以影响公正裁决的证据时，法院可以撤销仲裁裁决

D. 本案裁决属于一裁终局

（五）

钱某于 2023 年 8 月应聘到某公司工作，一直未签订劳动合同。2023 年 11 月的一天，钱某骑自行车在上班途中正常行驶，因对面汽车相撞而受伤致残，经劳动能力鉴定委员会鉴定为8 级残疾。出院后，钱某要求公司认定为工伤，并支付工伤待遇。公司以未与钱某签订劳动合同为由予以拒绝。

根据以上资料，回答下列问题：

97. 钱某骑自行车上班途中因车祸受伤致残，可以（　　）。

A. 认定为工伤　　B. 视同为工伤

C. 不属于工伤　　D. 条件不足，无法确定

98. 自劳动能力鉴定结论做出之日起（　　）年后，钱某或其直系亲属、所在单位或经办机构认为伤残情况发生变化的，可以申请劳动能力复查鉴定。

A. 0.5　　B. 1

C. 2　　D. 3

99. 社会保险行政部门应当自受理工伤认定申请之日起（　　）日内做出工伤认定的决定，并书面通知申请工伤认定的职工或者其近亲属和该职工所在单位。

A. 20　　B. 30

C. 40　　D. 60

100. 钱某的一次性伤残补助金标准为（　　）个月的本人工资。

A. 7　　B. 9

C. 11　　D. 13

《人力资源管理专业知识与实务》（中级）
考前预测卷（四）

（考试时间 90 分钟　满分 140 分）

一、单项选择题（共 60 题，每题 1 分。每题的备选项中，只有 1 个最符合题意）

1. 在激发个体努力工作的动机因素中，不属于外源性动机的是（　　）。

A. 社会地位　　B. 奖金报酬

C. 避免惩罚　　D. 实现潜能

2. 关于双因素理论，下列说法不正确的是（　　）。

A. 保健因素不能起到激励员工的作用

B. 激励因素包括成就感、晋升、工作性质等

C. 保健因素包括别人的认可、人际关系、工资等

D. 激励因素和保健因素影响员工的工作态度

3. 关于质量监督小组的陈述，错误的是（　　）。

A. 小组对提出的各种建议具有自主决定权

B. 主要研究质量方面的难题，分析问题的原因并提出解决方案，监督实施

C. 通常由 8～10 位员工及 1 名督导员组成，每周占用工作时间定期召开会议

D. 小组成员要具备一定的沟通能力和分析解决质量问题的能力

4. 形成魅力归因的领导特质不包括（　　）。

A. 对所完成工作的责任感　　B. 印象管理技能

C. 自信和共情　　D. 社会敏感性

5. 下列属于魅力型领导的非道德特征的是（　　）。

A. 为集体利益使用权力　　B. 经常采取双向沟通

C. 努力提升自己的个人愿景　　D. 支持下级

6. 根据路径—目标理论，如果下属的工作是结构化的，可以带来高绩效和高满意度的领导是（　　）。

A. 指导式领导　　B. 支持型领导

C. 参与式领导　　D. 成就取向式领导

7. 领导主要有三种领导技能，在越高的管理职位上，（　　）的作用也就越重要。

A. 技术技能　　B. 人际技能

C. 操作技能　　D. 概念技能

8. 下列有关组织设计的表述，错误的是（　　）。

A. 现代的组织设计理论是动态的

B. 只对运行制度进行的设计称之为静态组织设计

C. 组织设计是对企业的组织结构及其运行方式所进行的设计

D. 其基本内容包括企业的组织结构设计和保证组织正常运行的各项管理制度和方法设计

9. 技术发展迅速、产品较多、创新性强、管理复杂的企业，最适合采用的组织形式是（　　）。

A. 行政层级式　　B. 职能制

C. 矩阵式　　D. 直线—参谋制

10. 鼓励冒险和革新的组织文化称为（　　）组织文化。

A. 学院型　　B. 俱乐部型

C. 棒球队型　　D. 堡垒型

11. 关于组织发展的陈述，正确的是（　　）。

A. 组织发展是有计划变革及干预措施的总和

B. 组织发展并不关心员工个人的成长

C. 组织发展强调权威和控制

D. 组织发展的人文技术包括减少垂直分化度、简化规章、扩大员工自主性等

12. 组织存在的目的是（　　）。

A. 达成某些目标　　B. 分析组织自身的优势和劣势

C. 实现战略目标　　D. 制定战略规划

13. 根据《中华人民共和国职业分类大典（2022 年版）》的职业分类结构，第二大类指（　　）。

A. 专业技术人员　　B. 社会生产服务和生活服务人员

C. 办事人员和有关人员　　D. 农、林、牧、渔业生产及辅助人员

14. 用同一种测试工具在不同的时间对同一群人进行多次测试所得到的结果的一致性程度是（　　）。

A. 信度　　B. 重测信度

C. 复本信度　　D. 评价者信度

15. 利用政府预算，通过调整税率和政府支出水平来影响总需求的一种政策是（　　）。

A. 人力政策　　B. 货币政策

C. 收入政策　　D. 财政政策

16. 关于新时代劳动关系协商协调机制的说法，错误的是（　　）。

A. 新时代劳动关系协商协调机制建设的首要特点是坚持党的领导

B. 新时代劳动关系协商协调机制的重点是和谐问题

C. 需要加快法治化进程，补齐法律短板

D. 工会作为协调劳动关系三方机制的重要成员，在构建和谐劳动关系中具有不可或缺的独特作用

17. 根据经济学家们的观点，不纳入“自然失业率”计算范围的是（　　）。

A. 摩擦性失业　　B. 技术性失业

C. 结构性失业　　D. 周期性失业

18. 在亚当·斯密指出的职业间工资差别形成原因中，属于竞争性工资差别的是不同的职业在（　　）方面存在差异。

A. 劳动强度和劳动条件

B. 给人带来的愉快或不愉快程度

C. 从业能力获取的难易程度

D. 工作保障和职业稳定程度

19. 在市场经济条件下，能够获得租金性工资收入的人通常是（　　）。

A. 出租自有房屋的房东　　B. 公司文员

C. 中学老师　　D. 文体明星

20. 关于非全日制用工的说法，正确的是（　　）。

A. 非全日制用工劳动报酬结算支付周期是1个月

B. 非全日制用工双方当事人应当订立书面劳动合同

C. 非全日制用工双方当事人不得约定试用期

D. 从事非全日制用工的劳动者只能与一个用人单位订立劳动合同

21. 根据标准化程度划分的面试类型不包括（　　）。

A. 结构化面试　　B. 压力面试

C. 非结构化面试　　D. 半结构化面试

22. 无领导小组讨论中，“如果给你吃葡萄，你会选择先吃已经有点变坏的葡萄，还是选择先吃好葡萄？为什么？”的提问方式属于（　　）。

A. 两难性问题　　B. 开放式问题

C. 操作性问题　　D. 多项选择问题

23. 反映同一测试内部不同题目的测试结果是否具备一致性的指标是（　　）。

A. 复本信度　　B. 重测信度

C. 内部一致性信度　　D. 评分者信度

24. 下列属于绩效管理在人力资源管理中的作用的是（　　）。

A. 有助于组织内部的沟通　　B. 有助于促进员工的自我发展

C. 有助于管理者成本的节约　　D. 帮助组织更有效地实行员工开发

25. 将被评估者的绩效结果放入一个类似于正态分布的标准中的绩效考核方法是（　　）。

A. 标杆超越法　　B. 平衡计分卡法

C. 强制分布法　　D. 关键绩效指标法

26. 下列不属于绩效改进方法的是（　　）。

A. ISO质量管理体系　　B. 六西格玛管理

C. 卓越绩效标准　　D. 目标管理法

27. 某城市2022年年初的总人口为10万人，其中非劳动力人口为2万人，就业人口为7万人。到2022年年底，在人口总量和非劳动力人口数量等不变的情况下，原来的失业人口中有5 000人找到了工作，则该城市在2022年年底的失业率为（　　）。

A. 5%　　B. 6.25%　　C. 6.7%　　D. 12.5%

28. 关于不同类型失业的说法，正确的是（　　）。

A. 在社会处于充分就业状态时，仍存在摩擦性失业

B. 季节性失业是无法预测的

C. 非耐用消费品制造业遭受周期性失业打击的可能性要高于耐用消费品制造业

D. 由于技术进步会带来失业，因而技术进步对就业是不利的

29. 由于生产过程相互依赖，对员工遵守纪律的要求更高、约束更多，很多大企业支付的工资高于中小企业，这种工资差别可以视为（　　）工资差别。

A. 补偿性　　B. 技能性　　C. 竞争性　　D. 效率性

30. 下列属于经营者年薪制一元结构模式的是（　　）。

A. 基本年薪＋风险收入

B. 基本年薪＋津贴＋风险收入（效益收入和奖金）

C. 基本年薪＋效益年薪＋风险收入（股权、股票期权等）＋奖励年薪

D. 企业职工平均工资×调整系数×（1±主要业绩指标的增减比例）

31. 领导理论中的权变理论强调的情境性因素不包括（　　）。

A. 领导与下属的关系　　B. 工作环境

C. 工作结构　　D. 职权

32. 关于股票期权计划的陈述，正确的是（　　）。

A. 对于上市公司和非上市公司，都可以采用股票期权计划

B. 股票期权获受人到期可以行权也可放弃

C. 股票期权既是员工的权利，又是员工的义务

D. 股票期权行使期限一般超过 10 年

33. 评估培训与开发效果最好、最正规的方法是（　　）。

A. 控制实验法　　B. 调查问卷法

C. 笔试法　　D. 面试法

34. 在典型的职业生涯通道类型中，描述员工在不同管理层级、技术等级、技能等级上下之间的变动路径的是（　　）。

A. 横向通道　　B. 纵向通道

C. 双通道　　D. 职业生涯锚

35. 在霍兰德的职业兴趣类型理论中，喜欢分析性的工作，愿意进行系统的创造性探究的是（　　）。

A. 研究型　　B. 现实型

C. 常规型　　D. 企业型

36. 下列选项中，关于我国界定的用人单位的说法，错误的是（　　）。

A. 企业包括国有企业、集体企业、外商投资企业、私营企业等

B. 民办非企业单位从事非营利性社会服务活动

C. 社会团体是指中国公民自愿组成、为实现成员共同意愿、按照其章程开展活动的非营利性社会组织

D. 个体经济组织是指雇工 7 人以下（不包括 7 人）的个体工商户

37. 中央财政科技计划（专项、基金等）中实行公开竞争方式的研发类项目均要设立间接费用，核定比例可以提高到不超过直接费用扣除设备购置费的一定比例，其中 500 万元以下的部分为（　　）。

A. 13%　　B. 15%

C. 20%　　D. 25%

38. 行政机关公务员处分的种类不包括（　　）。

A. 记过　　B. 警告　　C. 降级　　D. 拘役

39. 关于个人劳动力供给曲线的说法，错误的是（　　）。

A. 它表明工资率上升未必导致个人劳动力供给时间增加

B. 它解释的是劳动力供给意愿随着工资率的下降而下降的变动规律

C. 个人劳动力供给曲线的形状是向后弯曲的

D. 它反映了个人劳动力供给时间随工资率的变动而变化的规律

40. 在市场经济条件下，劳动关系是通过劳动者个人和用人单位自主双向选择加以确定和形成的，属于劳动关系调整的（　　）。

A. 劳动关系主体权利与义务统一原则

B. 保护劳动关系主体权益的原则

C. 以劳动关系双方自主协调为基础的原则

D. 促进经济发展和社会进步的原则

41. 某市对汽车生产工人的劳动力需求是单位弹性的，目前该市雇用的汽车生产工人总人数为25 000人，工人的市场工资率为25元/小时，如果工资率上升为30元/小时，则该市愿意雇用的汽车生产工人总人数将变成（　　）人。

A. 15 000　　B. 20 000　　C. 25 000　　D. 30 000

42. 假如某个地区成年人的工资率提高1%，导致该地区企业对于青少年的需求提高2%，则这两种劳动力之间存在的关系是（　　）。

A. 替代关系　　B. 总替代关系

C. 互补关系　　D. 总互补关系

43. 下列关于劳动力市场非均衡的表述，正确的是（　　）。

A. 在现实中，劳动力是同质的

B. 劳动力流动是没有成本的

C. 一些企业为了激励员工的工作积极性，会提供效率工资

D. 雇用和解雇劳动力的过程都不付出成本，所以企业可以随意裁员

44. 若劳动力需求曲线不变，劳动力供给曲线向右移动，则（　　）。

A. 新的均衡点左移

B. 均衡工资率降低，均衡就业量提高

C. 均衡工资率提高，均衡就业量降低

D. 均衡工资率和均衡就业量不变

45. 下列关于人力资本投资的陈述，错误的是（　　）。

A. 人力资本投资的重点在于它的未来导向性

B. 人力资本投资的收益发生在未来，而其成本则产生在现在

C. 增进健康、加强学龄前儿童营养不属于人力资本投资活动

D. 一位劳动者所具有的知识和技能实质上是一种特定的生产资本储备

46. 某人因为上了四年大学而没有就业，所受损失大约为4.5万元，这笔损失可以被视为此人上大学的（　　）。

A. 机会成本　　B. 非货币成本

C. 直接成本　　D. 心理成本

47. 因订立或者履行企业年金方案发生争议的，可以（　　）。

A. 按集体合同争议处理　　B. 按劳动合同争议处理

C. 提请诉讼　　D. 提请仲裁

48. 评审会议由主任委员或者副主任委员主持，出席评审会议的专家人数应当不少于职称评审委

员会人数的（　　）。

A. 2/3　　B. 1/2

C. 3/4　　D. 3/5

49. 社会保险法律关系主体中的投保人是指（　　）。

A. 社会保险经办机构　　B. 用人单位

C. 社会保险行政机构　　D. 劳动者

50. 关于社会保险覆盖范围的说法，正确的是（　　）。

A. 劳动者在两个单位工作的，可以选择其中一家单位缴纳工伤保险费

B. 无雇工的个体工商户可以参加职工基本养老保险

C. 外国人在我国就业的，可以不缴纳社会保险

D. 非全日制从业人员不能缴纳职工基本医疗保险

51. 劳务派遣中，用工单位的法定义务不包括（　　）。

A. 提供相应的劳动条件和劳动保护

B. 连续用工的，实行正常的工资调整机制

C. 提供与工作岗位相关的福利待遇

D. 应当将劳务派遣协议的内容告知被派遣劳动者

52. 下列关于劳动争议基本特征的表述，错误的是（　　）。

A. 劳动争议的当事人是特定的

B. 劳动争议主体之间必须存在劳动关系

C. 劳动争议的内容不一定与劳动权利义务有关

D. 劳动争议的内容必须是与劳动权利义务有关

53. 用人单位违法阻挠劳动者参加工会的，由（　　）责令改正。

A. 上级工会组织　　B. 工商行政管理部门

C. 人民法院　　D. 劳动行政部门

54. 下列属于劳动争议范围的是（　　）。

A. 劳动者对劳动能力鉴定委员会的伤残等级鉴定结论的异议纠纷

B. 劳动者与用人单位因住房制度改革产生的公有住房转让纠纷

C. 劳动者与用人单位解除或者终止劳动关系后，请求用人单位返还其收取的劳动合同定金而产生的争议

D. 劳动者请求社会保险经办机构发放社会保险金的纠纷

55. 劳动法律责任形式不包括（　　）。

A. 民事责任　　B. 行政责任

C. 法律责任　　D. 刑事责任

56. 按照《工伤保险条例》的规定，职工（　　），应视同工伤。

A. 在工作时间和工作岗位突发疾病 72 小时内经抢救无效死亡的

B. 在抢险救灾等维护国家利益、公共利益活动中受到伤害的

C. 在原单位非因工负伤，到新用人单位后旧伤复发的

D. 在休假期间受到事故伤害的

57. 职工应当缴纳的社会保险费由用人单位代扣代缴，用人单位应当按（　　）将缴纳社会保险

费的明细情况告知本人。

A. 日　　B. 周

C. 月　　D. 年

58. 企业年金由国家宏观指导、企业内部决策执行，费用由企业和职工个人缴纳，企业缴费在工资总额（　　）以内的部分，可从成本中列支。

A. 3%　　B. 4%

C. 5%　　D. 6%

59. 用人单位强令劳动者违章冒险作业，发生重大伤亡事故，造成严重后果的，对责任人员依法追究（　　）。

A. 民事责任　　B. 刑事责任

C. 赔偿责任　　D. 领导责任

60. 根据《劳动保障监察条例》的规定，如果违反劳动保障法律、法规或者规章的行为在（　　）内未被劳动行政部门发现，也未被举报、投诉的，劳动行政部门不再查处。

A. 5 年　　B. 2 年

C. 1 年　　D. 6 个月

二、多项选择题（共 20 题，每题 2 分。每题的备选项中，有 2 个或 2 个以上符合题意，至少有 1 个错项。错选，本题不得分；少选，所选的每个选项得 0.5 分）

61. 下列关于目标管理的表述，正确的有（　　）。

A. 目标管理是一种在企业中应用非常广泛的技术

B. 目标管理使得每一名员工都有明确可行的、与部门和组织目标紧密联系的目标

C. 实施目标管理只能自上而下设定目标

D. 目标管理的基本核心是强调通过群体共同参与制定具体的、可行的而且能够客观衡量的目标

E. 实施目标管理可以将组织的目标层层具体化、明确化，分解为各个相应层次的目标

62. 西蒙认为，决策阶段可以分为（　　）。

A. 确认活动　　B. 发展活动

C. 选择活动　　D. 设计活动

E. 智力活动

63. 下列针对组织设计类型的描述，正确的有（　　）。

A. 行政层级式组织形式最适宜复杂/静态的环境

B. 无边界组织形式所寻求的是通过组织扁平化来减少指挥链

C. 事业部制组织形式容易使各事业部只顾自身的利益，削弱整个公司的协调一致性

D. 矩阵组织形式很稳定

E. 职能制结构组织比较适用于生产技术发展变化较慢、外部环境比较稳定的企业

64. 矩阵组织形式的优点包括（　　）。

A. 有利于减轻高层管理者的负担

B. 有利于管理者注重并能熟练掌握本职工作的技能

C. 有利于顺利完成规划项目，提高企业的适应性

D. 有利于职能部门与产品部门相互制约，保证企业整体目标的实现

E. 有利于加强各职能部门之间的协作配合

65. 人力资源管理职能与战略规划职能之间存在的联系包括（　　）。

A. 行政管理联系
B. 单向联系
C. 双向联系
D. 一体化联系
E. 纵向联系

66. 人力资源需求小于供给时的组织对策有（　　）。

A. 冻结雇佣
B. 鼓励员工提前退休
C. 临时性解雇或永久性裁员
D. 增加每位现有员工的工作时间
E. 采用工作分享的方式同时降低工资

67. 运动和身体能力测试包括（　　）。

A. 一般认知能力测试
B. 心理运动能力测试
C. 身体能力测试
D. 人格测试
E. 特殊认知能力测试

68. 比较常用的效标效度有（　　）。

A. 评分者效度
B. 构想效度
C. 预测效度
D. 同时效度
E. 内容效度

69. 下列关于劳动力市场歧视的表述，正确的有（　　）。

A. 劳动力市场歧视可以分为工资歧视和职业歧视
B. 具有相同生产率特征的两类人却获得了不同的报酬，属于工资歧视
C. 对具有相同的受教育水平和其他生产率特征的不同类型的劳动者加以区别对待，属于职业歧视
D. 如果所有的职业都是完全隔离的，则差异指数的值为零
E. 劳动力市场歧视来源于个人偏见、统计性偏见，以及非竞争性歧视

70. 对人格进行测量的方法包括（　　）。

A. 自陈量表法
B. 能力测试法
C. 兴趣测试法
D. 评价量表法
E. 投射法

71. 下列对绩效计划概念的描述，正确的有（　　）。

A. 它的制定是一个自上而下的过程
B. 它是主管人员与员工在绩效年开始之初围绕绩效目标进行反复沟通的过程
C. 它要求组织与员工对绩效目标有明确的认识
D. 它是绩效管理的第一个环节
E. 它包括组织对员工工作成果的期望，但不包括组织希望员工使用的技能

72. 根据美国心理学家伯恩斯的观点，属于变革型领导特征的有（　　）。

A. 魅力
B. 差错管理
C. 智慧型刺激
D. 个性化关怀
E. 一致性的奖励

73. 下列关于销售人员薪酬的说法，正确的有（　　）。

A. 销售人员薪酬制度的选择取决于企业自身所处行业及产品特点

B. 销售人员的工作结果比较容易衡量

C. 很容易对销售人员的工作过程进行监督

D. 销售人员的薪酬主要是以结果为向导

E. 纯佣金制最利于培养销售人员对企业的归属感

74. 下列关于培训与开发组织体系的陈述，正确的有（　　）。

A. 在大型组织中，培训与开发机构可以与人力资源部并列

B. 企业大学是独立的培训与开发机构的一种扩大发展的模式

C. 培训与开发机构与人力资源部并列可以保证培训与开发的力度和连续性

D. 在中小型组织中，一般也需要设置专门的培训与开发机构

E. 培训与开发机构隶属于人力资源部，便于形成协调统一的培训与开发计划

75. 下列属于职业技能等级级别的有（　　）。

A. 五级/初级工　　B. 四级/中级工

C. 三级/高级工　　D. 二级/高级技师

E. 一级/技师

76. 某城市汽车生产工人的劳动力市场当前处于均衡状态，汽车生产工人的市场工资率为 25 元/小时，但由于该市最近新增两家汽车生产厂，导致当地对汽车生产工人的需求出现了大规模增长，但由于劳动力供给短期内无法快速增加，因此，该市很可能会出现的情况有（　　）。

A. 汽车生产企业要想获得足够的劳动力，就必须支付 25 元/小时以上的工资

B. 汽车生产企业只要支付 25 元/小时的工资就能够满足自己的劳动力需求

C. 汽车生产工人劳动力市场的均衡就业量会上升

D. 汽车生产工人劳动力市场的均衡工资水平会大幅度下降

E. 汽车生产工人劳动力市场的均衡工资水平会上升

77. 影响劳动力流动的劳动者因素有（　　）。

A. 劳动者的年龄

B. 劳动者所在企业的地理位置

C. 劳动者的任职年限

D. 劳动者的性别

E. 劳动者所在企业的文化

78. 关于劳务派遣协议相关规定的表述，正确的有（　　）。

A. 协议中应当约定派遣岗位和人员数量

B. 协议中应当约定派遣期限和劳动报酬

C. 协议中应当约定社会保险费的数额与支付方式以及违反协议的责任

D. 用工单位不得将连续用工期限分割订立数个短期劳务派遣协议

E. 它是用工单位与被派遣劳动者之间订立的协议

79. 下列劳动争议中，人民法院应予以受理的有（　　）。

A. 劳动者以用人单位未为其办理社会保险手续，且社会保险经办机构不能补办导致其无法享受社会保险待遇为由，要求用人单位赔偿损失引发的争议

B. 因企业自主进行改制引发的争议

C. 劳动者依据劳动合同法要求用人单位支付加付赔偿金引发的争议

D. 因公有住房转让引发的争议

E. 因住房公积金引发的争议

80. 下列医疗费用不纳入基本医疗保险基金支付范围的有（　　）。

A. 在境外就医的　　B. 由社会保险经办机构支付的

C. 应当由第三人负担的　　D. 应当由公共卫生负担的

E. 应当从工伤保险基金中支付的

三、案例分析题（共 20 题，每题 2 分，由单选和多选组成。错选，本题不得分；少选，所选的每个选项得 0.5 分）

（一）

某公司以服装加工为主要业务，根据市场行情和自身情况，年初该公司决定实行成本领先战略。在职位设计时，一个职位的工作范围非常狭窄，都是简单的工作任务，员工完成这些任务所要求的技能范围也非常有限。在人员招募和甄选时，工作开展以“高效”为主要目标。生产中特别强调产品质量，并且执行全面质量管理计划。

根据以上资料，回答下列问题：

81. 根据案例内容，适合该公司的做法是（　　）。

A. 选择比竞争对手高很多的薪酬水平

B. 组织更为关注创新的结果

C. 培训重点针对员工当前所从事的工作需要

D. 奖励节约成本的员工

82. 根据人力资源战略与人力资源管理实践选择，符合该公司对职位要求的描述是（　　）。

A. 具体和细致　　B. 相对比较宽泛

C. 工作范围界定得很清楚　　D. 职位的工作范围不是那么绝对

83. 关于该公司人员招募与甄选的说法，正确的是（　　）。

A. 组织中存在的职位空缺只能寻找内部人员填补

B. 该公司可以期望员工按照某一狭窄的职业发展道路发展，也可以为他们提供广阔的发展空间

C. 招募是为了方便员工学习与工作有关的知识、技能以及行为而开展的一系列有计划的活动

D. 甄选工作力图帮助员工获得相应的知识、技能和行为，以应对可能出现的新挑战

84. 针对该公司与生产有关的培训，说法正确的是（　　）。

A. 对全体员工进行广泛的、与质量有关的培训

B. 帮助员工掌握全面质量管理的理念、方法以及其他一些质量保证方面的技能

C. 培训重点是如何在团队中处理各种矛盾和冲突

D. 培训重点是和员工职业生涯发展有关的技术

（二）

某合资公司成立于 2020 年，目前是中国最重要的中央空调和机房空调产品生产销售厂商之一。公司在人力资源管理方面起步较晚，基础比较薄弱，尚未形成完整的体系，在薪酬福利方

面存在严重的问题。早期，公司人员较少，单凭领导一双手、一支笔就可以明确给谁多少工资，但人员激增之后，靠过去的老办法显然不灵，并且这样的做法带有强烈的个人色彩，更谈不上公平性、公正性和竞争性了。为了改变这种情况，公司新聘用了一位人力资源部经理。

人力资源部经理上任后经过调查认为，该公司的薪酬分配原则不清楚，存在内部不公平；不同职位之间、不同员工之间的薪酬差别基本上是凭感觉来确定的；不能准确了解外部，特别是同行业的薪酬水平，无法准确定位薪酬整体水平；给谁加薪、加多少，老板和员工心里都没底。

根据以上资料，回答下列问题：

85. 该公司薪酬管理的主要问题有（　　）。

A. 薪酬没有体现不同职位之间的差距

B. 薪酬随意性大，没有统一的政策

C. 员工之间薪酬水平差距不大

D. 薪酬水平没有参考市场水平

86. 为了解决该公司薪酬的内部公平性问题，应进行（　　）。

A. 薪酬调查　　B. 成本分析

C. 职位评价　　D. 薪酬预算

87. 为了解决该公司薪酬的外部竞争性问题，应进行（　　）。

A. 工作分析　　B. 绩效考核

C. 薪酬调查　　D. 薪酬预算

88. 适合该合资公司的管理类职位的评价方法是（　　）。

A. 因素比较法　　B. 排序法

C. 分类法　　D. 要素计点法

（三）

某地区劳动力市场上存在以下几种情况：第一，该地区 2021 年年底时共有 130 万人，其中就业人口 99 万，非劳动力人口 30 万；第二，该地区 2022 年上半年的失业率明显上升，通过对劳动力市场的存量—流量分析可以发现，劳动力的流动比较活跃，但是流动的方向却不利于就业；第三，该地政府正在准备通过政府投入一部分资金的方式，对失业者进行培训，以提高他们的就业能力，帮助他们尽快重返工作岗位。

根据以上资料，回答下列问题：

89. 该地区 2021 年的失业率为（　　）。

A. 4%　　B. 2.94%

C. 1.1%　　D. 1%

90. 该地区 2022 年的劳动力存量—流量变动方向中，会起到推动失业率上升作用的流向包括（　　）。

A. 就业人口变成失业人口　　B. 失业人口变成非劳动力人口

C. 非劳动力人口变成失业人口　　D. 非劳动力人口变成就业人口

91. 关于该地区政府拟采取的措施的说法，正确的是（　　）。

A. 这种措施属于一种人力政策

B. 这种措施属于一种货币政策

C. 这种措施对于解决结构性失业的作用比较明显

D. 这种措施的主要依据是人力资本理论

92. 关于我国在就业和失业方面规定的说法，错误的是（　　）。

A. 虽然从事一定社会劳动，但劳动报酬低于当地城市居民最低生活保障标准的情况视同失业

B. 超出法定劳动年龄的劳动者外出找工作，但没找到的情况，不属于失业

C. 16 周岁以上各类学校毕业或肄业的学生，初次寻找工作但未找到，不属于失业人员

D. 劳动者获得的劳动报酬达到和超过当地最低工资标准的，属于充分就业

（四）

某企业自成立后发展迅速，随着市场份额的不断扩大，企业人员数量由 2 500 人增加到 6 000 人。但是随着市场产能过剩，市场空间逐步缩小，企业决定采取收缩战略，再加上该企业生产的产品类型较为单一，企业整体的人员冗余情况比较严重。与此同时，内部有些部门却存在着人手不足和明显的人岗不匹配现象。在行业不景气的大形势下，未来如何维持企业运营并保持一定增长，需要企业充分利用现有的人力资源以满足战略发展的需要，对此，该企业的管理者感到很困惑。

根据以上资料，回答下列问题：

93. 更好地利用现有人力资源，该企业需要重点做好的人力资源管理工作有（　　）。

A. 人力资源优化配置　　B. 提高员工福利

C. 招聘新员工　　D. 人力资源规划

94. 该企业当前面临的人员冗余问题反映了（　　）对人力资源需求的影响。

A. 技术　　B. 企业战略

C. 人力资源供给　　D. 产品市场

95. 解决该企业内部有些部门人才短缺的方法有（　　）。

A. 本部门员工加班加点

B. 通过改进生产技术提高效率

C. 对其他部门中可用的富余人员再培训后转到人才紧缺部门

D. 在本部门内进行职位分享

96. 对企业整体人员过剩的情况，企业可以采取的方法有（　　）。

A. 职位外包　　B. 裁员

C. 鼓励提前退休　　D. 冻结雇佣

（五）

保洁员王某先与甲公司以口头协议订立了非全日制用工合同，每天工作 2 小时。为了增加收入，不久又与乙公司签订了非全日制劳动合同，每天工作 5 小时，并约定试用期为 1 个月。1 个月以后，王某觉得同时在两家公司工作太累，遂向甲公司提出解除劳动合同。甲公司认为王某应提前 30 日通知该公司解除劳动合同；而王某则向甲公司提出解除劳动合同经济补偿的要求。

根据以上资料，回答下列问题：

97. 关于王某订立非全日制用工劳动合同的说法，正确的是（　　）。

A. 王某与甲公司不可以口头协议订立非全日制用工合同

B. 王某在甲公司不得约定试用期

C. 王某与乙公司签订的非全日制用工劳动合同不得约定试用期

D. 需经甲公司同意，王某才能与乙公司订立劳动合同

98. 关于甲公司支付王某劳动报酬的说法，正确的是（　　）。

A. 王某在甲公司的计酬标准不得低于最低小时工资标准

B. 甲公司向王某支付劳动报酬的周期最长不得超过15日

C. 甲公司应按月向王某支付劳动报酬

D. 王某所从事的非全日制用工必须按周计酬

99. 关于王某解除劳动合同的说法，正确的是（　　）。

A. 王某应提前30日通知甲公司解除劳动合同

B. 甲公司可不向王某支付经济补偿

C. 王某可以随时通知甲公司终止用工

D. 甲公司应向王某支付解除劳动合同生活补助

100. 从事非全日制用工的劳动者，在同一用人单位每周工作时间累计不得超过（　　）小时。

A. 24　　B. 28

C. 36　　D. 48

参考答案及解析

《人力资源管理专业知识与实务》（中级）考前预测卷（一）

一、单项选择题

1. D【解析】马斯洛的需要层次理论包括生理需要、安全需要、归属和爱的需要、尊重的需要、自我实现需要。这五种需要可大致分为两大类：前三个层次为基本需要，后两个层次为高级需要；前三者的满足主要靠外部条件或因素，而后两者的满足主要靠内部条件或因素。

2. C【解析】奥尔德弗提出了“挫折—退化”观点，即高层次需要不能得到满足，对满足低层次需要的欲望就会加强，选项C错误。

3. A【解析】目标管理的基本核心：强调通过群体共同参与制定具体的、可行的而且能够客观衡量的目标。目标管理的四要素：目标具体化、参与决策、限期完成、绩效反馈。目标管理的实施：可以自上而下设定目标，也可以自下而上进行，但未必总能符合管理者的期望。

4. C【解析】魅力型领导理论认为，除研究领导者自身的特质外，还必须考虑所处的情境以及工作任务的性质。因而具有这种特质的人并不是在各种情境下都能表现出魅力型的领导风格，选项C错误。

5. C【解析】吉伯认为卓越领导的特质包括身强力壮、聪明但不过分聪明、外向有支配欲、有良好的调适能力、自信。选项C属于斯道格迪尔的观点。

6. C【解析】路径—目标理论是由罗伯特·豪斯提出的，并提出了四种领导行为，即指导式领导、支持型领导、参与式领导、成就取向式领导。其中，指导式领导是让员工明确别人对他的期望、成功绩效的标准和工作程序。

7. C【解析】赫塞和布兰查德将工作取向和关系取向两个维度相结合，得出四种领导风格，即指导式（高工作—低关系）、推销式（高工作—高关系）、参与式（低工作—高关系）、授权式（低工作—低关系）。其中，当下属具有“低工作—高关系”的特点时，适宜的领导风格是参与式。

8. C【解析】成功的领导依赖于合适的行为、技能和行动，领导的三种主要技能是技术技能、人际技能和概念技能。其中，按照模型、框架和关系进行思考的能力称为概念技能，它处理的是观点、思想。

9. D【解析】与理性模型相比，西蒙的有限理性模型同样是理性和最大化的，但是这里的理性受到了限制，决策者以满意为决策的终点，因为他们没有能力做到最大化。所以有限理性模型与理性模型的差异主要体现在程度上，而非质的差异。

10. C【解析】职权结构是各管理层次、部门在权力和责任方面的分工和相互关系，选项C错误。

11. B【解析】行政层级式组织形式在复杂/静态环境中最为有效。复杂/静态环境是相对稳定不变的，管理者很了解自己所面临问题的性质和可供选择的解决方法。

12. D【解析】全面质量管理规划需要最高管理层的支持，而不是团队建设，选项D错误。

13. B【解析】俱乐部型组织非常重视适应、忠诚感和承诺。选项A，学院型组织喜欢雇佣年轻的大学毕业生；选项C，棒球队型组织鼓励冒险和革新；选项D，堡垒型组织着眼于公司的生存。

14. A【解析】在人力资源管理职能和战略规划职能之间存在四种不同层次的联系，包括行政管理联系、单向联系、双向联系以及一体化联系。在行政管理联系上，人力资源管理职能的注意力主要集中在日常的行政事务性管理活动上。

15. C【解析】为了提高生产率，降低成本，这种组织通常会比较详细和具体地对员工所要从事的工作内容和职责、任务进行描述，强调员工在工作岗位上的稳定性，选项C正确。选项A、B、D属于差异化战略的特点。

16. A【解析】从外部雇用新员工见效速度慢，可撤回程度低，选项A错误。

17. C【解析】裁员中侥幸留在企业里的员工会对企业心存戒备（选项C错误），由于员工对自己未来在企业中的晋升以及职业前途感到不确定，他们的工作积极性可能会大幅下降，而且许多员工随时在准备寻找其他更好的就业机会。

18. C【解析】公文筐测试的缺点是编制成本较高，而且评分比较困难，不同的评价者由于自身的背景、工作经验、管理理念等不同，对不同的公文处理方式的看法也会有所不同，选项C错误。

19. A【解析】内容效度是指一项测试的内容与测试所要达到的目标之间的相关程度，即一项测试的内容能够代表它所要测量的主题或特质的程度。

20. A【解析】季节性失业是指由季节变化导致的定期性的劳动者就业岗位丧失，选项A错误。

21. D【解析】周期性失业是指由于经济周期或经济波动引起劳动力市场供求失衡造成的失业，形成的基本原因是总量需求不足。

22. A【解析】补偿性工资差别揭示了由于工作条件和社会环境原因而导致的收入差异。

23. D【解析】实际工资是指货币工资所能购买到的商品和服务量，可用来说明货币工资的购买能力，选项A错误。货币工资又称名义工资，是指雇主以货币形式支付给员工的劳动报酬，选项B错误。实际工资＝货币工资/物价指数，选项C错误。

24. A【解析】一个组织的战略通常包括三个层次，即组织战略、竞争战略以及职能战略。其中，组织战略又称公司战略、企业战略、企业发展战略，它主要回答到哪里去竞争的问题，即作出组织应该选择经营何种业务以及进入何种行业或领域的决策。

25. D【解析】用比率分析法来预测人力资源需求时，其实施前提实际上是假定人均生产率保持不变。

26. A【解析】甄选方案都是要努力找出最有可能达到或超越组织绩效标准要求的人，实现最优匹配，而不是挑选最好的人，选项A错误。

27. D【解析】绩效反馈面谈的原则与技巧：①建立彼此之间的信任：管理者要尊重员工的自尊，小心避免挫伤员工的工作热情。②开诚布公、坦诚沟通：绩效反馈面谈切忌含糊笼统，员工绩效现状的信息应该被具体、详细、客观地解释。③避免对立与冲突：在反馈面谈中，主管需要有更高的涵养，给予员工足够的尊重。④关注未来而不是过去：过分地讨论过去是一种时间的浪费，因为它很难对将来的绩效改进带来实质性的帮助。⑤该结束时立即结束：出现紧急事务、严重分歧、严重超时等情况时，应当果断中止绩效反馈面谈。

28. C【解析】强调企业上下一起沟通协商制定个人目标的是目标管理法，选项C错误。

29. C【解析】有效的绩效管理的特征有：敏感性、可靠性、准确性、可接受性、实用性。

30. D【解析】绩效计划的制订需要组织中不同人群的参与：人力资源管理部门对绩效管理的监督与协调负主要责任，各级主管人员要参与对绩效计划的制订，员工也要积极参与计划制订的过程。

31. C【解析】知识型团队的任务一般都是创造性的，而不是重复性的。产生创造性的过程一般不太容易控制，因此知识型团队的绩效考核要以结果为导向，而不是行为。

32. C【解析】晕轮效应会因对被评价者某一特质的强烈的、清晰的感知，而掩盖了该人其他方面的品质。

33. D【解析】单个员工所获股份权益对应的股票总数累计不得超过公司总股本的1%，选项A错误。上市公司应在员工持股计划届满前6个月公告到期计划持有的股票数量，选项B错误。上市公司全部有效的员工持股计划持有的股票总数累计不得超过公司总股本的10%，选项C错误。

34. B【解析】职位评价主要是为了解决薪酬的内部公平性问题。薪酬调查主要是为了解决薪酬的外部竞争性问题。

35. C【解析】单纯佣金制是按照销售数量或是销售额的一定比率来计算奖金的。所以，员工只关注短期业绩，不考虑公司的长期效益。

36. C【解析】由于培训与开发效果的滞后性，以及员工个体的差异性，要客观、科学地评估培训与开发的效果相当困难，因此，效果评估是培训与开发体系中最难实现的一个环节，选项C错误。

37. B【解析】职业兴趣的类型分为现实型、研究型、艺术型、社会型、企业型和常规型。其中，社会型的人善于和人相处，喜欢教导、帮助、启发或训练别人。

38. D【解析】职业生涯锚不可能根据各种测试提前进行预测，因此并不是完全固定不变的，选项D错误。

39. B【解析】劳动关系运行的两种基本形式是劳动关系的冲突与合作。

40. A【解析】政府在劳动关系中的作用为：①劳动关系的规制者；②劳动关系运行的监督者；③劳动争议的重要调解仲裁者；④劳动关系重大冲突的控制者；⑤协调劳动关系制度和机制建设的推动者。

41. D【解析】职称评审委员会组建单位对评审结果进行公示，公示期不少于5个工作日。

42. B【解析】工资率提高，劳动者享受闲暇的成本提高，这会促使劳动者减少闲暇的消费，增加工作时间，即：从替代效应来看，工资率上升，劳动供给时间增加。反之，工资率下降，劳动者享受闲暇的成本降低，就会增加闲暇消费，减少劳动供给时间。即：从替代效应来看，工资率下降，劳动供给时间减少。

43. C【解析】劳动力供给弹性$=\dfrac{\text{劳动工时变动百分比}}{\text{工资率变动百分比}}$，则此类劳动力的劳动力供给弹性$=5\%\div[(2\,500-2\,000)/2\,000\times100\%]=0.2$。

44. C【解析】个人劳动力供给曲线的形状是向后弯曲的，即工资率上涨会导致个人的劳动力供给时间先增加后减少。

45. A【解析】在其他条件不变的情况下，无论哪个方向的工资率变动所产生的规模效应和替代效应的作用方向都是相同的，即在其他条件不变的情况下，工资率上升的规模效应和替代效应都导致劳动力需求量下降，而工资率下降的规模效应和替代效应都导致劳动力需求量的上升。选项B、C、D错误。

46. C【解析】需求可以划分为直接需求和间接需求两种。其中，间接需求是由于对某种能够给人带来满足的最终产品存在需求，进而延伸出来的对生产这种产品的生产要素的需求。由于劳动力属于一种生产要素，因而，对劳动力的需求就是一种间接需求或派生需求。

47. B【解析】人力资本投资的利益就如同任何投资一样发生在未来，并且在通常情况下，这些投资所产生的利益会在相当一段时期内持续不断地出现，而其成本则产生在目前，选项A错误，选项B正确。人力资本投资同物质资本投资一样，并不是支出越多越好。在进行物质资本投资的时候，人们必须考虑投资的成本以及收益，当投资成本等于收益时，再多追加投资便会成为低效或无效投资了，选项C错误。在职培训投资的成本及收益被分摊到企业和员工各自身上，选项D错误。

48. A【解析】高中毕业生因为上大学而没有去工作，其失去的收入是上大学的机会成本。高中毕业生的市场工资水平上涨，则导致上大学的机会成本上升。选项A正确。

49. C【解析】高等教育信号模型理论认为高等教育只不过是高生产率的信号而已，它表明，能够完成高等教育的人通常是生产率较高的人。

50. A【解析】企业中资格越老的员工失业的可能性越小，在企业迫不得已裁减员工时，通常都是先解雇进企业年头短和进企业时间最晚的那些人员，选项A错误。

51. B【解析】劳动合同履行地与用人单位注册地不一致的，有关劳动者的最低工资标准、劳动保护、劳动条件、职业危害防护等事项，执行劳动合同履行地的有关规定。

52. B【解析】用人单位对已经解除或终止的劳动合同的文本，应至少保存2年备查。

53. C【解析】非上市公司股权激励中包括：①股份期权；②业绩股份；③虚拟股票期权。

54. C【解析】根据《劳动合同法》有关非全日制用工的规定主要有：①从事非全日制用工的劳动者可以与一个或者一个以上用人单位订立劳动合同；但是，后订立的劳动合同不得影响先订立的劳动合同的履行。②非全日制用工双方当事人可以订立口头协议。③非全日制用工双方当事人不得约定试用期。④非全日制用工双方当事人任何一方都可以随时通知对方终止用工。终止用工，用人单位不向劳动者支付经济补偿。⑤非全日制用工小时计酬标准不得低于用人单位所在地人民政府规定的最低小时标准。⑥非全日制用工劳动报酬结算支付周期最长不得超过15日。

55. D【解析】事业单位工作人员在本单位连续工作满10年且距法定退休年龄不足10年，提出订立聘用至退休的合同的，事业单位应当与其订立聘用至退休的合同，选项D错误。

56. D【解析】劳动者与用人单位解除或者终止劳动关系后，请求用人单位返还其收取的劳动合同定金、保证金、抵押金、抵押物产生的争议，或者办理劳动者的人事档案、社会保险关系等移转手续产生的争议，属于劳动争议的范围。

57. C【解析】因用人单位作出解除劳动合同决定发生的争议，用人单位负举证责任，选项A错误。发生劳动争议时，用人单位对自己提出的主张，应负有提供证据的责任，选项B错误。劳动争议仲裁庭可要求用人单位提供证据，选项D错误。

58. D【解析】职工因工作遭受事故伤害需要暂停工作接受工伤医疗的，其停工留薪期一般不超过 12 个月。伤情严重或者情况特殊，经设区的市级劳动能力鉴定委员会确认，可以适当延长，但延长不得超过 12 个月。

59. D【解析】用人单位应当及时为失业人员出具终止或者解除劳动关系的证明，并将失业人员的名单自解除劳动关系之日起 15 日内告知社会保险经办机构；失业保险金领取期限自办理失业登记之日起计算。

60. D【解析】劳务派遣经营许可的有效期为 3 年，选项 A 错误。劳动者与劳务派遣单位建立劳动关系，与用工单位没有劳动关系，选项 B 错误。劳务派遣单位的注册资本不得少于人民币 200 万元，选项 C 错误。

二、多项选择题

61. BCE【解析】美国社会心理学家麦克利兰认为人有三种重要的需要，即成就需要、权力需要和亲和需要。

62. ABDE【解析】美国管理心理学家伯恩斯把领导分为两种类型，即交易型和变革型，具体内容见下表。

类型	具体内容
交易型	(1) 强调任务的明晰度、工作的标准和产出 (2) 关注任务的完成以及员工的顺从 (3) 依赖组织的奖惩制度来影响员工的绩效
变革型	(1) 通过更高的理想与组织价值观来激励追随者们 (2) 为组织制定明确的愿景，通过领导风格来影响员工和团队的绩效

63. ACD【解析】传统的组织发展方法包括：①结构技术；②人文技术，包括敏感性训练、调查反馈、质量圈、团际发展。现代组织管理方法包括全面质量管理和团队建设。

64. BCD【解析】回任工作评估的方法包括：①在培训与开发结束一段时间后，调查受训人员工作的绩效改善；②实地观察受训人员的工作实况；③调查受训员工的上级主管或下属；④分析受训人员的人事记录资料；⑤比较受训和未受训人员的工作效率；⑥根据受训人员是否达到工作的标准；⑦根据培训与开发活动的目标。选项 A、E 属于培训开发结束时的评估方法。

65. BC【解析】企业想要鼓励创新和开放的组织文化，就需要降低组织的制度化程度。选项 A 错误。强调合作的文化与强调严格的等级差异的绩效评估体系是很难并存的。如果企业拥有一种合作的组织文化，那么强调个人绩效的评估体系显然是不合时宜的。选项 D 错误。不同级别间薪酬差别很大的薪酬体系适合于强调等级的组织文化，不适合崇尚平等的文化。一个想培养合作氛围的组织不应该过分强调薪酬的功能性意义。选项 E 错误。

66. BCE【解析】雇主组织形式主要包括：①行业协会；②地区协会；③国家级雇主联合会；④中国企业联合会。

67. ACDE【解析】广义的人力资源规划包括人力资源战略规划、人员供求规划、培训开发规划、绩效管理规划、薪酬福利规划、员工关系规划以及中高层管理人员的接班计划或继任规划等与人力资源管理问题有关的各种规划活动。

68. ACE【解析】当组织的人力资源供给小于需求时，采取措施有：①从外部雇佣人员，包括返聘退休人员（最为直接的方法）；②提高现有员工的工作效率；③延长工作时间，让员工加班加点；④降低员工的离职率，同时进行内部调配；⑤将组织的某些人力资源业务外包。选项B、D属于人力资源供给大于需求的措施。

69. ABC【解析】工资差别对社会也有积极的一面：具有在整个社会范围内不断重新配置资源的功能，它会激励劳动者从低生产率的工作岗位、企业、职业、行业或产业部门甚至国家向高生产率的地方转移，从而优化劳动力资源配置效率，并非工资差别越小越好，因此选项D、E说法有误。

70. ABC【解析】评价中心技术包括公文筐测试、无领导小组讨论、角色扮演法等，选项D错误。工作样本测试是评价中心技术的基石，选项E错误。

71. ACE【解析】绩效考核和绩效管理的关系是：①绩效管理是一个完整的管理过程，侧重于信息的沟通和绩效的提高；②绩效考核是绩效管理中的一个环节，侧重于绩效识别、判断和评估；③有效的绩效考核是对绩效管理的有力支撑，成功的绩效管理也会推动绩效考核的顺利开展。

72. ACD【解析】成本领先战略的内容有：①追求效率最大化、成本最小化；②薪酬水平比竞争对手的薪酬相对较低；③薪酬结构中奖金所占的比例相对较大。选项B、E属于差异化战略的内容。

73. ABCE【解析】股票期权计划的缺点包括：①只适用于上市公司且成长性好，股价呈强势上涨的上市公司；②需要依托规范而有生气的股票市场，需要公司建立规范的法人治理结构；③容易诱发弄虚作假、恶意操纵和短期炒作等不良行为；④难以准确的衡量经营者的表现和企业真实的经营状况。

74. DE【解析】家庭生产理论认为：①家庭时间分配包括市场工作时间和家庭生产时间；②家庭物品的生产方式包括时间密集型、商品密集型；③家庭内部分工决策采用比较优势原理，即每个家庭成员都应当去从事相对效率高（或机会成本小）的时间利用方式。

75. ABE【解析】劳动力供给数量取决于人口总量、劳动力参与率以及劳动者的周平均工作时间。

76. CD【解析】在职培训的机会成本包括：①受训练者参加培训的机会成本，如要提前下班或请假；参加培训的员工常常不能全力工作，给企业带来一定的损失。②利用机器或有经验的职工从事培训活动的机会成本。

77. CE【解析】公民、法人或其他组织对下列事项不能申请行政复议：①人力资源社会保障部门作出的行政处分或其他人事处理决定；②劳动者与用人单位之间发生的人力资源争议；③劳动能力鉴定委员会的行为；④劳动人事争议仲裁委员会的仲裁、调解等行为；⑤已就同一事项向其他有权受理的行政机关申请行政复议的；⑥向人民法院提起行政诉讼，人民法院已经依法受理的。

78. ABD【解析】因支付拖欠劳动报酬、工伤医疗费、经济补偿或者赔偿金事项达成调解协议，用人单位在协议约定期限内不履行的，劳动者可以持调解协议书依法向人民法院申请支付令，人民法院应当依法发出支付令。

79. BCE【解析】根据《社会保险法》的规定，职工跨统筹地区就业，其基本医疗保险关系、基本养老保险关系、失业保险关系均随本人转移，缴费年限累计计算。

80. AE【解析】失业保险金的标准由省、自治区、直辖市人民政府规定，不得低于城市居民最低生活保障标准。

三、案例分析题

（一）

81. A【解析】马斯洛的需要层次理论在管理上的应用有：①管理者需要考虑员工不同层次的需要，并为每一层次的需要设计相应的激励措施；②管理者需要考虑每个员工的特殊需要；③组织用于满足低层次需要的投入效益是递减的。马斯洛需要层次中自我实现的需要包括个人成长、发挥个人潜能、实现个人理想的需要。题目中由于销售部门和咨询部门员工的工作性质区别于其他部门，人力资源总监张明制定的激励措施不适合他们，因此不能满足其自我实现层次上的需要。案例中选项 A 正确。

82. CD【解析】赫茨伯格的双因素理论包括激励因素和保健因素。其中，激励因素指成就感、别人的认可、工作性质、责任和晋升等因素。案例中，对员工产生激励作用需要具备激励因素，选项 C、D 正确。

83. ABC【解析】根据案例“如销售部门和咨询部门的员工对张明的意见很大，他们认为张明制订的激励措施没有考虑到他们的工作性质，他们加班不需要待在办公室，按照在办公室加班时间来发奖金不公平”，选项 A、B、C 正确。案例材料中并没有体现出张明用人唯亲的行为，选项 D 错误。

84. ABD【解析】根据马斯洛的观点，管理需要考虑员工不同层次的需要，并为每个层次的需要设计相应的激励措施，选项 A、B、D 正确。加强领导权威并不会让员工感到公平，选项 C 错误。

（二）

85. A【解析】路径—目标理论由罗伯特·豪斯提出。

86. AC【解析】路径—目标理论提出了两个权变因素作为领导的领导行为与结果之间的中间变量：①下属控制范围之外的环境因素，如工作结构、正式的权力系统、工作团队等；②下属的个人特征，如能力、经验、内外控等。

87. B【解析】领导—成员交换理论认为，团体中领导与下属在确立关系和角色的早期，就把下属分为“圈里人”和“圈外人”的类别，领导对待同一团体内部的不同下属往往根据其与自己关系的远近亲疏采取不同的态度和行为。选项 A、D 错误。领导们为了达到绩效目标和更持久的变化，应该着手改变下属的自我概念。选项 C 错误。

88. A【解析】魅力型领导的道德特征包括：①使用权力为他人服务；②使下属的需要和志向与愿景相结合；③从危机中思考和学习；④激励下属独立思考；⑤双向沟通；⑥培训、发展并且支持下属，与他人分享；⑦用内在的道德标准行事。选项 B、C、D 属于魅力型领导的非道德特征。

（三）

89. AC【解析】从案例中，“分别享受不同的待遇”“根据考评结果使员工晋升到不同的等级”可知绩效考核的结果应用到了薪酬的发放、人员的配置和甄选（即人员的晋升）方面。

90. A【解析】绩效辅导是指通过意见交流，在掌握了下属工作绩效的前提下，为提高员工绩效水平和自我效能感而进行的一系列活动。

91. C【解析】绩效改进是指通过找出组织或员工工作绩效中的差距，制定并实施有针对性的改进计划来提高员工绩效水平的过程。

92. AB【解析】平衡计分卡和目标管理法属于绩效管理工具的方法。

（四）

93. ABC【解析】解雇员工是要付出代价的，包括搜寻和筛选成本流失、培训成本流失、可能会损害留任员工的生产率等。

94. BCD【解析】劳动力流动并非是零成本流动，是要付出代价的，选项 B、C、D 正确。

95. ABD【解析】影响女性劳动力参与率变化的因素包括女性相对工资率的上升、女性劳动力市场工作偏好和态度发生的改变、家庭生产活动的生产率提高、出生率下降、离婚率上升、工作机会增加等，这些都会促使女性劳动力参与率的上升，反之则下降。

96. BC【解析】老年退休年龄的决定因素有工资率和养老金。当退休者的实际养老收入明显下降时，可能导致已退休者的劳动力参与率上升。

（五）

97. B【解析】劳务派遣单位与劳动者应签订 2 年以上的固定期限劳动合同，按月支付劳动报酬，选项 A 错误。岗位的范围是临时性、辅助性或者替代性的工作岗位，选项 B 正确。劳务派遣协议中应当约定派遣岗位和人员数量、派遣期限、劳动报酬和社会保险费的数额与支付方式以及违反协议的责任，选项 C、D 错误。

98. BC【解析】因劳务派遣单位存在违法行为，给被派遣劳动者造成损害的，劳务派遣单位与用工单位承担连带赔偿责任。

99. AD【解析】企业劳动争议调解委员会主任由工会成员或者双方推举的人员担任，选项 B 错误。《劳动法》规定，用人单位与劳动者发生劳动争议，当事人可以依法申请调解、仲裁、提起诉讼，也可以协商解决，选项 C 错误。

100. AB【解析】职工发生事故伤害或者按照《职业病防治法》规定被诊断、鉴定为职业病，所在单位应当自事故发生之日或者被诊断、鉴定为职业病之日起 30 日内，向统筹地区社会保险行政部门提出工伤认定申请。用人单位未按规定提出工伤认定申请的，工伤职工或其直系亲属、工会组织在事故伤害发生之日或被诊断、鉴定为职业病之日起 1 年内，可以直接向用人单位所在地统筹地区劳动保障行政部门提出工伤认定申请。

《人力资源管理专业知识与实务》（中级）考前预测卷（二）

一、单项选择题

1. D【解析】马斯洛将人的需要由低到高分为五种类型：生理需要、安全需要、归属和爱的需要、尊重的需要、自我实现的需要。需要层次理论认为人均有这五种需要，只是在不同时期表现出来的各种需要的强烈程度不同而已。马斯洛需要层次模型呈三角形，级别由下及上逐层提高，当下一层次的需要在相当程度上得到满足后，个体才会追求上一层次的需要。以上五种层次的需要还可大致分为两大类：前三个层次为基本需要，后两个层次为高级需要，因为前三者的满足主要靠外部条件或因素，而后两者的满足主要靠内部条件或因素。

2. C【解析】期望是指员工对努力工作能够完成任务的信念强度。

3. A【解析】期望理论认为动机是三种因素共同作用的产物：一个人需要多少报酬（效价），个人对努力产生成功绩效的概率估计（期望），以及个人对绩效与获得报酬之间关系的估计（工具性)。

4. A【解析】推行参与管理要有成效必须符合几个方面的条件：①在行动前，要有充裕的时间来进行参与；②员工参与的问题必须与其自身利益相关；③员工必须具有参与的能力，如智力、知识技术、沟通技巧等；④参与不应使员工和管理者的地位和权力受到威胁；⑤组织文化必须支持员工参与；⑥考虑员工对参与的需要。选项 A 不适宜。

5. C【解析】组织战略又称公司战略、企业战略或组织发展战略，它主要回答“到哪里去竞争”的问题，即做出组织应该选择经营何种业务以及进入何种行业或领域的决策，选项 A 错误。竞争战略有时又称经营战略，它主要回答“如何进行竞争”的问题，选项 B 错误。职能战略主要回答“凭借什么来进行竞争”的问题，即哪些资源有助于打败自己的竞争对手，以及如何获取、开发和使用这些资源去进行竞争，人力资源战略就是职能战略的一种，选项 C 正确，选项 D 错误。

6. A【解析】领导倾向于对“圈里人”比“圈外人”投入更多的时间、感情，很少的采用正式领导权威。“圈里人”比“圈外人”承担更高的工作责任感，对于其所在的部门贡献更多，绩效评估也更高。领导—成员交换理论认为，这种交换过程是一个互惠的过程。

7. B【解析】赫塞和布兰查德将工作取向和关系取向两个维度相结合，得出四种领导风格，即指导式、推销式、参与式和授权式。其中，高工作—高关系属于推销式领导风格。

8. B【解析】一个组织的战略是否能够得到成功的执行，主要取决于五个要素，即组织结构，工作任务设计，人员的甄选、培训与开发，报酬系统，信息系统。而在战略执行的这五个重要要素当中，人力资源管理对三个基本要素负有主要责任，即工作任务设计，人员的甄选、培训与开发，报酬系统。

9. C【解析】西蒙认为决策过程可以分为三个阶段，即智力活动、设计活动、选择活动。

10. C【解析】组织结构又可称为权责结构，实际中通常以组织图或组织树的形式出现。这个结构体系的主要内容有：职能结构、层次结构、部门结构、职权结构。其中，层次结构是指各管理层次的构成，又称组织的纵向结构。

11. D【解析】各种组织形式最为有效的环境见下表。

行政层级式组织形式	职能制结构	矩阵组织形式
复杂/静态	简单/静态	复杂/动态

12. C【解析】当人力资源需求大于供给时，可以采取的主要措施包括：延长工作时间，开展招募工作，降低现有员工的流失率，通过改进生产技术或优化工作流程以及加强员工培训等方式提高员工的工作效率。选项 A、B、D 是人力资源需求小于供给时的组织对策。

13. A【解析】趋势预测法实际上是一种简单的时间序列分析法，是根据一个组织的雇佣水平在最近若干年的总体变化趋势，预测组织在未来某一时期的人力资源需求数量的方法。

14. B【解析】在管理实践中，组织通常需要用到的三种重要工具分别是战略地图、人力资源计分卡以及数字仪表盘。其中，人力资源计分卡实际上是针对为实现组织战略目标所需完成的一系列人力资源管理活动链而设计的各种财务类和非财务类目标或衡量指标。

15. D【解析】裁员的主要原因包括：①许多企业都在努力降低成本；②关闭过时和落后的工厂或者在原有的工厂中引进新的技术等，都会导致企业对人员需求减少；③许多公司由于经济方面的原因改变了经营地点，如果员工难以随之迁移，则原有的员工就会被裁减。

16. D【解析】资源争夺性问题适用于指定角色的无领导小组讨论，它是让处于同等地位的被测试者就有限的资源进行分配，从而考察被测试者分析问题的能力、逻辑思维能力、语言表达能力、辩论以及说服他人的能力、反应的灵活性等。所以此类问题可以引发被测试者的充分辩论。

17. A【解析】在其他条件不变的情况下，非劳动收入是指个人在不参加工作的情况下能够获得的收入，非劳动收入的增加会导致劳动者劳动力供给时间的减少。

18. B【解析】公平理论中的“投入”可以理解为员工的付出，包括员工所受的教育、资历、工作经验、忠诚和承诺、时间和努力、创造力、工作绩效。公平理论中的“产出”可以理解为员工觉察到从工作或雇主那里获得的报酬，包括直接的工资和奖金、额外福利、工作安全。

19. B【解析】货币工资又称名义工资，是指雇主以货币形式支付给员工的劳动报酬。实际工资是指货币工资所能购买到的商品和服务量。它可用来说明货币工资的购买能力。实际工资＝货币工资/物价指数。在现实中，货币工资水平总是高于实际工资水平。

20. A【解析】如果企业从进一步提高工资中所获得的边际收益与它所导致的边际成本相等，那么这时高于市场水平的工资就是能够使企业实现利润最大化的工资水平。

21. D【解析】男性和女性之间的工资性报酬差别几乎存在于所有的市场经济国家，关于这一工资性报酬差距的形成，通常包括年龄和受教育程度、职业、工时和工作经验。

22. C【解析】缓和结构性失业的对策：①加强劳动力市场的情报工作，使求职人员及时了解劳动市场的供求情况；②由政府提供资金，向愿意从劳动力过剩地区迁到劳动力短缺地区的失业工人提供安置费；③制订各种培训计划，使工人的知识更新与技术发展同步进行，以适应新职业的需要；④提供更好的职业指导和职业供求预测。

23. D【解析】从理论上来说，就业实际上有三层基本含义：①劳动者必须既要有劳动能力，还要有劳动意愿；②劳动者所参加的劳动必须是某种形式的社会劳动，而不是家庭劳动；③劳动必须能够获得报酬或收入，而不能是公益性或义务性的劳动。

24. C【解析】租金性工资收入相当于经济活动中的租金。简单的道德谴责或者不规范的行政或经济制裁，都不是处理租金性工资收入这种高额工资收入的理想办法。

25. C【解析】形成职业间工资差别的原因主要有以下五个因素：①不同职业在劳动强度和劳动条件方面有差别；②不同职业引起的愉快或不愉快程度有差别；③不同职业具备从业能力的难易程度有差别；④不同职业所具有的社会安全程度即工作保障和职业稳定程度有差别；⑤不同职业要求从业者所承担的责任程度有差别。在亚当·斯密所提及的引起职业间工资差别的五个原因中，有四种都是属于因工作条件和社会环境不同而引起的工资差别，均属于补偿性工资差别，即劳动强度和劳动条件、从业时的不愉快程度、职业稳定与保障程度、责任大小程度的差别。

26. D【解析】对于工人的技能学习来说，在职培训是最普遍、最主要的方式。

27. D【解析】上大学的收益并不仅表现为较高的生产率，还表现为心理上的收益或非货币收益。非货币收益包括对各种娱乐活动欣赏能力的提高、社会声誉的提高、社会地位的提高。

28. A【解析】从社会保险责任角度划分的社会保险法律关系主体包括国家、社会保险的管理和经办机构、用人单位、劳动者及其家庭。

29. C【解析】差异化战略有时候也称创新战略，是以产品的创新以及产品生命周期的缩短为导向的一种竞争战略。采用这种战略的组织往往强调风险承担和新产品的不断推出，并把缩短产品由设计到投放市场的时间看成自己的一个重要目标。

30. D【解析】成本领先战略指组织在内部加强成本控制，在研发、生产、销售、服务等领域内都力图将成本降到最低，从而成为行业的成本领先者。绩效考核周期的选择不宜过短，因为频繁的绩效考核会增加组织的管理成本。选项D错误。

31. A【解析】对于贡献型员工，组织要给予必要奖励；对于安分型员工，组织要对其进行必要培训以提升其工作技能；对于堕落型员工，组织要对其进行适当惩罚以敦促其改进绩效；对于冲锋型员工，主管应对其进行绩效辅导。

32. C【解析】排序法、配对比较法、强制公布法等考核方法成本低廉、评价尺度统一，但是无法应用于绩效反馈面谈。不良事故法能有效规避工作差错造成的组织利益的巨大损失，但是不能提供丰富的绩效反馈信息。关键事件法设计成本低，但是执行性不高。选项A、B、D错误。

33. B【解析】绩效监控是指在绩效考核期间内，管理者为了掌握下属的工作绩效情况而进行的一系列活动。绩效监控通过管理者和员工持续的沟通，观测、预防或解决绩效周期内可能存在的问题，更好地完成绩效计划。

34. D【解析】绩效改进是指通过找出组织或员工工作绩效中的差距，制订并实施有针对性的改进计划来提高员工绩效水平的过程。

35. C【解析】股票期权的缺点包括：①可能带来大量经理人的短期行为；②公司股本变化，原股东的股权可能被稀释；③过分依赖股票市场有效性。

36. B【解析】根据《国有控股上市公司（境内）实施股权激励试行办法》的规定，在股权激励计划有效期内，每期授予的限制性股票，其禁售期不得低于2年。

37. C【解析】专业技术类职位大致分为三类：①需要在特定领域具有一定造诣的工作职位，如律师；②需要有创新精神和创造力的职位，如设计人员；③需要具备经营知识和市场洞察力的职位，如财务人员。专业技术人员主要从事的是脑力工作。

38. A【解析】股票期权的执行方式分为三种，即现金行权、无现金行权、无现金行权并出售。

39. B【解析】常用的人工成本分析指标有人工成本总量指标、人工成本结构指标和人工成本分析比率型指标。其中，人工成本结构指标反映了企业人工成本的构成情况及其合理性。

40. A【解析】典型职业生涯通道包括以下三种类型：①横向通道，即员工在同一个管理层级或同一个技术、技能等级上不同岗位或不同工种之间的变动路径；②纵向通道，即员工在不同管理层级、技术等级、技能等级上下之间的变动路径；③双通道，即员工同时承担管理工作和技术工作。

41. D【解析】职业兴趣类型包括现实型、研究型、艺术型、社会型、企业型和常规型。其中，常规型喜欢从事资料工作，有数理分析能力，能够听从指示完成琐细的工作。

42. A【解析】劳动者的概念包括四层含义：①劳动者是被用人单位依法雇用（录用）的人员，不包括自雇用者（选项A错误）；②劳动者是在用人单位管理下从事劳动的人员；③劳动者是以工资收入为主要生活来源的人员；④劳动者仅限定在国家劳动法律所规定的范围之内。

43. B【解析】效标效度是指一项测试或甄选技术对被试者的一种或多种工作行为或工作绩效进行预测的准确程度。

44. C【解析】按照职称系列组建的高级职称评审委员会评审专家不少于25人，按照专业组建的高级职称评审委员会评审专家不少于11人。

45. B【解析】员工申诉管理时的公平原则有两个基本含义：一是员工与企业是平等互惠关系；二是对管理者和员工应当一视同仁。合法原则是指任何企业的规章制度都必须符合国家现行的法律法规。明晰原则是指要明确界定申诉范围。反馈原则是指要及时与申诉人沟通处理结果。

46. C【解析】劳动力供给弹性＝劳动工时变动百分比/工资率变动百分比，则劳动工时变动百分比＝劳动力供给弹性×工资率变动百分比＝0.6×2％＝1.2％。通常情况下，工资率上涨，劳动力供给也随之增加，所以劳动力供给工时总量会增加1.2％。

47. B【解析】实施德尔菲法需要注意的问题：专家的人数不能太少，至少要达到20～30人；专家的挑选要有代表性；问题的设计要合理，不要让专家一次回答过多的问题；向专家提供的资料和信息要相对充分，从而使他们准确地进行预测和判断。

48. A【解析】如果两种劳动力的交叉工资弹性值为负，则意味着一种劳动力的工资率提高会促使另一种劳动力的就业量减少，这说明两者之间是一种总互补关系。

49. A【解析】使命描述了一个组织存在的理由、目的和意义，愿景是对组织未来发展方向的总体描述，价值观则是在履行使命以及实现愿景过程中坚持的基本行为规范和道德伦理。

50. C【解析】大学毕业生由于接受高等教育，一方面，导致在最初的四年中因无法工作而损失了四年的工资性报酬；另一方面，还有可能因为刚开始工作时因继续接受培训等原因，导致工资性报酬在最初的一年或几年中低于已经有几年工作经验的高中毕业生。严格来说，这两部分成本都属于接受高等教育的机会成本。

51. D【解析】上大学的总收益是指一个人在接受大学教育之后的终身职业生涯中获得的超过高中毕业生的工资性报酬，因此如果仅根据大学刚毕业的几年中所得到的工资性报酬状况来判断上大学是否值得就会出现误差。

52. C【解析】在职培训包括一般培训与特殊培训，一般培训成本由员工来承担并享有其收益，特殊培训成本由企业负担，选项C错误。

53. A【解析】社会保险法律适用的基本规则：①上位法的效力高于下位法；②同位法中特别规定与一般规定不一致时，适用特别规定；③同位法中新的规定与旧的规定不一致，适用新的规定；④原则上不溯及既往。

54. B【解析】如果违反劳动和社会保险法律法规或者规章的行为在2年内未被劳动保障行政部门发现，也未被举报、投诉的，劳动保障行政部门不再查处。这里所称的期限是指自违反劳动和社会保险法律法规或者规章的行为发生之日起计算；如违反劳动和社会保险法律法规或者规章的行为有连续或者继续状态的，应自行为终了之日起计算。

55. C【解析】职工代表大会制度一直是公有制企业实行职工民主管理的一种法定必要形式，是针对公有制企业而不是所有企业单位，选项C错误。

56. A【解析】劳动者是具有“从属性特点的雇佣劳动者”，从属性是劳动关系最主要的特点，选项A错误。

57. A【解析】在仲裁活动中，《劳动争议调解仲裁法》规定，发生劳动争议的劳动者和用人单位为劳动争议仲裁案件的双方当事人。用人单位与其他单位合并的，合并前发生的劳动争议，由合并后的单位为当事人；用人单位分立为若干单位的，其分立前发生的劳动争议，由分立后的实际用人单位为当事人。用人单位分立为若干单位后，对承受劳动权利义务的单位不明确的，分立后的单位均为当事人。

58. B【解析】根据《劳动争议调解仲裁法》的规定，劳动争议仲裁不收费。劳动争议仲裁委员会的经费由财政予以保障。

59. D【解析】根据《社会保险法》的规定，职工应当参加工伤保险，由用人单位缴纳工伤保险费，职工不缴纳工伤保险费。

60. B【解析】职工因工死亡，其近亲属按照规定可以从工伤保险基金领取丧葬补助金、供养亲属抚恤金和一次性工亡补助金。

二、多项选择题

61. ABCE【解析】美国社会心理学家麦克利兰提出了三重需要理论，认为人有三种重要的需要，即成就需要、权力需要和亲和需要。其中，成就需要是指追求优越感的驱动力，或者参照某种标准去追求成就感、寻求成功的欲望。特点：①选择适度风险；②有较强的责任感；③希望能够得到及时的反馈。

62. AC【解析】根据理性模型，决策者在任何方面都是完全理性的，决策者具备以下特征：①从目标意义上分析，决策完全理性；②存在完整和一致的偏好系统，使决策者在不同的备选方案中进行选择；③决策者可以知道所有备选方案；④对计算复杂性无限制，可以通过计算选择出最佳备选方案；⑤对于概率的计算不存在任何困难。

63. ACE【解析】如果企业想要鼓励创新、开放的组织文化，就需要降低组织的制度化程度，选项B错误。强调合作的文化与强调严格的等级差异的绩效评估体系是很难并存的。如果企业拥有一种合作的组织文化，那么强调个人绩效的评估体系显然是不合时宜的，选项D错误。

64. ACDE【解析】德尔菲法不采用集体讨论的方式，而且匿名进行，这样就可以使专家独立地做出判断，避免了从众的行为，同时也避免了专家必须在一起开会的麻烦，选项B错误。

65. ABCD【解析】人才管理的主要内容包括四个方面：①构建灵活多样的人才获取途径，实现动态人才匹配；②形成有助于降低风险的新型人才队伍调节机制；③建立多元化的员工价值主张，培养新型组织文化；④加强人力资源能力建设，实现战略性人力资源管理。

66. ABCD【解析】离岸经营是一种特殊的外包形式。最初被以离岸经营方式外包出去的许多工作岗位都是工作范围很窄的简单工作，如生产岗位、呼叫中心的服务岗位等，现在已经延伸到很多高技能的工作岗位，如证券分析、技术研发等。

67. ABCD【解析】决定结构性失业严重程度的因素包括以下五点：①对劳动力需求转变的快慢；②劳动力供给能否适应需求的变化；③技术替代的灵活性大小；④人们重新学会另一种技术的速度快慢；⑤地理状况的差异。

68. ABDE【解析】情境化结构面试通常需要遵循所谓"STAR"的原则，即首先向被试者描述他们可能会面对的典型环境（situation）或需要完成的主要工作任务（task），然后询问他们实际上采取了何种行动（action），最后让他们说明这种行动产生了怎样的结果（result）。

69. DE【解析】通过工作态度和工作能力这两个维度的交叉分析，可以将组织员工划分为安分型、贡献型、堕落型和冲锋型四种类型。

70. CDE【解析】工资差别的本质原因是同劳动相联系的，只要劳动者的素质和技能不能完全相同，劳动条件的差别无法消除，工资差别就不可能消除；工资差别的存在同市场经济中价格差别的存在一样，在整个社会范围内具有不断重新配置资源的功能，它会激励劳动者从低生产率工作岗位、企业、行业或产业部门、职业甚至国家向高生产率的地方转移，从而优化劳动力资源配置效率，这对于社会经济的发展具有积极的作用。

71. ABCD【解析】职业生涯管理的注意事项有：①职业生涯管理活动要与组织的人力资源战略、招聘、绩效评估等人力资源管理环节相互配合，统筹考虑；②得到组织高层的支持，特别是在政策、经费等方面；③鼓励直线经理参与职业生涯发展活动（选项 E 错误）；④要充分考虑员工的个体差异。

72. BCE【解析】心理测试可以分为能力测试、人格测试和职业兴趣测试。

73. BDE【解析】在向后弯曲的个人劳动力供给曲线上，具有负斜率向左上方倾斜的部分，当工资率上升时，劳动者供给的收入效应大于替代效应，劳动者愿意增加闲暇的消费，减少劳动力供给时间。

74. ADE【解析】职工大额医疗费用补助是各地在推进基本医疗保险制度改革过程中，探索出的一种解决封顶线以上大额医疗费用的医疗补助办法。这种办法一般由当地政府随同基本医疗保险的建立在参保职工中强制执行，由当地社会保险经办机构负责经办，是一种社会性的补充保险。保险费一般按每个职工一年缴纳一定额度的费用的办法筹集，由社会保险经办机构建立大额医疗费用补助金，与基本医疗保险基金分开管理、分别核算。参保职工发生超过封顶线以上的医疗费用，由大额医疗费用补助金按一定比例支付。

75. ABC【解析】人力资本投资的重点在于它的未来导向性。选项 D，获得收益的风险越高，人们越不愿意进行人力资本投资。选项 E，机会成本越高，意味着成本越大，人们越不愿意进行人力资本投资。

76. ABDE【解析】在中国境内就业的外国人，也应当参照《社会保险法》规定参加我国的社会保险。其中，具有与我国签订社会保险缴费双边或多边协议国家国籍的就业人员，在其依法获得在我国境内就业证件 3 个月内提供协议国出具参保证明的，应按协议规定免除其规定险种在规定期限内的缴费义务。对于依法获得在我国境内就业证件 3 个月后不能提供协议国出具的参保证明的，应按规定征收社会保险费并收取相应的滞纳金。对于协议之外的险种以及协议规定险种超过规定期限的，应要求其按规定缴纳社会保险费。

77. ABD【解析】劳动合同用工是我国企业的基本用工形式。劳务派遣用工是补充形式，只能在临时性、辅助性或者替代性的工作岗位上实施。

78. ABD【解析】仲裁员有下列情形之一，应当回避，当事人也有权以口头或者书面方式提出回避申请：①是本案当事人或者当事人、代理人的近亲属的；②与本案有利害关系的；③与本案当事人、代理人有其他关系，可能影响公正裁决的；④私自会见当事人、代理人，或者接受当事人、代理人请客送礼的。

79. ABCD【解析】根据《社会保险法》的规定，职工应当参加工伤保险，由用人单位缴纳工伤保险费，职工不缴纳工伤保险费。职工（包括非全日制从业人员）在两个或两个以上用人单位同时就业的，各用人单位应当分别为职工缴纳工伤保险费。职工发生工伤，由职工受到伤害的工作单位依法承担工伤责任。故选项 E 错误。

80. BCD【解析】解决人力资源和社会保险行政争议的方式有待遇复查、行政复议和行政诉讼。

三、案例分析题

（一）

81. D【解析】行为型决策者可以与他人进行很好的合作，乐于接受建议并提供支持和帮助，他们倾向于避免冲突，力争每个人都感到快乐，但他们不喜欢困难的决策，尤其是当决策结果可能会给他人带来不快的时候。从案例中可以看出，李明属于行为型决策风格。

82. BC【解析】行为型决策风格的特征表现为：决策者具有较低的模糊耐受性，倾向于对人和社会的关注。

83. D【解析】明茨伯格的决策过程包括：①确认阶段；②发展阶段；③选择阶段。其中，确认阶段是认知到问题或机会的产生，进行诊断。

84. ACD【解析】西蒙认为，决策过程可以分为智力活动、设计活动和选择活动。

（二）

85. C【解析】棒球队型组织鼓励冒险和革新。招聘时，从各种年龄和经验层次的人中寻求有才能的人。薪酬制度以员工绩效水平为标准。由于这种组织对工作出色的员工给予巨额奖酬和较大的自由度，员工一般都拼命工作。

86. ABC【解析】棒球队型组织文化适用于会计、法律、投资银行、咨询公司、广告机构、软件开发、生物研究领域。

87. D【解析】团队结构形式的主要特点是：打破部门界限并把决策权下放到工作团队成员手中。

88. B【解析】组织变革的方法包括以人员为中心的变革、以结构为中心的变革、以技术为中心的变革、以系统为中心的变革。其中，以结构为中心的变革包括重新划分和合并新的部门、调整管理层次和管理幅度、任免责任人、明确责任和权力等。

（三）

89. BD【解析】张某在绩效考核中的评价做法有失公平，没有较好地平衡大家的贡献，这就不可能得到员工对张某的认同感，主要是张某的主观意识影响了考核结果的公正性，这也说明了这种直接领导作为唯一评估者的方法，极易受个人主观因素的影响。

90. C【解析】本案例中，要使绩效考核客观、公正，张某的核心工作是建立起用于描述组织关键成功要素的关键绩效指标体系，所以要采用关键绩效指标法。关键绩效指标是反映个体关键绩效贡献的评价依据和量化指标。

91. CD【解析】张某给经常缺勤的下属填写了“优秀”，即过宽效应；张某对其他员工，即使是对于工作态度较差的员工都给予了较好的评价，即趋中效应。

92. B【解析】在绩效考核中，评估者可能由于自己的主观意识，将员工的评估分数划定在一个区域内，从而弱化评估分数的差距。使用强制分布法可以有效避免考核结果可能出现的这种趋中趋势。这种方式的另一个优点是有利于管理手段的实施。

（四）

93. AD【解析】由于产品的需求价格弹性比较大，因此劳动力需求的自身工资弹性比较高，不利于工资水平的提高。

94. AC【解析】劳动力需求的交叉工资弹性是指一种劳动力的工资率变化1%所引起的另一类劳动力需求量变化的百分比。如果两种劳动力的交叉工资弹性值为负，则意味着一种劳动力的工资率提高会促使另一种劳动力的就业量减少，这说明两者之间是一种总互补关系。

95. A【解析】劳动力供给曲线不变，而劳动力需求曲线向右移动（劳动力需求增加），则劳动力市场新的均衡点表现为均衡工资率提高，均衡就业量增加。

96. AC【解析】劳动力需求曲线不变，而劳动力供给曲线向右移动（劳动力供给增加），则劳动力市场新的均衡点表现为均衡工资率降低，均衡就业量增加。

（五）

97. BC【解析】劳务派遣单位注册资本不得少于200万元人民币。用人单位不得设立劳务派遣单位向本单位或者所属单位派遣劳动者。

98. BD【解析】劳务派遣单位派遣劳动者应当与接受以劳务派遣形式用工的单位订立劳务派遣协议。劳务派遣协议应当约定派遣岗位和人员数量、派遣期限、劳动报酬和社会保险费的数额与支付方式以及违反协议的责任。选项B错误。用工单位应当根据工作岗位的实际需要与劳务派遣单位确定派遣期限，不得将连续用工期限分割订立数个短期劳务派遣协议。选项D错误。

99. ACD【解析】劳务派遣用工是补充形式，只能在临时性、辅助性或者替代性的工作岗位上实施。

100. C【解析】被派遣劳动者在无工作期间，劳务派遣单位应当按照所在地人民政府规定的最低工资标准，向其按月支付报酬。劳务派遣单位应当与被派遣劳动者订立2年以上固定期限劳动合同。

《人力资源管理专业知识与实务》（中级）考前预测卷（三）

一、单项选择题

1. C【解析】具有内源性动机的个体比较认可所做的行为价值以及该行为所带来的成就感，注重的是行为的本身，而非行为的结果；而具有外源性动机的个体比较注重社会报酬，如表扬、社会地位等，往往是为了逃避惩罚而去完成某种行为。

2. B【解析】成就需要高的人通常只关心自己的工作业绩，而不关心如何影响他人使其做出优秀的业绩。他们自己干得很出色，但不一定也使别人干得出色。因此，他们可以是优秀的业务专员，但却不一定是好经理，选项A错误。亲和需要高的人往往重视被别人接受和喜欢，他们追求友谊和合作，在组织中充当被管理者的角色，选项C错误。成就需要高的人具有较强的责任感，在创造性活动中更容易获得成功，选项D错误。

3. B【解析】弗罗姆认为动机是三种因素共同作用的产物：一个人需要多少报酬（效价）、个人对努力产生成功绩效的概率估计（期望）、个人对绩效与获得报酬之间关系的估计（工具性）。

4. A【解析】目标管理既包括自上而下的过程，也包括自下而上的过程。故选项A错误。

5. B【解析】路径—目标理论中的领导行为包括指导式、支持型、参与式、成就取向式。其中，支持型领导努力建立舒适的工作环境，亲切友善，关心下属的行为。

6. A【解析】最适合于工作取向领导风格的情境是上下级关系较好，工作结构化程度较高，领导职权较大。选项B、C的工作取向的效能一般，选项D的工作取向的效能低。

7. A【解析】管理方格图指出，投入最少量的努力完成必要的工作和维持适合的组织成员关系的领导风格，称为“无为而治”的领导风格。

8. C【解析】社会模型认为决策者有坚持错误的倾向，他们称其为投入的增加，选项C错误。

9. D【解析】组织结构又可称为权责结构，在实际中通常以组织图或组织树的形式出现。这个结构体系的主要内容有：职能结构、层次结构、部门结构、职权结构。其中，各管理层次、部门在权力和责任方面的分工和相互关系指的是组织结构体系中的职权结构。

10. D【解析】组织结构又称权责结构，两者是同一个意思，选项D错误。

11. C【解析】各种组织形式最为有效的环境见下表。

行政层级式组织形式	职能制结构	矩阵组织形式
复杂/静态	简单/静态	复杂/动态

12. D【解析】要达到全面质量管理的要求，变革必须根植于企业最根本的部分，即组织文化。组织文化的改变必须在实行全面质量管理之前，或与之同时进行，选项D错误。

13. A【解析】战略执行过程中的五大关键要素包括：①组织结构；②工作任务设计；③人员的甄选、培训与开发；④报酬系统；⑤信息的类型以及信息系统。

14. A【解析】选项A属于调整速度快且可撤回程度高的方法，选项B属于调整速度慢且可撤回程度高的方法，选项C属于调整速度慢且可撤回程度中等的方法，选项D属于调整速度慢且可撤回程度低的方法。

15. A【解析】内容效度是指测验方法能否真正测出工作绩效的某些重要因素，主要采用专家判断法检验，选项A正确。选项B是构想效度的定义，选项C是评价者信度的定义，选项D是复本信度的定义。

16. D【解析】我国社会保险法立法原则包括：①贯彻落实党中央的重大决策部署，特别是"广覆盖、保基本、多层次、可持续"等带有根本性、管长远的基本方针；②使广大人民群众共享改革发展成果；③公平与效率相结合，权利与义务相适应（优先体现公平和普惠性原则，同时体现激励和引导原则）；④确立框架，循序渐进。

17. C【解析】运动和身体能力测试包括心理运动能力测试和身体能力测试两大类。心理运动能力测试大多与手的灵活性有关，也有一些涉及腿或脚的运动。身体能力测试不仅有利于预测求职者在未来可能达到的工作绩效水平，而且有利于预测出哪些人将来更有可能发生工伤或导致伤残等情况。选项C错误。

18. A【解析】劳动者是一种具有"从属性特点的雇佣劳动者"，从属性是劳动关系最主要的特点，选项A错误。

19. A【解析】劳动者在试用期间被证明不符合录用条件的，用人单位可以随时解除劳动合同，选项A正确，选项B错误。用人单位单方解除劳动合同，应当事先将理由通知工会，选项C错误。劳动者不能胜任工作的，经过培训或者调整工作岗位仍不能胜任工作的，可以提前30日书面通知劳动者解除劳动合同，选项D错误。

20. B【解析】劳动者在两个单位工作的，各单位应分别为劳动者缴纳工伤保险，选项A错误。在中国境内就业的外国人，也应当按相关规定参加我国的社会保险，选项C错误。非全日制从业人员可以参加职工基本养老保险和职工基本医疗保险，选项D错误。

21. B【解析】同工同酬的原则往往只能在同一部门或单位内部得到较好的贯彻，选项A错误。影响工资水平确定的因素包括劳动者个人及其家庭所需的生活费用、同工同酬的原则、企业的工资支付能力，选项C错误。谈判双方力量的对比是决定工资上限和下限的因素，选项D

错误。

22. D【解析】虽然从事一定社会劳动，但劳动报酬低于当地城市居民最低生活保障标准的情况视同失业，选项 A 错误。失业人员是在规定的劳动年龄内，超出法定劳动年龄的劳动者不算失业，选项 B 错误。16 周岁以上各类学校毕业或肄业的学生，初次寻找工作但未找到，属于失业人员，选项 C 错误。

23. A【解析】在其他条件相同的情况下，折算上大学的未来收益时所使用的贴现率越高，则上大学的可能性就越小，与成本无关，选项 B 错误。大学毕业后工作年限长，愿意上大学的人越多是因为投资后的收入增量流量长，与成本无关，选项 C 错误。在其他条件相同的情况下，大学毕业生与高中毕业生之间的工资性报酬差距越大，愿意投资于大学教育的人相对来说就会越多是由于收益多，与成本无关，选项 D 错误。

24. B【解析】下列医疗费用中，不纳入基本医疗保险基金支付范围的包括：①应当从工伤保险基金中支付的；②应当由第三人负担的医疗费用；③应当由公共卫生负担的；④在境外就医的费用。

25. D【解析】德尔菲法通过避免专家面对面的集体讨论所产生的成员之间的相互影响，从而充分利用专家的知识体系经验，选项 D 错误。

26. C【解析】垄断性工资差别是指不同质劳动者之间的流动受到了自然或者非自然力量的限制，因此政府并不能消除所有的垄断性工资差别。

27. A【解析】敏感性是指明确区分高效率员工和低效率员工，选项 B 错误。准确性是指把工作标准和组织目标联系起来确定绩效的好坏，选项 C 错误。可靠性是指不同评价者对同一个员工所作的评价基本相同，选项 D 错误。

28. C【解析】采用差异化战略，在绩效考核中，组织应选择以行为为导向的评价方法，因为创新的成果通常是难以用量化的指标去衡量的。

29. B【解析】绩效评价常见的误区包括晕轮效应、趋中倾向、过宽或过严倾向、年资或职位倾向、盲点效应、刻板印象、首因效应和近因效应。其中，刻板印象是指个人对他人的看法往往受到他人所属群体的影响。

30. C【解析】六西格玛管理通过减少企业业务流程的偏差，使组织绩效提高到更高的水平。它通过使用一系列统计工具来分析企业业务流程。如果流程的输出结果不尽如人意，可以使用相关的统计工具分析影响流程的要素，进而改进流程，控制错误和废品的增加。

31. A【解析】企业现状及未来战略目标是制定薪酬政策，进行薪酬决策的重要前提条件。只有明确了企业现状及未来战略目标才能确定适合本企业的薪酬水平，才能建立具有内部公平性和外部竞争性的薪酬体系结构。

32. C【解析】股权激励计划的有效期自股东大会通过之日起计算，一般不超过 10 年。

33. A【解析】股票期权的特征包括：①股票期权是一种权利而不是义务，收益人可以买公司股票也可以不买；②股票期权只有在行权价低于行权时，本企业股票的市场价格才有价值；③股票期权是公司无偿给予经营者的。

34. D【解析】实施股票期权的优点是：可以把经营者利益与股东利益及企业发展结合起来，使企业股东的资产权益首先得到保障。同时对于经营者而言，可以让经营者分享企业的预期收益，突破只分享当期收益的局限性，经营者可以在风险较小的前提下得到较大的激励。激励手段比较灵活，便于个案处理。

35. B【解析】培训与开发不是一项无回报的开支，而是一种人力资源投资。故选项B错误。

36. D【解析】企业大学是独立的培训与开发机构的一种扩大发展的模式，选项D错误。

37. D【解析】职业生涯锚具有以下四个特点：①产生于早期职业生涯阶段，以个体习得的工作经验为基础；②强调个人能力、动机和价值观三个方面的相互作用与整合；③不可能根据各种测试提前进行预测；④并不是完全固定不变的。

38. C【解析】获奖者提出的自然科学发现应当具备下列条件：①前人尚未发现或者尚未阐明；②具有重大科学价值；③得到国内外自然科学界公认。

39. C【解析】当前构建和谐劳动关系的主要任务包括：①完善劳动关系协商协调机制；②健全劳动法律法规，保障新就业形态劳动者权益；③多方施策。

40. B【解析】担任县处级副职以上领导职务的公务员任职培训时间一般不少于30天，担任乡科级领导职务的公务员任职培训时间一般不少于15天。

41. C【解析】市场劳动力供给曲线主要有三种类型：①向上倾斜的市场劳动力供给曲线；②垂直形状的市场劳动力供给曲线；③水平形状的市场劳动力供给曲线。其中，自左下方向右上方倾斜的劳动力供给曲线反映的是比较常见的市场劳动力供给状况。

42. D【解析】女性劳动力参与率大幅度上升的主要影响因素包括：①女性相对工资率上升；②女性劳动力市场工作的偏好和态度发生了改变；③家庭生产活动的生产率提高；④出生率下降；⑤离婚率上升；⑥工作机会增加。

43. D【解析】在单个劳动者的劳动力供给理论中，劳动者把享受闲暇和消费物品以及服务作为两种主要的效用来源，而在家庭生产理论中，一个家庭会把它生产出来的家庭物品看成是效用的直接来源。

44. A【解析】工资率变动的替代效应和规模效应对劳动力需求的影响方向是相同的，即在长期内，工资率上升的替代效应和规模效应都使劳动力需求减少，反之亦然。

45. A【解析】派生需求定理认为，影响劳动力自身需求工资弹性的因素有：①在其他条件相同的情况下，产品需求弹性越大，价格变动引起的产品需求量变动就越大；②若其他条件相同，其他生产要素对劳动力的替代越容易，劳动力需求的自身工资弹性就越高；③在其他条件相同的情况下，其他生产要素的供给弹性越大，劳动力需求的自身工资弹性就越大，反之则越小；④劳动力成本在总成本中占的比重越大，劳动力需求的自身工资弹性越大，反之则越小。

46. B【解析】一般培训所赋予员工的技能和知识是可以转移的，即他们可以借此去其他企业谋职并获得一个与其当前技能相称的、较高的工资率。故由员工自己负担接受一般培训的成本并享有其收益，这种成本和收益安排方式是最有效率的。

47. D【解析】上大学获得的收益为大学毕业后从事工作的终身工资性报酬，减去高中毕业后从事工作的终身工资性报酬，即350－120＝230（万元）。

48. D【解析】在理想状态下，组织的战略规划和人力资源管理应当达到一体化联系水平。

49. B【解析】工作样本测试的缺点之一是：由于不仅要针对每一个职位设计新的测试，而且这种测试的模式是非标准化的，所以它的开发成本相对较高，选项B错误。

50. D【解析】劳务派遣单位与被派遣劳动者订立的劳动合同，除应当依法载明劳动合同必备的事项外，还应当载明被派遣劳动者的用工单位、派遣期限、工作岗位等；劳务派遣单位与劳动者应签订2年以上的固定期限劳动合同，按月支付劳动报酬；被派遣劳动者在无工作期间，劳务派遣单位应当按照所在地人民政府规定的最低工资标准，向其按月支付报酬。

51. C【解析】根据《劳动合同法》，有关非全日制用工的规定主要有：①劳动者可以与一个或一个以上用人单位订立劳动合同，但后订立的劳动合同不得影响先订立的劳动合同的履行；②双方当事人可以订立口头协议；③双方当事人不得约定试用期；④双方当事人任何一方都可以随时通知对方终止用工；⑤计酬标准不得低于用人单位所在地人民政府规定最低小时工资标准；⑥劳动报酬结算支付周期最长不得超过15日。

52. C【解析】劳动人事争议仲裁委员会由劳动行政部门代表、工会代表和企业代表组成。

53. C【解析】因不可抗力，或者有无民事行为能力或者限制民事行为能力劳动者的法定代理人未确定等其他正当理由，当事人不能在法定1年的仲裁时效期间内申请仲裁的，仲裁时效中止。选项A、B、D均属于仲裁时效中断的情形。

54. C【解析】劳动人事争议仲裁委员会之间并不具有行政隶属关系，选项A错误。劳动人事争议仲裁委员会是国家授权依法设立的，代表国家行使仲裁权并由国家强制力保证其生效裁决实施的，由劳动行政部门代表、工会代表和企业方面代表组成的处理劳动争议的仲裁机构，选项B错误。劳动人事争议仲裁委员会不按行政区划层层设立，选项D错误。

55. D【解析】劳动保障监察处理的方式主要包括责令用人单位改正、警告、罚款、没收违法所得、吊销许可证。

56. B【解析】根据《失业保险条例》的规定，城镇企事业单位职工按照个人工资的1%缴纳失业保险费；用人单位缴纳的失业保险费不超过本单位工资总额的2%。

57. D【解析】职工应当参加生育保险，由用人单位按不超过职工工资总额1%的规定缴纳生育保险费，职工不缴纳生育保险费。生育保险待遇包括生育医疗费用和生育津贴。职工未就业配偶按照国家规定享受生育医疗费用待遇，所需资金从生育保险基金中支付，但未就业职工配偶不享受生育津贴。选项D错误。

58. A【解析】职工因工作遭受事故伤害或者患职业病需要暂停工作接受工伤医疗的，在停工留薪期内，原工资与福利待遇均不变，由所在单位按月支付。

59. A【解析】用人单位违反女职工和未成年工的保护规定，侵害其合法权益的，由劳动行政部门责令改正，按照受侵害的劳动者每人1 000元以上5 000元以下的标准计算，处以罚款。

60. A【解析】职工应缴纳的社会保险费由用人单位代扣代缴。用人单位未依法代扣代缴的，由社会保险费征收机构责令用人单位限期代缴，并自欠缴之日起向用人单位按日加收万分之五的滞纳金。用人单位不得要求职工承担滞纳金。

二、多项选择题

61. ABE【解析】马斯洛的需要层次理论在管理上的应用：①管理者需要考虑员工不同层次的需要，并为每一层次的需要设计相应的激励措施；②管理者需要考虑每个员工的特殊需要，因为不同人的需要是不同的；③组织用于满足低层次需要的投入效益是递减的。

62. BCDE【解析】美国管理心理学家罗伯特·豪斯在伯恩斯改变型领导理论的基础上提出了魅力型领导理论。魅力本身是一个归因现象，会随着情境发生变化。故选项A错误。

63. ABC【解析】矩阵组织形式的稳定性较差。按产品或项目成立的组织，其成员经常变动，人事关系不稳定，选项D错误。无边界组织形式所寻求通过组织的扁平化来减少指挥链，对管理幅度不加限制，减少或取消各种职能部门，代之以授权的团队，选项E错误。

64. ABD【解析】时间间隔越长，两次测试之间的相关系数就越低，选项C错误。复本信度的高低反映了两个测验在内容上的等值性程度，选项E错误。

65. ABDE【解析】学习型组织的关键特征包括：①致力于持续学习；②知识共享；③普遍采用批判性和系统性的思维方式；④具有一种学习文化；⑤重视员工。

66. BCDE【解析】当人力资源供给大于需求时，应采取的措施有：①扩大经营规模或者开拓新的增长点；②永久性的裁员或者辞退员工；③提前退休；④冻结招聘；⑤缩短工作时间；⑥对富余员工实行培训。选项A属于人力资源不足时采取的措施。

67. AB【解析】高工资往往能够带来高生产率：一般认为，较高的工资能够吸引较好的员工，这是因为高工资扩大了企业的求职者人才库，从而使得企业在挑选员工时有更大的选择余地。关于较高的工资之所以能够从既定的员工那里获得较高生产率的观点，大都与员工对企业的认同感有很大的关系。认为较高的工资能够从既定的员工那里攫取较高生产率的观点所依据的另外一个原因是，员工十分关注自己是否受到公平的对待。

68. ABCE【解析】管理者对员工申诉进行管理应遵守的原则包括合法原则、公平原则、明晰原则、及时原则、反馈原则、保密原则。

69. ABDE【解析】绩效计划制订的准备阶段主要是搜集制订绩效计划所需要的各种信息，包括：①组织近几年的绩效管理资料，如历年的绩效计划、组织和员工近期的绩效考核结果等；②工作分析的相关资料，如职位说明书、部门的职能职责表等；③组织最新的战略管理资料，如组织的目标、组织在该绩效周期的发展战略等。

70. ABD【解析】货币工资并不等于实际工资，这两者之间的差别取决于物价水平。物价水平变化越大，货币工资和实际工资之间的差别越大。选项C错误。企业所面临的劳动力供给是随实际工资水平的波动而变动的，而不是随货币工资水平的波动而变动的，市场上很可能会出现货币工资水平上升不一定能带来劳动力供给增加，而货币工资水平的下降也并不一定能抑制劳动力供给增加的现象。选项E错误。

71. BC【解析】选项A属于采用成本领先战略的企业适宜的薪酬管理办法。选项D、E属于采用成长战略的企业适宜的薪酬管理办法。

72. ACDE【解析】职业生涯管理对组织的重要性表现在：①使员工与组织共同发展，以适应组织发展与变革；②为组织培养后备人才，特别是高级管理人才和高级技术人才；③组织内部培养的员工在组织适应性方面比从外面招聘的员工强；④满足员工的发展需要，增强员工对组织的承诺，留住员工，特别是优秀员工。选项B属于职业生涯管理对个人的重要性。

73. ABE【解析】对公务员、公务员集体的奖励包括嘉奖、记三等功、记二等功、记一等功、授予荣誉称号。具体内容：①对表现突出的，给予嘉奖；②对作出较大贡献的，记三等功；③对作出重大贡献的，记二等功；④对作出杰出贡献的，记一等功；⑤对功绩卓著的，授予“人民满意的公务员”“人民满意的公务员集体”“模范公务员”“模范公务员集体”等荣誉称号。

74. ABC【解析】当工资率上升、收入效应大于替代效应时，劳动者的个人劳动力供给时间减少。当工资率下降、替代效应大于收入效应时，劳动者的个人劳动力供给时间减少。选项D、

E 错误。

75. ABD【解析】垂直形状的市场劳动力供给曲线反映的是市场工资率变动对于市场上的劳动力供给数量完全没有影响的情况。产生这种劳动力供给曲线的原因之一是某种类型的劳动力在短时间内非常稀缺，而培养这种类型的劳动力又需要一段时间，即劳动力供给存在滞后性。此外，这种形状的劳动力供给曲线还可以被用来描述一个已经充分利用了自己的劳动力资源的社会所面临的劳动力供给情况。在封闭的条件下，如果一个国家的劳动者已经实现了充分就业，则工资率提高并不可能增加劳动力供给。

76. ABCD【解析】不仅各级正规教育和在职培训活动所花费的支出属于人力资本投资，而且增进健康、加强学龄前儿童营养、寻找工作、工作流动等活动也同样属于人力资本投资活动。

77. AE【解析】我国征缴社会保险费的法定机构有：税务机关和社会保险经办机构。具体的征收社会保险费的机构由省级人民政府确定。

78. ABCD【解析】劳务派遣单位、用工单位违反有关劳务派遣规定的，由劳动行政部门责令限期改正；逾期不改正的，以每人 5 000 元以上 10 000 元以下的标准处以罚款，对劳务派遣单位，吊销其劳务派遣业务经营许可证。用工单位给被派遣劳动者造成损害的，劳务派遣单位与用工单位承担连带赔偿责任。选项 E 错误。

79. ABCE【解析】发生劳动争议，当事人可以口头或书面形式向企业劳动争议调解委员会提出调解申请，选项 D 错误。

80. BCDE【解析】职工所在用人单位未依法缴纳工伤保险费，发生工伤的，用人单位应采取措施及时救治，并按照规定的工伤保险待遇项目和标准支付费用。职工被认定为工伤后，有下列情形之一的，职工或者其近亲属可以持工伤认定决定书和有关材料向社会保险经办机构书面申请先行支付工伤保险待遇：①用人单位被依法吊销营业执照或者撤销登记、备案的；②用人单位拒绝支付全部或者部分费用的；③依法经仲裁、诉讼后仍不能获得工伤保险待遇，法院出具终止执行文书的；④职工认为用人单位不支付的其他情形。

三、案例分析题

（一）

81. B【解析】案例中，创业时的 H 公司只生产风扇，需要当机立断的决策机制。当时采用直线式管理，简单直接、环节清晰，组织设计类型是职能制结构。选项 B 正确。

82. BCD【解析】职能制的适用范围：①在简单/静态的环境中效果较好；②适用于中小型的、产品品种比较单一、生产技术发展变化较慢、外部环境比较稳定的企业。职能制结构优点之一是管理权力高度集中，便于公司最高层对整个企业实施严格的控制。选项 B、C、D 正确。

83. ABC【解析】事业部制结构适用产品种类多且产品之间工艺差别大，或市场分布范围广且市场情况变化快、要求适应性强的大型联合企业或公司。选项 A、B、C 正确。

84. AC【解析】事业部制结构的优点：①有利于总公司的最高层摆脱具体管理事务，集中精力于战略决策和长远规划；②增强企业的活力；③有利于把联合化和专业化结合起来，提高生产效率。缺点：①容易使各事业部只顾自身的利益，减弱整个公司的协调一致性；②公司和各个事业部的职能机构重复，会增加费用和管理成本。

(二)

85. BCD【解析】案例中所考虑的要素属于组织结构设计的特征因素的有管理层次和管理幅度、制度化程度、关键职能。

86. AD【解析】案例中所考虑的要素属于组织结构设计的权变因素的有公司战略、人员素质。

87. B【解析】古典的组织设计理论是静态的，只关注组织结构设计方面的研究。现代的组织设计理论是动态的，同时关注组织结构设计和运行制度设计两个方面的研究。

88. ACD【解析】管理层次与管理幅度存在反比的数量关系，选项B错误。

(三)

89. A【解析】成长战略是一种关注市场发展、产品开发、创新等内容的战略，可以分为内部成长战略和外部成长战略。对于追求成长战略的企业来说，其薪酬管理的指导思想应该是企业与员工共担风险、共享收益。

90. BC【解析】薪酬调查主要是为了解决薪酬的外部竞争性问题，职位评价解决的是内部公平性问题，选项A错误。薪酬调查主要是通过各种途径，收集企业所关注的竞争对手或同行业类似企业的薪酬水平及相关信息，并根据薪酬曲线得出本企业各职位薪酬所处的位置，与员工对企业薪酬的满意度无关，选项D错误。

91. CD【解析】配对比较法更加适合人少的情况下，可以快速比较出员工绩效的水平，员工人数增加则会成倍增加评价的工作量，因此并不适合员工人数多的企业，选项C错误。职位评价是工作分析和薪酬调查的桥梁，选项D错误。

92. AC【解析】我国股票期权采用平值法，选项A错误。股票期权的激励对象不包括独立董事与监事，选项C错误。

(四)

93. B【解析】如果小李和单位同时分别向S市和G市的仲裁委员会申请仲裁，从方便劳动者角度出发，应当由G市仲裁委员会管辖，选项B错误。

94. A【解析】仲裁庭可以要求用人单位在指定期限内提供证据。当事人出于客观原因不能自行收集的证据，仲裁委员会可以根据当事人的申请按照有关规定进行收集。选项A错误。

95. A【解析】劳动关系存续期间因拖欠劳动报酬发生争议的，劳动者申请仲裁不受1年仲裁时效期间的限制；但是，劳动关系终止的，应当自劳动关系终止之日起1年内提出。选项B、C错误。对劳动人事争议仲裁委员会的仲裁、调解等行为，不可以进行行政复议。选项D错误。

96. B【解析】下列劳动争议一般为终局裁决：①追索劳动报酬、工伤医疗费、经济补偿或者赔偿金，不超过当地月最低工资标准12个月金额的争议；②因执行国家的劳动标准在工作时间、休息休假、社会保险等方面发生的争议。用人单位有证据证明，对方当事人隐瞒足以影响公正裁决的，可以自收到仲裁裁决书之日起30日内，向劳动争议仲裁委员会所在地的中级人民法院申请撤销裁决。仲裁裁决被人民法院裁定撤销的，当事人可以自收到裁定书之日起15日内就该劳动争议事项向人民法院提起诉讼。

(五)

97. A【解析】根据《工伤保险条例》的规定，职工有下列情形之一的，应当认定为工伤：①在工作时间和工作场所内，因工作原因受到事故伤害的；②工作时间前后在工作场所内，从事与工作有关的预备性或者收尾性工作受到事故伤害的；③在工作时间和工作场所内，因履行工作职责受到暴力等意外伤害的；④患职业病的；⑤因工外出期间，由于工作原因受到伤害或者发生事故下落不明的；⑥在上下班途中，受到非本人主要责任的交通事故或者城市轨道交通、客运轮渡、火车事故伤害的；⑦法律、行政法规规定应当认定为工伤的其他情形。本案例中，钱某可以认定为工伤。

98.B【解析】自劳动能力鉴定结论做出之日起1年后，工伤职工或其直系亲属、所在单位或经办机构认为伤残情况发生变化的，可以申请劳动能力复查鉴定。

99.D【解析】社会保险行政部门应当自受理工伤认定申请之日起60日内做出工伤认定的决定，并书面通知申请工伤认定的职工或者其近亲属和该职工所在单位。

100.C【解析】职工因工致残被鉴定为七级至十级伤残的，从伤残保险基金按伤残等级支付一次性伤残补助金，劳动、聘用合同期满终止；或者职工本人提出解除劳动、聘用合同的，由工伤保险基金支付一次性工伤医疗补助金，由用人单位支付一次性伤残就业补助金。8级伤残的一次性伤残补助金标准为11个月的本人工资。

《人力资源管理专业知识与实务》(中级）考前预测卷（四）

一、单项选择题

1.D【解析】动机分为内源性动机（又称内在动机）和外源性动机（又称外在动机）。其中，外源性动机是指人为了获得物质或社会报酬，或为了避免惩罚而做出某种行为，做出这种行为是为了行为的结果，而不是行为本身。外源性动机的员工更看重工作所带来的报偿，如工资、奖金、表扬、社会地位等。

2.C【解析】选项C中的“别人的认可”属于激励因素。

3.A【解析】质量监督小组是一种常见的参与管理的模式。质量监督小组提出的各种建议，管理层有最后决定权。选项A错误。

4.A【解析】魅力型领导是指具有自信并且信任下属，对下属有高度的期望，有理想化的愿景，以及使用个性化风格的领导。能够促使魅力归因的领导特质包括自信、印象管理技能、社会敏感性和共情等。

5.C【解析】魅力型领导的非道德特征包括为个人利益使用权力、提升自己的个人愿景、指责或批评相反的观点、要求自己的决定被无条件接受、单向沟通、对下属的需要感觉迟钝、遵循外在道德标准。

6.B【解析】路径—目标理论认为领导具有激励作用，其领导行为包括指导式、支持型、参与式、成就取向式。如果下属的工作是结构化的，支持型的领导可以带来高的绩效和满意度。

7.D【解析】成功的领导依赖于合适的行为、技能和行动，领导的三种主要技能是技术技能、人际技能和概念技能。管理层级越高，则工作中技术技能所占的比例越小，而概念技能所占的比例越大。

8.B【解析】组织设计从形式上可以分为静态设计和动态设计。只对组织结构进行的设计称之为静态组织设计，选项B错误。

9.C【解析】矩阵结构适用于因技术发展迅速和产品品种较多而具有创新性强、管理复杂特点的企业。

10. C【解析】棒球队型组织鼓励冒险和革新。薪酬制度以员工绩效水平为标准。由于这种组织对工作出色的员工予以巨额奖酬和较大的自由度，员工一般都拼命工作。在会计、法律、投资银行、咨询公司、广告机构、软件开发、生物研究领域，这种组织比较普遍。

11. A【解析】组织发展的主要目的在于重视人员和组织的成长、合作与参与过程以及质询精神，选项B错误。组织发展注重的是人性与民主，而权力和控制等观念被排斥在外，选项C错误。组织发展的结构技术包括减少垂直分化度、简化规章、扩大员工自主性等，选项D错误。

12. A【解析】组织存在的目的就是达成某些目标，如果这些目标没有能够实现，则从某种程度上说，这个组织就是失败的。

13. A【解析】《中华人民共和国职业分类大典（2022年版）》的职业分类结构为8个大类。第一大类：党的机关、国家机关、群众团体和社会组织、企事业单位负责人；第二大类：专业技术人员；第三大类：办事人员和有关人员；第四大类：社会生产服务和生活服务人员；第五大类：农、林、牧、渔业生产及辅助人员；第六大类：生产制造及有关人员；第七大类：军队人员；第八大类：不便分类的其他从业人员。

14. B【解析】重测信度又称再测信度，是指用同一种测试工具在不同的时间对同一群人进行多次测试所得到的结果的一致性程度。

15. D【解析】财政政策是利用政府预算来影响总需求的一种政策，其主要手段是调整税率和政府支出水平。

16. B【解析】新时代劳动关系协商协调机制的重点是经济问题。从根本上讲，劳动关系协商协调机制解决的是经济问题，是职工的切身利益问题，如劳动报酬、休息休假、劳动时间、社会保障等均是经济问题。选项B错误。

17. D【解析】摩擦性失业、技术性失业、结构性失业，以及季节性失业均属于竞争性劳动力市场上的一种不可避免的较低水平的失业，即是正常性失业。这也就是美国经济学家所说的“自然失业率”。

18. C【解析】形成职业间工资差别的原因主要有以下五个因素：①不同职业在劳动强度和劳动条件方面有差别；②不同职业引起的愉快或不愉快程度有差别；③不同职业具备从业能力的难易程度有差别；④不同职业所具有的社会安全程度即工作保障和职业稳定程度有差别；⑤不同职业要求从业者所承担的责任程度有差别。在亚当•斯密所提及的引起职业间工资差别的五个原因中，有四种都是属于因工作条件和社会环境不同而引起的工资差别，均属于补偿性工资差别，即劳动强度和劳动条件、从业时的不愉快程度、职业稳定与保障程度、责任大小程度的差别。

19. D【解析】从事某职业的劳动力非常稀缺或较为稀缺，但由于这种劳动力在质量上的自然特征或其质量要求，使得对这种劳动力的补充很难实现或很难马上实现。这种垄断性工资收入也可称为租金性工资收入。最典型的是文体影视“明星”们的收入。

20. C【解析】非全日制用工劳动报酬结算支付周期最长不得超过15日，选项A错误。非全日制用工双方当事人可以订立口头协议，选项B错误。从事非全日制用工的劳动者可以与一个或者一个以上用人单位订立劳动合同，选项D错误。

21. B【解析】根据标准化程度划分的面试类型包括结构化面试、半结构化面试和非结构化面试。选项B属于特殊的面试形式。

22. A【解析】无领导小组讨论中使用试题的形式有：开放式问题、两难性问题、多项选择问题、操作性问题和资源争夺性问题。其中，两难性问题，即让被测试者在两种互有利弊的答案中选择一种。这种问题主要考察被测试者的分析能力、语言表达能力以及说服力等。

23. C【解析】内部一致性信度主要用于反映同一测试内容的各个题目之间的得分一致程度性。

24. D【解析】绩效管理在人力资源管理中的作用包括：①绩效管理为其他人力资源管理环节的有效实施提供依据。绩效管理为薪酬的发放提供依据，为人员的配置和甄选提供依据，帮助组织更有效地实行员工开发。②绩效管理可以用来评估人员招聘、员工培训等计划的执行效果。选项A、B、C属于绩效管理在组织管理中的作用。

25. C【解析】强制分布法要求评估者将被评估者的绩效结果放入一个类似于正态分布的标准中。这种方法基于一个有争议的假设，即在被评估者中，优秀、一般和较差的员工同时存在。

26. D【解析】绩效改进的方法主要有卓越绩效标准、六西格玛管理、ISO质量管理体系和标杆超越。不同的方法从不同的角度揭示了绩效改进的方向。

27. B【解析】2022年年初失业人数＝100 000－20 000－70 000＝10 000（人），2022年年底的失业人数＝10 000－5 000＝5 000（人）。失业率＝失业人数÷劳动力人数×100％＝失业人数÷（失业人数＋就业人数）×100％＝5 000÷（5 000＋75 000）×100％＝6.25％。

28. A【解析】摩擦性失业是竞争性劳动力市场的一个自然特征，它不是由于工作岗位缺乏而造成的，而是由于寻找工作、达成就业协议的时滞所引起的。它是一种正常性的失业，它的存在与充分就业并不矛盾。选项A正确。为了减少季节性失业的影响，许多经济学家主张政府加强对季节性失业期的预测工作，以利于季节性工人尽早做出就业淡季的安排。选项B错误。对于耐用消费品制造业而言，由于其产品可以延期购买，所以周期性的波动较大；相反，对非耐用消费品的购买时间不太可能推迟，其需求收入弹性不大，因此非耐用消费品制造业的周期性波动较小。选项C错误。从全局或长远来看，先进的科学技术会促进劳动生产率极大地提高，促进生产力的发展，其结果是一方面扩大社会需求，另一方面促进新兴产业部门的产生和发展，为扩大就业提供雄厚的物质基础，从而有利于新的就业机会的创造。选项D错误。

29. A【解析】大企业提供的相对较高水平的工资，可能是对大企业的严格纪律约束所提供的一种补偿性的工资差别，即由于要求员工接受严格的纪律约束，导致工作对求职者的吸引力较差，因此，就需要对这种不利的工作特点提供一些补偿。

30. D【解析】目前我国经营者年薪制有三种模式，即一元结构模式、二元结构模式和三元结构模式。其中，一元结构模式将其全部收入设计为风险收入，计算公式是：风险收入＝企业职工平均工资×调整系数×（1±主要业绩指标的增减比例）。

31. B【解析】费德勒认为情境性的因素可以分为三个维度：①领导与下属的关系；②工作结构；③职权。

32. B【解析】股票期权有一定的局限性，即只适用于上市公司，选项A错误。股票期权是一种权利而非义务，选项C错误。股票期权的有效期，即从股票期权授予之日起至所有股票期权行权或注销完毕之日止，从授权日计算不得超过10年，选项D错误。

33. A【解析】控制实验法是评估培训与开发效果最好、最正规的方法。

34. B【解析】典型的职业生涯管理通道包括横向通道、纵向通道和双通道。其中，纵向通道是员工在不同管理层级、技术等级、技能等级上下之间的变动路径。

35. A【解析】研究型的基本人格倾向是聪明、理性、细致、喜欢批评，喜欢抽象的、分析的、独立性的工作，愿意进行系统的创造性探究，偏好对各种现象进行观察、分析和推理。选项A正确。

36. D【解析】个体经济组织是指雇工7人以下（包括7人）的个体工商户，选项D错误。

37. C【解析】中央财政科技计划（专项、基金等）中实行公开竞争方式的研发类项目均要设立间接费用，核定比例可以提高到不超过直接费用扣除设备购置费的一定比例：500万元以下的部分为20%，500万元至1 000万元的部分为15%，1 000万元以上的部分为13%。

38. D【解析】行政机关公务员处分的种类包括警告、记过、记大过、降级、撤职和开除。

39. B【解析】个人劳动力供给曲线揭示的是劳动者个人劳动力供给意愿随工资率变动而变动的规律，其形状是向后弯曲的。它表明，在某一工资率水平之下，工资率的上升会导致个人劳动力供给时间的增加；而在此工资率水平之上，工资率的上升反而会导致个人劳动力供给时间的减少。

40. C【解析】以劳动关系双方自主协调为基础的原则：劳动关系的建立、存续和终止以及劳动关系双方的纠纷处理，主要是由劳动关系双方依法自主协商决定。在市场经济条件下，劳动关系是通过劳动者个人和用人单位自主双向选择加以确定和形成的。

41. B【解析】本题中劳动力需求是单位弹性的，即：劳动力需求的自身工资弹性绝对值等于1。用公式表示为：$\eta=\frac{\text{劳动力需求量变动}}{\text{工资率变动}}\times 100\%=\frac{\Delta L/L}{\Delta W/W}$。$(\Delta L/25\ 000)\div[(30-25)/25]=1$，解得$\Delta L=5\ 000$（人）。则总人数$=25\ 000-5\ 000=20\ 000$（人）。

42. B【解析】两种劳动力之间是总替代关系还是总互补关系并不是绝对固定的，它取决于在一种劳动力的工资率上升带来的替代效应和规模效应中，哪一种对另一种劳动力的需求量产生的影响更大。如果两种劳动力的交叉工资弹性值为正，说明这两者之间是一种总替代关系。

43. C【解析】在现实中，由于劳动力并非是同质的，因此，企业总是希望能够招募和雇用到能力更强、生产率更高的员工，选项A错误。劳动力流动确实是有成本的，其中不仅包括寻找就业信息的成本，而且包括因为离开原来的雇主而失去的很多经济或非经济收益，选项B错误。雇用和解雇劳动力的过程都是需要耗费成本的，选项D错误。

44. B【解析】劳动力供给曲线向右移动，意味着劳动力供给增加，而此时劳动力需求曲线不变，则必然会导致均衡工资率降低和均衡就业量提高。

45. C【解析】不仅各级正规教育和在职培训活动所花费的支出属于人力资本投资，而且增进健康、加强学龄前儿童营养、寻找工作、工作流动等活动也同样属于人力资本投资活动，选项C错误。

46. A【解析】机会成本是指某人因上大学而不得不放弃的收入，数量上等于此人高中毕业后不上大学而是去劳动力市场谋求就业后可能赚得的收入。

47. A【解析】因订立或者履行企业年金方案发生争议的，按国家有关集体合同争议处理规定执行。

48. A【解析】评审会议由主任委员或者副主任委员主持，出席评审会议的专家人数应当不少于职称评审委员会人数的2/3。

49. B【解析】在我国，保险人称为社会保险经办机构。投保人一般为用人单位。被保险人一般为在参保单位中就业的劳动者，自谋职业的劳动者在履行缴费义务后，也可以成为被保险人。

50. B【解析】劳动者在两个单位工作的，各单位应分别为劳动者缴纳工伤保险，选项A错误。无雇工的个体工商户、未在用人单位参加基本养老保险的非全日制从业人员以及其他灵活就业人员可以参加基本养老保险，由个人缴纳基本养老保险费，选项B正确。中国境内就业的外国人，也应当按相关规定参加我国的社会保险，选项C错误。非全日制从业人员可以参加职工基本养老保险和职工基本医疗保险，选项D错误。

51. D【解析】用工单位的法定义务包括：①执行国家劳动标准，提供相应的劳动条件和劳动保护；②告知被派遣劳动者的工作要求和劳动报酬；③支付加班费、绩效奖金，提供与工作岗位相关的福利待遇；④对在岗被派遣劳动者进行工作岗位所必需的培训；⑤连续用工的，实行正常的工资调整机制；⑥用工单位不得将被派遣劳动者再派遣到其他用人单位。选项D属于劳务派遣单位的法定义务。

52. C【解析】劳动关系的特点决定了劳动争议具有以下特征：①劳动争议的当事人是特定的；②劳动争议主体之间必须存在劳动关系；③劳动争议的内容必须与劳动权利义务有关。

53. D【解析】用人单位违法阻挠劳动者参加工会的，由劳动行政部门责令改正。

54. C【解析】根据《劳动争议调解仲裁法》的规定，下列劳动争议，适用本法：①因确认劳动关系发生的争议；②因订立、履行、变更、解除和终止劳动合同发生的争议；③因除名、辞退和辞职、离职发生的争议；④因工作时间、休息休假、社会保险、福利、培训以及劳动保护发生的争议；⑤因劳动报酬、工伤医疗费、经济补偿或者赔偿金等发生的争议；⑥法律、法规规定的其他劳动争议。

55. C【解析】劳动法律责任包括行政责任、民事责任和刑事责任。

56. B【解析】有下列情形之一的，视同工伤：①在工作时间和工作岗位，突发疾病死亡或在48小时之内经抢救无效死亡的；②在抢险救灾等维护国家利益、公共利益活动中受到伤害的；③职工原在军队服役，因战、因公负伤致残，已取得革命伤残军人证，到用人单位后旧伤复发的。

57. C【解析】职工应当缴纳的社会保险费由用人单位代扣代缴，用人单位应当按月将缴纳社会保险费的明细情况告知本人。

58. B【解析】企业年金由国家宏观指导、企业内部决策执行，费用由企业和职工个人缴纳，企业缴费在工资总额4%以内的部分，可从成本中列支。

59. B【解析】用人单位强令劳动者违章冒险作业，发生重大伤亡事故，造成严重后果的，对责任人员依法追究刑事责任。

60. B【解析】如果违反劳动保障法律、法规或者规章的行为在2年内未被劳动行政部门发现，也未被举报、投诉的，劳动行政部门不再查处。

二、多项选择题

61. ABDE【解析】实施目标管理时可以自上而下设定目标，将组织的目标层层具体化、明确化，分解为各个相应层次的目标。低层次单位的管理者和员工也可以参与自己目标的设置，所以目标管理也包括自下而上的过程。选项C错误。

62. CDE【解析】美国管理心理学家赫伯特·西蒙认为，决策阶段可以分为智力活动、设计活动、选择活动。

63. ABCE【解析】矩阵组织形式的缺点是稳定性较差，选项D错误。

64. ACDE【解析】矩阵组织形式的优点包括：①有利于加强各职能部门之间的协作配合；②有利于顺利完成规划项目，提高企业的适应性；③有利于减轻高层管理者的负担；④有利于职能部门与产品部门相互制约，保证企业整体目标的实现。选项B属于职能制的优点。

65. ABCD【解析】在人力资源管理职能和战略规划职能之间存在着4种不同层次的联系，即行政管理联系、单向联系、双向联系和一体化联系。

66. ABCE【解析】人力资源需求小于供给时的组织对策包括：①冻结雇佣；②鼓励员工提前退休；③临时性解雇或永久性裁员；④采用工作分享的方式同时降低工资；⑤考虑对富余人员进行培训。选项D属于需求大于供给时的组织对策。

67. BC【解析】运动和身体能力测试包括心理运动能力测试和身体能力测试两大类。

68. CD【解析】效标效度是指一种测试或甄选技术对被试者的一种或多种工作行为或工作绩效进行预测的准确程度。比较常用的效标效度是预测效度和同时效度。

69. ABCE【解析】劳动力市场歧视可以分为工资歧视和职业歧视。工资歧视是指雇主针对既定的生产率特征支付的价格因劳动者所属的人口群体的不同而呈现系统性的差别。职业歧视是指对具有相同的受教育水平和其他生产率特征的不同类型的劳动者加以区别对待。劳动力市场歧视来源于个人偏见、统计性偏见，以及非竞争性歧视。如果所有的职业都是完全隔离的，则这一指数的值等于100；而如果两种性别的劳动力在各种职业中的分布是完全相同的，则这一指数的值为零。

70. ADE【解析】对人格进行测量的方法主要有：①自陈量表法；②评价量表法；③投射法。

71. ABCD【解析】绩效计划不但包括组织对员工工作成果的期望，还包括组织希望员工表现的行为和使用的技能。故选项E错误。

72. ACD【解析】变革型领导特征包括魅力、激励、智慧型刺激、个性化关怀。交易型领导特征包括奖励、差错管理（积极型）、差错管理（消极型）、放任。

73. ABD【解析】与其他职位相比，销售人员的工作时间和工作方式灵活性更高，因此很难对其工作过程进行监督，选项C错误。纯佣金制有可能造成上下级之间、新旧员工之间的较大薪酬差距，不利于培养销售人员对企业的归属感，选项E错误。

74. ABCE【解析】在中小型组织中，一般不需要设置专门的培训与开发机构，培训与开发工作通常是某个人力资源管理岗位的一项职责，选项D错误。

75. ABC【解析】职业技能等级共分为五级，由低到高分别为：五级/初级工、四级/中级工、三级/高级工、二级/技师、一级/高级技师。

76. ACE【解析】本题中，供给不变，需求增大，这样需求曲线将向右移动，这时均衡工资率和均衡就业量都将上升。

77. ACD【解析】影响劳动力流动的劳动者因素包括劳动者的年龄、劳动者的任职年限、劳动者的性别。选项B、E属于影响劳动力流动的企业因素。

78. ABCD【解析】劳务派遣单位派遣劳动者应当与接受以劳务派遣形式用工的单位订立劳务派遣协议。选项 E 错误。劳务派遣协议应当载明下列内容：①派遣的工作岗位名称和岗位性质；②工作地点；③派遣人员数量和派遣期限；④按照同工同酬原则确定的劳动报酬数额和支付方式；⑤社会保险费的数额和支付方式；⑥工作时间和休息休假事项；⑦被派遣劳动者工伤、生育或者患病期间的相关待遇；⑧劳动安全卫生以及培训事项；⑨经济补偿等费用；⑩劳务派遣协议期限；⑪劳务派遣服务费的支付方式和标准；⑫违反劳务派遣协议的责任；⑬法律、法规、规章规定应当纳入劳务派遣协议的其他事项。用工单位应当根据工作岗位的实际需要与劳务派遣单位确定派遣期限，不得将连续用工期限分割订立数个短期劳务派遣协议。

79. ABC【解析】劳动者以用人单位未为其办理社会保险手续，且社会保险经办机构不能补办导致其无法享受社会保险待遇为由，要求用人单位赔偿损失而发生争议的，人民法院应予受理。因企业自主进行改制引发的争议，人民法院应予受理。劳动者依据《劳动合同法》的规定，向人民法院提起诉讼，要求用人单位支付加付赔偿金的，人民法院应予受理。

80. ACDE【解析】下列医疗费用不纳入基本医疗保险基金的支付范围：①应当从工伤保险基金中支付的；②应当由第三人负担的；③应当由公共卫生负担的；④在境外就医的。

三、案例分析题

(一)

81. CD【解析】根据案例内容，该公司选择了成本领先战略，培训重点针对员工当前所从事的工作需要；在薪酬构成方面，这种组织通常会采取一定的措施提高浮动薪酬或奖金在薪酬构成中的比重，奖励节约成本的员工。

82. AC【解析】职位设计的方式之一：可以在一个职位中包括范围非常狭窄的某些工作任务，这些任务中的大多数都非常简单，完成这些任务所要求的技能范围也非常有限，这对职位描述的要求是具体和细致，工作范围界定得很清楚，这样可以提高效率。

83. B【解析】组织中存在职位空缺，可以选择寻找内部人员填补的策略，也可以采取直接进行外部招募的策略，选项 A 错误。培训是为了方便员工学习与工作有关的知识、技能以及行为而开展的一系列有计划的活动，选项 C 错误。开发活动是力图帮助员工获得相应的知识、技能和行为，以应对可能来自现有的各种工作，也可能来自目前尚不存在但在未来可能会出现的新工作的挑战，选项 D 错误。

84. AB【解析】培训侧重于满足当前的工作需要，选项 C、D 错误。

(二)

85. ABD【解析】从案例中可以看出，该公司薪酬管理的主要问题有：薪酬没有体现不同职位之间的差距；薪酬随意性大，没有统一的政策；薪酬水平没有参考市场水平。

86. C【解析】职位评价主要是为了解决薪酬的内部公平性问题。

87. C【解析】薪酬调查主要是为了解决薪酬的外部竞争性问题。薪酬调查主要是通过各种途径，收集企业所关注的竞争对手或同行业类似企业的薪酬水平及相关信息，并根据薪酬曲线得出本企业各职位薪酬所处的位置。

88. D【解析】要素计点法是一种比较复杂的量化评价方法，适用大规模企业中的管理类职位。

（三）

89. D【解析】根据公式，失业率 $=\frac{失业人数}{劳动力人数}\times100\%=\frac{失业人数}{失业人数+就业人数}\times100\%=\frac{130-30-99}{130-30}\times100\%=1\%$。

90. AC【解析】由失业率公式可知，当分子增大或分母减小时，都会使失业率上升；分子、分母同时增加同一数量，会使失业率上升；分子、分母同时减少同一数量，会使失业率下降。因此，就业人口变成失业人口，非劳动力人口变成失业人口都会推动失业率上升。

91. ACD【解析】人力政策主要是针对劳动力市场的结构性失业而提出的一种扩大就业的政策。人力政策，就是政府通过对劳动力进行重新训练与教育，把非熟练的劳动力训练成技术熟练程度达到一定水平的劳动者，以缓和因劳动力市场所需要的技能与劳动者实际供给的技能不匹配而造成的失业问题。人力政策的依据是人力资本理论，这一理论的研究者令人信服地论证了参加市场工作的能力取决于经验、正规教育以及培训。

92. C【解析】16 周岁以上各类学校毕业或肄业的学生，初次寻找工作但未找到的，属于失业人员。

（四）

93. AD【解析】案例中，企业面临的一系列问题归根结底就是人力资源规划没有做好。企业想要充分利用现有的人力资源以满足战略发展的需要，首先要做好人力资源规划，良好的人力资源规划有利于组织战略目标的实现，选项 D 正确。案例中强调人岗不匹配，所以要进行人力资源优化配置，选项 A 正确。选项 B、C 均是企业稳定后继而进行的工作。

94. BD【解析】人力资源需求的影响包括企业战略、产品或服务、技术、组织变革。案例中，该企业决定采取收缩战略，属于企业战略因素对人力资源需求的影响，选项 B 正确。该企业产品品种单一，是产品市场产生的因素，选项 D 正确。

95. ABC【解析】人力资源需求大于供给时的组织对策包括：①延长现有人员的工作时间；②人员招募；③降低现有人员的流失率；④通过改进生产技术、优化工作流程、加强员工培训等方式提高员工的工作效率；⑤将组织中的部分非核心业务外包。

96. BCD【解析】劳动力过剩的应对方法包括裁员、提前退休、冻结雇佣等。选项 A 是避免劳动力出现短缺的应对方法。

（五）

97. BC【解析】非全日制用工双方当事人可以订立口头协议。选项 A 错误。从事非全日制用工的劳动者可以与一个或者一个以上用人单位订立劳动合同；但是，后订立的劳动合同不得影响先订立的劳动合同的履行。选项 D 错误。

98. AB【解析】甲公司向王某支付劳动报酬的周期最长不得超过 15 日，选项 C 错误。非全日制用工以小时计酬为主，非全日制用工小时计酬标准不得低于用人单位所在地人民政府规定的最低小时工资标准，选项 D 错误。

99. BC【解析】非全日制用工双方当事人任何一方都可以随时通知对方终止用工。终止用工，用人单位不向劳动者支付经济补偿。

100. A【解析】从事非全日制用工的劳动者，在同一用人单位每周工作时间累计不得超过 24 小时。